NO MEU CAMINHO

MALALA YOUSAFZAI

No meu caminho

Memórias

Tradução
Berilo Vargas
Lígia Azevedo

PRÊMIO NOBEL
COMPANHIA DAS LETRAS

Grafia atualizada segundo o Acordo Ortográfico da Língua Portuguesa de 1990, que entrou em vigor no Brasil em 2009.

Título original
Finding My Way: A Memoir

Capa
James Iacobelli

Foto de capa
Malin Fezehai/ Fenomenal Productions
Imagem de fundo: Tanom Kongchan/ Alamy/ Fotoarena

Preparação
Fernanda Belo

Revisão
Jane Pessoa
Clara Diament

Dados Internacionais de Catalogação na Publicação (CIP)
(Câmara Brasileira do Livro, SP, Brasil)

Yousafzai, Malala
No meu caminho : Memórias / Malala Yousafzai ; tradução Berilo Vargas, Lígia Azevedo. — 1ª ed. — São Paulo : Companhia das Letras, 2025.

Título original : Finding My Way : A Memoir
ISBN 978-85-359-4265-1

1. Ativistas pelos direitos humanos – Paquistão – Autobiografia 2. Memórias autobiográficas 3. Mulheres – Educação – Paquistão 4. Yousafzai, Malala, 1997-. I. Título.

25-285283 CDD-920.72

Índice para catálogo sistemático:
1. Mulheres : Memórias autobiográficas 920.72

Cibele Maria Dias – Bibliotecária – CRB-8/9427

EDITORA SCHWARCZ S.A.
Rua Bandeira Paulista, 702, cj. 32
04532-002 — São Paulo — SP
Telefone: (11) 3707-3500
www.companhiadasletras.com.br
www.blogdacompanhia.com.br
facebook.com/companhiadasletras
instagram.com/companhiadasletras
x.com/cialetras

Para Abai, Toor Pekai e todas as garotas de Shangla

Introdução

Nunca saberei quem eu estava destinada a ser. Talvez todo mundo se sinta assim, curioso sobre as encruzilhadas invisíveis da vida, as curvas erradas e os encontros inesperados que mudam tudo. Mas, no meu caso, isso me assombra, o abismo entre como imaginei minha vida e quem eu me tornei. Não consigo evitar sentir que uma mão gigante me arrancou de uma história e me largou em outra completamente diferente.

Em uma tarde tranquila de outubro, uma bala alterou a trajetória da minha vida, me tirando de casa, das minhas amigas e de tudo o que eu amava, e me jogando em um mundo desconhecido. Aos quinze anos, ainda não tivera tempo de descobrir quem eu desejava ser, e de repente todos queriam me dizer quem eu era. Uma inspiração, uma heroína, uma ativista. Mas também uma introvertida, um saco de pancada, uma fonte de renda. Para os meus pais, eu era uma filha obediente. Para minhas amigas, uma boa ouvinte. Quando ficava sozinha, me sentia perdida — porque aquilo que eu mais tinha dificuldade de ser era eu mesma.

Meus vinte e poucos anos foram uma mistura de ansiedade e indecisão, noites inquietas e manhãs nebulosas, amizade e primeiro amor. Não tinha como ser fácil, nessa época da vida de maravilhamento, em que o mundo parece repleto de possibilidades, encontrar o caminho certo para mim. Apesar disso, procurei me livrar do peso das expectativas dos outros e ouvir minha própria voz, procurei lidar com o que havia perdido e entender quem poderia vir a me tornar. O que eu queria, acima de tudo, era compreender minha própria história.

1.

Se você se levantar em cinco minutos, vai chegar no horário, barganhei comigo mesma, depois de ter calculado quanto tempo levaria para escovar os dentes e me vestir. Meia hora depois, continuava na cama, mexendo no celular: vendo decorações para o meu quarto no dormitório, fazendo tours virtuais pelo campus e montando listas do que levaria. As aulas na universidade iniciariam em dois dias, e meu cérebro estava a toda.

Novos amigos! Sem pais! Sem regras! Eu mal conseguia conter meu entusiasmo, saltitando e cantarolando sozinha enquanto me vestia e depois pegava o elevador até uma sala de reunião sem janelas em um hotel em Manhattan.

"Você está atrasada", a relações-públicas apontou, com um suspiro, "e não vou nem perguntar se repassou o que vai falar."

Sorri e dei de ombros. Ao longo daquele verão, tinha viajado para quatro continentes, encontrado nove primeiros-ministros e discursado em vários eventos. Agora estava em Nova York para promover meu livro infantil *Malala e seu lápis mágico*. Passaria seis horas ininterruptas dando entrevistas e depois pegaria um voo noturno de volta a Birmingham, na Inglaterra. Aquele seria meu último dia de trabalho por um bom tempo, mas minha mente já estava de férias.

A representante de relações públicas saiu. Pouco depois, uma menina entrou. Estava prestes a perguntar se ela estava perdida quando notei que em sua polo havia um bordado com o logo de uma revista e "repórter infantil" escrito embaixo.

"Quando você era pequena, o que queria ser quando crescesse?", ela perguntou.

"Mecânica!", respondi, acrescentando que sempre gostei de quebra-cabeças e de aprender a montar coisas.

O jornalista seguinte foi bem menos gracioso. Ele não queria saber do meu livro infantil e tentava mudar o foco para assuntos em alta, provavelmente torcendo para que eu dissesse algo controverso o bastante para dar uma apimentada num dia sem grandes notícias. A maior parte de suas perguntas era sobre o presidente dos Estados Unidos. "Como a pessoa mais jovem a receber o Nobel da Paz, qual é a sua mensagem para ele sobre os direitos das mulheres?", ou "Você visitou a Casa Branca para conhecer Obama. Se for convidada pelo governo atual, vai aceitar?". Eu sabia como evitar que meu nome acabasse estampado em todas as manchetes e não mordi a isca.

A última entrevista era para um programa de TV matinal. A apresentadora fez perguntas perspicazes sobre meu trabalho e meu dia a dia. Estávamos perto de terminar quando ela se inclinou na minha direção, parecendo preocupada, e perguntou:

"Cinco anos depois, você ainda pensa no ataque todos os dias?"

É inevitável, refleti. *Eu não ia sair daqui sem falar sobre isso.* Perguntas como essa não me incomodavam nem me surpreendiam, a não ser pela frequência com que eram feitas. Aquela parte da minha vida me parecia tão distante no tempo e na minha cabeça, no entanto era como se me acompanhasse aonde quer que eu fosse, dominando o ambiente.

Cresci em uma região remota do Paquistão, na cidade de Mingora, margeada pelo rio Swat e cercada por florestas, campos de flores e enormes montanhas, cujos topos ficam cobertos de neve. A vida no vale não era perfeita. A maioria das famílias vivia na pobreza, e normas sociais rigorosas dificultavam o progresso, sobretudo para as mulheres. Mas era um lugar lindo e pacífico.

Isso mudou quando eu tinha dez anos. Desconhecidos de barba comprida carregando fuzis desceram as montanhas e tomaram a cidade. O Talibã passou a bombardear hospitais e hotéis, a assassinar musicistas, professores e policiais nas ruas, e a ditar novas regras pelo rádio, várias vezes ao dia: TV e música estavam proibidos, assim como o entretenimento de modo geral, incluindo jogos de tabuleiro para crianças; homens não podiam fazer a barba; mulheres não podiam sair de casa.

À medida que o barulho de bombas e tiros aumentava, nossa vida diminuía. Vivíamos com o medo constante de inadvertidamente quebrar alguma regra. Um homem de um bairro próximo foi morto porque o Talibã decidiu que a barra de sua calça estava comprida demais. Um dia, vi meu irmão Atal, com cinco anos na época, abrindo um buraco no quintal e perguntei o que era aquilo. "Uma cova", ele respondeu.

Quando eu estava com onze anos, o Talibã anunciou que em três semanas as meninas não poderiam mais ir à escola. Dois medos dominaram imediatamente meu coração. Se continuasse indo à escola depois do prazo, poderiam me matar. Se parasse de ir, minha vida acabaria de qualquer maneira. Apesar da pouca idade, eu sabia o que acontecia com as meninas da minha comunidade que não estudavam: elas se casavam na adolescência, tinham vários filhos antes dos vinte e passavam o resto da vida dentro das paredes da casa do marido. Era um futuro que eu não suportaria viver.

Comecei a escrever um blog anônimo para a BBC, contando como era viver sob o domínio dos terroristas. *A escola mandou não usarmos uniforme, porque isso pode nos tornar alvos*, escrevi. *Fomos com nossos vestidos preferidos, roxos e cor-de-rosa. Então nos disseram para não usarmos roupas coloridas, porque o Talibã também não aprova.*

À medida que o prazo para que meninas não frequentassem mais a escola se aproximava, fui a público e declarei para quem quisesse ouvir que eu tinha direito à educação. O Talibã não podia me impedir de aprender, não importava quantas escolas destruísse. Em rede nacional, exigi que nossos líderes se posicionassem e nos defendessem. O medo que havia sentido ao longo de dois anos foi substituído por ultraje e indignação. Eu não podia deixar que aqueles homens roubassem meu futuro.

O Exército paquistanês acabou dando início a uma operação militar em larga escala contra os extremistas. Milhares de famílias, incluindo a minha, fugiram de Mingora quando a luta começou. Depois de alguns meses, o Exército venceu, regressamos e a vida voltou ao normal. Só que o Talibã não tinha sido derrotado de vez, e não havia esquecido minha rebeldia. Quando eu estava com quinze anos, um homem armado subiu no meu ônibus escolar e perguntou: "Quem é Malala?". Antes que eu respondesse, ele atirou na minha cabeça, à queima-roupa.

Em um instante, meu mundo todo mudou.

Saí do coma uma semana mais tarde. Quando acordei, estava em Birmingham, em um centro de tratamento especializado em lesões cerebrais de alta complexidade. Nunca havia deixado o Paquistão, e de repente me encontrava cercada por desconhecidos. Permaneci pelos meses seguintes naquele lugar, onde passei por múltiplas cirurgias, reaprendendo a andar e a falar.

À medida que minha história viajava pelo mundo, as pessoas começaram a descrever alguém que eu não reconhecia: uma menina séria e introvertida, que se vira forçada a se manifestar publicamente quando o Talibã lhe tirou os livros. Fui transformada em uma heroína mítica, virtuosa e cumpridora de seus deveres, predestinada à grandeza.

Às vezes, esse absurdo me fazia rir. Em Mingora, eu era encrenqueira. Na escola, levava fofocas pra lá e pra cá entre os grupos de meninas, contava piadas que faziam minhas amigas rirem e me repreenderem ao mesmo tempo. Se uma colega tirasse uma nota mais alta em uma prova, eu chorava amargamente por aquela suposta injustiça, sem nenhuma dignidade. Em casa, era bagunceira e incontrolável. Assistia a John Cena — meu lutador preferido — na TV e testava seus golpes nos meus irmãos mais novos, depois ia dedurá-los para o meu pai quando eles revidavam. Nem nos meus melhores dias eu era a menina santa e reservada que todos agora alardeavam.

Eu ainda estava no hospital quando chegaram as primeiras ofertas de transformar minha história em livro ou filme. Jornalistas disputavam minha primeira entrevista. Agências de talentos queriam me representar, embora eu não fizesse ideia de quais talentos as pessoas imaginavam que eu tinha. "Por que você ficou famosa?", Atal perguntou. Respondi que não sabia.

Antes que eu entendesse o que estava acontecendo, e sem que eu pedisse, fui jogada numa vida muito diferente: atravessava o mundo para fazer discursos e posar para fotos, passava a maior parte do meu tempo com adultos. Nos bastidores de grandes eventos, alguém sempre me girava pelos ombros, exclamando: "Energia lá no alto, Malala! Dê tudo de si!". Para esses adultos, eu era uma figura pública, um produto a ser vendido; eles não enxergavam a adolescente desconfortável sentada ao lado deles, que tentava fazer a lição de casa. Em sua órbita, eu me retraía, me tornando a menina quietinha que supunham que eu sempre havia sido.

Aonde quer que fosse, me faziam a mesma pergunta: "O que você lembra do ataque?". Quando eu respondia que não me lembrava de nada, as pessoas pareciam quase decepcionadas, como se fosse rude da minha parte não recordar o medo e o sofrimento por que passei. Como se a pior coisa que já tinha me acontecido fosse a parte mais interessante da minha vida. Isso fazia com que eu me sentisse tal qual uma borboleta alfinetada num quadro, eternamente presa em um vidro empoeirado. A menina viva diante desses adultos não era tão interessante quanto a do ônibus escolar, uma jovem sonhadora prestes a morrer.

"Você ainda pensa no ataque todos os dias?"

Fiquei encarando a apresentadora. Seria fácil dizer o que ela e o público queriam ouvir: que, às vezes, eu tinha medo, ou que talvez nunca fosse me recuperar dos ferimentos. Por que complicar a narrativa trágica e bem amarrada que tanto atraía as pessoas?

Mas alguma coisa mudava em mim. Eu não queria mais desempenhar aquele papel. Estava pronta para ser jovem e livre, para viver aventuras e cometer erros, para ter uma vida fora de aeroportos e salas de reunião. Meu futuro estava aberto, esperando por mim.

"Nunca penso no ataque", falei. "Estou seguindo em frente com a minha vida."

2.

Na noite anterior à minha partida para a Universidade de Oxford, eu me sentei no chão do quarto, desejando que minha porta pudesse ser trancada. Quando nos mudamos, o trinco estava quebrado, e ainda que tivesse pedido aos meus pais que o consertassem inúmeras vezes ao longo dos anos, eles nunca chegaram a fazer isso. Enfiei a mão embaixo da cama, tirando os itens contrabandeados que vinha escondendo ali para enfiá-los na mala o mais rápido possível.

Minha mãe e eu tínhamos passado o verão em uma guerra fria, desde que ela se atribuiu a tarefa de montar meu guarda-roupa para a universidade. Não se tratava de uma dinâmica nova entre nós: por anos, antes de eu ir dormir, ela pendurava na frente do meu guarda-roupa o que queria que eu usasse no outro dia. Quando eu tentava exercer alguma independência, aparecendo na manhã seguinte com uma roupa diferente, ela dizia: "Acha que Alá aprova que uma filha desobedeça à mãe?". Não seria muito sábio tentar responder àquilo, então eu voltava para o quarto.

Aonde quer que fosse, minha mãe insistia para que eu usasse

a vestimenta tradicional dos pastós, o grupo étnico ao qual minha família pertence. Isso significava apenas uma roupa: *shalwar kamiz*, ou seja, calça e túnica folgadas e lenço na cabeça. Em nossa cultura profundamente conservadora, as roupas da mulher devem cobrir toda a pele até os pulsos e tornozelos, e precisam ser soltas, para não marcar o corpo.

Minha mãe se dedicou o verão inteiro a montar uma coleção "universidade" de *shalwar kamiz* para mim. Calça rosa-choque estampada e túnica com pompons combinando nos punhos. Um conjunto verde-limão com pedraria prateada. Tecidos floridos delirantes que me deixavam tonta se olhasse para eles por tempo demais. Preto, bege e marrom estavam fora de questão, porque, de acordo com ela, cores neutras eram um desperdício de tecido de qualidade.

Não posso dizer que eu tinha um estilo pessoal claro na época, mas sabia que não podia ir para Oxford vestida como um conjunto de marca-textos neon. Então, enquanto minha mãe saía para fazer compras, eu dava um Google "o que usar na faculdade 2017" e comprava o que via nas fotos: jeans, camisetas listradas, uma jaqueta *bomber*. Uma busca por "Selena Gomez casual" apontou para blusas de lã largas e tênis Adidas. Eu tinha cachecóis de tricô volumosos, blusas de moletom com bordado, um vestido preto com manga sino e várias botas de cano curto aguardando para ser estreados.

Enfiei todas as minhas compras na mala e joguei alguns *shalwar kamiz* por cima, caso minha mãe decidisse inspecionar minha bagagem no último segundo. Sabia que em algum momento ela ia descobrir sobre meu novo visual e não ficaria feliz, mas eu estava disposta a arcar com as consequências.

Para mim, não se tratava apenas de roupas, mas de uma camuflagem. A Malala que todos conheciam, que fazia discursos, distribuía autógrafos e apertava a mão de líderes mundiais usava *shalwar kamiz*. Em Oxford, eu queria me misturar, queria ser só mais uma estudante de jeans e tênis. Precisava garantir que a faculdade fosse muito diferente do ensino médio.

Quando me deram alta no hospital e comecei o nono ano em uma escola só para meninas em Birmingham, presumi que logo faria amigas e teria versões locais das minhas colegas de turma de Mingora. Eu nos imaginava voltando a pé para casa à tarde, de braços dados, rindo de piadas internas. Elas me atualizariam das fofocas e me diriam quais professores podiam ser enrolados e quais eram mais rigorosos.

Mas nada aconteceu como imaginei. A maioria das meninas da minha nova escola se conhecia desde o jardim de infância e havia formado grupinhos fechados de duas ou três garotas. Elas não eram maldosas, mas também não eram receptivas. No almoço, eu me sentava com minha bandeja no lugar mais próximo, olhando ao redor furtivamente em busca de um rosto amistoso. Se ninguém falasse comigo, pegava um livro e fingia ler. Um dia, criei coragem de fazer uma pergunta às outras meninas. Eu me debrucei sobre a mesa, apontei para o prato e disse: "Desculpa, mas vocês podem me explicar o que é *fish fingers*?". Elas pareceram confusas, e uma acabou dizendo: "É só peixe", e voltou a conversar com as amigas.

Se alguém contava uma piada na sala, eu ria com as outras meninas, fingindo que havia entendido. Não pegava nenhuma daquelas referências. Em Mingora, onde quase ninguém tinha acesso à internet, ouvíamos apenas ecos da cultura pop americana e britânica, e conhecíamos somente aquilo que era grande o suficiente para ressoar pelo mundo, alcançando o nosso vale: *Titanic*, luta livre, Taylor Swift. O pouco que eu sabia sobre a vida na Inglaterra vinha de um romance de Jane Austen. Depois do meu primeiro dia de aula, cheguei à conclusão de que o livro estava ligeiramente desatualizado.

Às vezes, fotógrafos apareciam nos portões da escola e tentavam tirar fotos minhas ao entrar ou sair. Eu odiava e ficava preocupada que as outras meninas fossem me achar metida ou que eu era uma falsa. Mas logo ficou claro que ninguém se importava com a minha fama, porque eu não era interessante. Usávamos uniforme, mas minha saia ia até os tornozelos, duas vezes mais comprida que o padrão. Minha mãe ainda insistia que eu usasse meia-calça preta e grossa mesmo na primavera, para que nenhuma parte de minha perna aparecesse.

Meus ferimentos só pioravam as coisas. Eu tinha quinze anos e precisava usar aparelho auditivo. A bala havia destruído meu tímpano esquerdo, além de ter atingido o nervo facial, deixando um lado do meu rosto paralisado. Eu não era mais capaz de sorrir direito, e uma careta desconfortável era tudo o que podia oferecer às minhas novas colegas. Apesar dos meses reaprendendo a andar, eu ainda me movia lentamente em meio ao tumulto de adolescentes. Devia parecer uma fantasminha esperançosa, tentando retornar ao mundo dos vivos.

Você não está aqui para socializar, falei para mim mesma, depois de semanas tentando, sem sucesso, fazer uma amizade. *Você está aqui para tirar boas notas e entrar na faculdade.* Então recebi as notas das primeiras provas: 4,1 em inglês, 5,7 em biologia, 6,3 em geografia. Tendo sempre sido uma das melhores alunas da minha turma, aquilo me surpreendeu e me envergonhou.

No Paquistão, os professores queriam memorização. Não era preciso compreender os conceitos subjacentes: bastava repetir o que os livros diziam. Na escola nova, esperava-se das alunas pensamento crítico e capacidade analítica, uma forma de aprendizado que eu nem compreendia. Por um tempo, a única matéria em que eu tirava notas boas era álgebra. Pelo visto, na matemática as respostas eram as mesmas em qualquer lugar do mundo.

Ávida por recuperar minha posição acadêmica anterior, eu passava horas estudando, todas as noites. Além dos livros que os professores recomendavam, eu me atribuía leituras suplementares. Quando deparava com uma palavra que não conhecia, procurava a definição e anotava em um post-it. Logo, as paredes do meu quarto estavam forradas de quadradinhos amarelos com os significados de "gatuno", "crepuscular" e "absorto" rabiscados em minha caligrafia arredondada.

Minhas notas melhoraram, mas minha vida social continuava a mesma. Eu verificava as horas com frequência. Chegava à escola de manhã, e era meio-dia em Mingora, quando minhas antigas amigas provavelmente estavam almoçando, contando rupias para comprar samosa e suco de manga. Algumas horas depois, enquanto eu mexia distraída as ervilhas frias na bandeja do refeitório, elas deviam estar na frente da TV, assistindo a *Shararat*, uma versão indiana de *Sabrina, aprendiz de feiticeira.* Se alguma aluna da escola nova pensou em se aproximar, talvez tenha sido desencorajada por minha expressão atormentada, ou pela maneira como minha mente parecia estar sempre em outro lugar.

A cada poucas semanas, eu ligava para minha melhor amiga, Moniba, e a enchia de perguntas para saber das últimas notícias e fofocas. *Que música de Bollywood as garotas estão cantando no ônibus agora? Quem teve problemas na escola? O que as meninas mais velhas andam aprontando?* Eu fazia minhas famosas imitações dos meus antigos professores apenas para ouvi-la rir. Só que Moniba sabia que tinha algo de errado. "Por que você nunca fala de si mesma?", ela perguntava.

"Aff, porque minha escola é um tédio", eu me esquivava. "Pode acreditar, se eu contasse, você pegaria no sono." Eu não queria ter que dizer que não era mais a menina divertida e falante de quem ela se lembrava.

Depois de seis meses de solidão, decidi agir. Faria de tudo

para recomeçar minha vida. Eu me inscrevi em uma disputa de cinquenta metros rasos e cheguei em último. Concorri ao conselho estudantil e perdi a eleição. Quando as meninas populares insistiram para que todos participassem de um *flash mob*, eu obedeci, subindo na mesa e batendo palmas fora de ritmo ao som de uma música que nunca tinha ouvido antes. Tudo isso foi tão desconfortável quanto parece.

Até que finalmente fiz uma amizade. Alice havia se desentendido com sua melhor amiga e eu estava disponível para preencher a vaga. Eu ficava colada nela nos corredores e no refeitório, sussurrando perguntas em seu ouvido quando não conseguia acompanhar a conversa das outras meninas. Às vezes, ela ia jantar na minha casa. Alice gostava do *pakora* da minha mãe, e eu gostava de me sentir normal por uma ou duas horas. Ela sempre me mandava fotos quando ia a uma festa para a qual eu não havia sido convidada ou à qual não me deixavam ir, assim não me sentiria excluída.

Por mais grata que eu fosse por Alice, ansiava voltar a pertencer a um grupo, estar cercada de pessoas que me entendiam e com quem compartilhava lembranças. Minhas amizades de infância haviam me moldado de maneiras que eu não saberia explicar a Alice ou a qualquer outra pessoa. No ensino fundamental, tínhamos sobrevivido a um grande terremoto, todas encolhidas, enquanto a sala de aula tremia e o chão se abria aos nossos pés. Alguns anos mais tarde, o rio transbordou e inundou nossa sala, cobrindo tudo de lama até a altura do peito. O cheiro era horrível, mas juntas limpamos o piso e as paredes. Cuidávamos da escola porque ela era o nosso mundo, um lugar onde podíamos ser nós mesmas e ficar unidas. No último dia de aula antes do prazo estipulado pelo Talibã, ficamos no pátio até muito depois de o sinal tocar, brincando de pega-pega e cantando. Quando os professores disseram que precisávamos ir embora, nós nos abraçamos e choramos. Quaisquer que fossem os desastres ou perigos que enfrentássemos, eu sempre me sentia segura quando estava com elas.

Quando o Exército expulsou o Talibã e voltamos a estudar, foi com a euforia de que nada iria nos deter. Em uma viagem da escola às montanhas, Moniba e eu ficamos sob uma cachoeira, cantando "Love Story" a plenos pulmões. Mais tarde naquele ano, nossa turma viajou para Islamabad, a capital do Paquistão, onde assistimos a uma peça, comemos panquecas recheadas de carne de pato em um restaurante chinês e ficamos admiradas com as mulheres que andavam na rua sem lenço na cabeça. Foi nosso primeiro vislumbre do mundo além da nossa cidadezinha remota nas montanhas, e voltamos para casa com sonhos desvairados para o futuro.

Eu achava que iríamos juntas para a faculdade. Aos quinze anos, não havia pensado muito além disso, mas não tinha imaginado a vida sem minhas amigas. Agora ia sozinha para Oxford, carregando na mala roupas da moda e o sonho de uma vida menos solitária.

3.

No primeiro dia da semana dos calouros, acordei e passei os olhos por meu modesto reino. O carpete do quarto estava desfiado nas bordas e tinha alguns queimados deixados por moradores anteriores, que provavelmente passavam a roupa no chão. A pálida tinta amarela das paredes estava descascando, e a pia do banheiro não era muito maior que uma tigela de sopa. Mas tudo aquilo era meu. Eu agora tinha um lugar onde ninguém me diria o que comer ou que horas deveria ir dormir, e me apaixonei na mesma hora por ele.

Peguei o celular e dei uma olhada no Instagram, onde outros alunos já tinham postado sua corrida matinal, o café da manhã no refeitório ou uma ida à livraria. Sem querer perder nada, me levantei e me vesti. Já tinha avançado um pouco pelo corredor quando uma voz atrás de mim gritou: "Espere, por favor!".

"Desculpa", falei, virando e voltando alguns passos. Havia dois policiais no quarto ao lado do meu, membros da equipe especial que oferecia proteção a pessoas altamente visadas. Depois da nossa chegada ao Reino Unido, o governo nos informou que estava monitorando ameaças à minha vida e me ofereceu seus serviços. Eu estava a milhares de quilômetros do Paquistão, porém minha vida continuava em perigo, porque o Talibã renovava periodicamente a promessa de me matar. Desde então, uma equipe de segurança havia se tornado parte do meu dia a dia: me deixando na escola, me buscando no fim do dia, vigiando a casa dos meus pais à noite.

Algumas semanas antes da minha ida para Oxford, a polícia havia apresentado seu plano: o quarto ao lado do meu serviria como base e alguém me acompanharia em todos os compromissos acadêmicos. Iríamos de carro blindado se não desse para ir a pé. Se eu fosse a um jantar ou a uma festa, um punhado de homens de meia-idade usando paletó e fone de ouvido iria junto. *Tudo o que uma universitária quer*, eu pensava. Era grata pela proteção e compreendia sua necessidade, mas torcia para que isso não criasse uma barreira entre mim e os outros alunos.

Com os seguranças me seguindo discretamente, fui até a secretaria completar minha primeira tarefa: tirar uma foto para a carteirinha da universidade. *Sorria, faça contato visual, pareça acessível!* Troquei cumprimentos com algumas pessoas do meu andar desde que chegara no dia anterior, mas não havia conversado de verdade com nenhuma delas. Agora era hora de conhecer alguém de fato. *É o primeiro dia de todo mundo. Não preciso ficar esperando que venham falar comigo.*

Depois de pegar um mapa da universidade e a agenda da semana, notei uma menina sozinha e fui até ela. Era baixinha como eu, tinha cabelo loiro-avermelhado, usava óculos com armação de tartaruga e sorria de maneira reconfortante.

"Oi. Sou a Malala", me apresentei, me esforçando ao máximo para soar casual e amigável.

A menina deu um passo para trás, sem dizer nada. *De novo, não.*

"Desculpa, desculpa! Meu cérebro congelou", ela disse. "Sou a Cora. Muito prazer."

"Você é de que curso?"

"Filosofia, política e economia."

"Eu também!" Sorri, feliz por ter conhecido alguém do meu curso logo de cara.

Cora e eu fomos juntas para a Feira dos Calouros, um evento em que eram apresentadas as atividades extracurriculares de Oxford. A cavernosa Sala de Provas havia sido transformada em um labirinto, com centenas de estandes, onde alunos mais velhos tentavam com todo o entusiasmo convencer calouros de olhos arregalados a participar de seus clubes. Seguimos o fluxo, pasmas, sem saber muito bem por onde começar.

"Você toca algum instrumento?", Cora me perguntou enquanto passávamos por estandes de fãs de heavy metal, grupos de música folclórica irlandesa e da banda de jazz chamada As Gárgulas de Oxford.

"Não", falei. "Gosto de cantar, mas ficaria *apavorada* se tivesse que cantar na frente dos outros."

Viramos uma esquina e vimos um rapaz, que usava a camiseta da Sociedade do Queijo de Oxford, distribuindo amostras de brie e gruyère. "Um clube de degustação de queijo? As pessoas fazem isso?"

Cora riu. "Pessoas chiques fazem. Não é minha ideia de diversão, mas se isso faz elas felizes..."

Na seção de esportes, sem pensar duas vezes me inscrevi em críquete e badminton, que eu adorava jogar nas ruas e nos telhados de Mingora. Então, por impulso, me inscrevi na equipe de remo também. A caminho da feira, tinha visto estudantes em barquinhos de madeira descendo o rio que atravessava o campus, o que parecia uma maneira encantadora de passar uma tarde.

As mulheres da Sociedade Islâmica me chamaram de "irmã"

e me convidaram para tomar um drinque sem álcool naquela semana. Em seguida, me inscrevi na União Cristã e na Sociedade Hindu, interessada em aprender mais sobre as fés praticadas pelas minorias religiosas no Paquistão. Talvez eu tenha ouvido boatos de que os cristãos deixavam bolos e biscoitos na porta do seu dormitório e os hindus davam as melhores festas.

Não fazia nem uma hora que estávamos na feira e a ecobag que eu havia ganhado na entrada já estava transbordando de materiais de ingresso em clubes, folhetos de eventos e canetas de brinde. Deixei meu contato e paguei a taxa de inscrição em todos os estandes que despertavam meu interesse: um clube de leitura de filosofia, um clube do filme, a Sociedade Paquistanesa e a Sociedade do Sul da Ásia. Cora, por outro lado, se inscreveu em apenas duas organizações: a Associação Conservadora e a equipe de *pub quiz*. "Quero socializar", ela explicou, "mas não sou dos esportes, da música ou o que quer que signifique clube do cubo mágico."

Concordamos que nos juntar à Oxford Union, uma das mais antigas sociedades de debate do mundo, era essencial. Como membros, poderíamos comparecer a eventos e ouvir políticos famosos, escritores e artistas discorrerem sobre afirmações como "As celebridades corromperam o movimento feminista" ou "Democracias nunca deveriam se aliar a regimes autoritários". Também teríamos acesso à biblioteca secreta da sociedade.

A fila para a inscrição serpenteava pelo salão e continuava no corredor. Tinha tanta gente que não dava nem para ver o estande em si. Quando estávamos mais perto do começo da fila, conseguimos ver uma faixa com pessoas famosas que já haviam discursado na Union. Meus olhos passaram de rosto em rosto: Albert Einstein, Malcolm X, Elizabeth II, Ronald Reagan e… eu.

Ah, não. Meu estômago revirou. Eu havia quase me esquecido de que discursara ali, quatro anos antes. Os detalhes da minha fala me escapavam, mas lembrava de ter olhado bem para os estudantes sentados, desejando poder avançar no tempo até estar na plateia, e não no palco. Agora eu estava ali, finalmente, e precisei resistir à vontade de sair correndo. Como ia ser uma aluna normal com meu rosto cheio de espinhas da adolescência estampado na Feira dos Calouros? Se Cora notou minhas bochechas vermelhas, não demonstrou, embora certamente tenha visto a faixa. Mantive a cabeça baixa enquanto preenchia a papelada da inscrição, evitando contato visual com minha versão mais jovem.

No momento em que nos afastávamos da mesa, notei um grupo de meninas olhando para mim aos sussurros. Uma delas se aproximou. "Podemos tirar uma selfie com você?", ela pediu. Fiquei mortificada, mas parecia grosseiro recusar, então apenas sorri e concordei. Assim que elas tiraram a primeira foto, percebi meu erro. Outros notaram o que estava acontecendo e uma fila se formou. Quando começaram a entregar seus celulares para Cora tirar as fotos, senti um aperto no peito, certa de que aquela seria a primeira e última vez que ela passaria um tempo comigo. Por que Cora ia querer ser minha amiga se outros alunos a usavam para chegar até mim? No entanto, ao ver a fila crescendo, ela sorriu. "Talvez eu deva entrar para o clube de fotografia", brincou, ao devolver o celular da última foto.

"Sinto muito", eu disse, e estava falando sério. Não queria que Cora pensasse que eu era do tipo estrelinha que quer os holofotes para si e espera que as amigas se mantenham à sombra.

"Não tem problema nenhum", ela disse. "Mas deve ser esquisito para você, não? As pessoas te abordarem assim?"

Abri um sorriso surpreso. Era raro alguém reconhecer as estranhas condições da minha vida. "Ah, estou acostumada", falei. "Mas não quero que as pessoas me tratem diferente aqui. Quero me misturar. Ser uma aluna normal, sabe?"

"Sei, claro. Mas tenho que te dizer que, quando minha mãe viu no jornal que você ia fazer o mesmo curso que eu, foi bem sem-noção. Disse que era melhor eu ler tudo a seu respeito, caso a gente se conhecesse."

"Ah..." Após um momento, perguntei: "E você leu?".

"Não! Eu disse que seria esquisito entrar na faculdade sabendo tudo a seu respeito, como uma stalker", Cora respondeu, revirando os olhos. "Imaginei que se a gente se desse bem eu poderia simplesmente te perguntar as coisas."

Cora nunca perguntou sobre o ataque ou o Talibã, sobre as celebridades que conheci ou sobre minha fama. Em nossos primeiros dias juntas no campus, falamos sobre a comida do refeitório, sua infância no País de Gales, o fato de que ambas tínhamos irmãos mais novos, as músicas de que gostávamos e se já tínhamos conhecido outras pessoas legais em Oxford. Às vezes, ficávamos no meu quarto, tomando chá e mexendo nas redes sociais, sem conversar. Quanto mais tempo eu passava com ela, mais à vontade me sentia.

Em sua presença, comecei a perder o hábito, moldado por anos de discursos diante das câmeras, de me podar e refletir antes de falar. Eu devia parecer muito mais nova para Cora, que, como muitos outros alunos, havia chegado a Oxford com a bagagem das primeiras ressacas e decepções amorosas. Mas ela nunca zombava do meu entusiasmo desmedido por todos os aspectos da vida universitária, desde ter minha própria caixa de correio até ver rapazes sem camisa passando por nós no parque. O que quer que eu desejasse experimentar, ela me acompanhava com gosto. Em determinado momento, até a arrastei comigo para o clube do Alcorão.

Por mais que eu quisesse participar de todas as atividades no campus, percebi que ficava igualmente feliz fazendo uma longa caminhada ou sentada em silêncio com minha nova amiga. Naqueles primeiros dias de universidade, Cora me ofereceu o que eu mais precisava: uma página em branco para escrever a história que eu quisesse.

4.

Na sexta-feira da Semana dos Calouros, entrei em uma salinha retangular dois andares acima do refeitório. "Desculpa, eu me perdi", gaguejei. Chegar 25 minutos atrasada em nosso primeiro encontro não era a impressão inicial que eu queria passar à minha orientadora, a professora designada para monitorar meu progresso nos três anos seguintes.

Lara tinha cabelo castanho curto, usava um vestido azul-marinho simples e estava sem maquiagem. Devia ter uns trinta e poucos anos. "O primeiro encontro é mais para aprender o caminho mesmo", ela disse, fazendo sinal para que eu me sentasse.

Desconfiei de que ia precisar de muito mais que um encontro para me situar naquele novo mundo. Oxford é composta de 39 faculdades, cada uma com história, características e campus próprios. Eu estudava na Lady Margaret Hall, mais conhecida como LMH, que ficava em uma parte tranquila da cidade, em um terreno de quase 50 mil metros quadrados, cuja maior parte era ocupada por um rio, florestas e jardins. Tive uma semana para conhecer os quatro prédios principais da LMH, e ainda errava o caminho sempre que me aventurava sozinha.

Na meia hora que nos restava, Lara explicou rapidamente o funcionamento de Oxford. Filosofia, política e economia era um curso de três anos. Um ano letivo de Oxford é composto de três bimestres, com início em outubro e fim em junho. No Natal e na Páscoa, os alunos de graduação têm cinco semanas de férias, mas espera-se que nesse período dediquem pelo menos vinte horas por semana a seus estudos, mesmo fora do campus.

"Oxford é muito diferente do ensino médio e da faculdade mostrados em filmes americanos", ela me disse. "Ensinamos por meio de sessões de tutoria, e não de aulas, e esperamos que os alunos gerenciem seu próprio aprendizado."

Lara explicou que eu faria duas disciplinas a cada bimestre. Em cada uma delas, esperava-se que eu lesse três ou quatro livros por semana, além de artigos de periódicos acadêmicos e casos de estudo; e escrever um ensaio de 2 mil palavras sobre um tema dado. No caso de economia, resolver uma série de problemas matemáticos e redigir um ensaio breve; comparecer a uma tutoria, ou seja, um encontro de uma hora com o professor e um ou dois alunos do mesmo curso.

"Na tutoria, você vai mostrar o que aprendeu durante a semana", ela disse. "Precisa chegar preparada para participar de uma discussão rigorosa e defender suas ideias em seus ensaios. É como ser educada por meio de interrogatórios." Assenti com vigor, como se mal pudesse esperar para ser questionada sobre meus crimes intelectuais.

"Você também tem a opção de assistir a aulas expositivas sobre os temas estudados", ela prosseguiu. "Elas são abertas a todos os alunos da mesma disciplina, de todas as faculdades de Oxford. Não são obrigatórias, mas são altamente recomendadas."

Lara ainda informou que os alunos da graduação faziam provas ao fim do primeiro e do terceiro ano. As do primeiro ano, conhecidas como Preliminares, determinavam se o aluno podia permanecer no curso, enquanto as Finais determinavam as notas acadêmicas. As Preliminares, os ensaios e a tutoria não contavam para a nota final. Mas quem não passava nas Finais não se formava.

"Alunos não podem trabalhar durante o bimestre", Lara prosseguiu. "Precisam estar presentes no campus e participar de todas as reuniões de tutoria." Ela entrelaçou os dedos e me olhou com preocupação. "Sei que você sofre muitas outras pressões e seu tempo é demandado de maneiras diversas, Malala. Mas espero que dê a si mesma o espaço necessário para ser bem-sucedida em Oxford."

Ela se recostou na cadeira e espalmou as mãos sobre a mesa. "Bom, agora que cobrimos o básico: você trouxe sua primeira série de problemas de economia? Eu gostaria de dar uma olhada para entender qual seu ponto de partida em matemática."

Foi como se um choque elétrico percorresse meu corpo, seguido por um formigamento no couro cabeludo, nos pés e nas axilas. *Que série de problemas?*

Lara leu tudo em minha expressão. "Em junho, mandamos a todos os alunos de filosofia, política e economia uma lista de leitura e exercícios matemáticos a serem feitos antes do início do ano letivo. Você não recebeu?"

"Desculpa", foi tudo o que pude dizer. Passei o verão viajando, fazendo discursos e comparecendo a reuniões. No pouco tempo que me restou, encontrei Alice e comprei minhas roupas novas, sem nem desconfiar de que já tinha lição de casa.

"Tudo bem", ela respondeu, acessando o computador para me enviar os documentos por e-mail. "Faça a lição de matemática e deixe na caixa que fica do lado de fora da minha sala. E seria bom dedicar o fim de semana para tirar um pouco do atraso da leitura prévia."

Ao sair da sala de Lara, fiquei roendo as unhas na escada, um hábito nervoso que me esforcei para controlar no ensino médio. A faculdade nem havia começado oficialmente e eu já estava atrasada.

Antes de deixar o Paquistão, eu só havia lido um punhado de livros, talvez uns sete ou oito. Minha pequena coleção fora formada de maneira aleatória: um amigo do meu pai tinha me dado *Uma breve história do tempo*; turistas haviam deixado um exemplar desgastado de *Orgulho e preconceito* em uma pousada local; jornalistas dos Estados Unidos e da Europa contribuíram com *Oliver Twist* e *O mundo de Sofia*. Não me lembro onde Moniba e eu encontramos os livros da série Crepúsculo, mas nós os lemos juntas e passamos muitas tardes fingindo ser vampiras. Até chegar na Inglaterra, eu nunca tinha entrado em uma livraria ou em uma biblioteca pública. Para mim, livros eram como vaga-lumes: me encantavam com sua chegada inesperada, mas não eram algo que eu podia ver sempre que quisesse.

Minha versão mais nova se sentiria oprimida pela biblioteca da Lady Margaret Hall, que era, ao mesmo tempo, um refúgio aconchegante da vida movimentada estudantil e um mundo de fantasia, com mais de 85 mil livros. Por dentro, parecia um navio antigo, com estantes nos conveses superior e inferior, e uma parte aberta no meio, por onde o sol entra. Entre as fileiras de estantes, havia lugares para estudar, com mesas embutidas nas janelas com vista para os jardins e o rio. Quando vi a biblioteca pela primeira vez, durante a visita para conhecer a faculdade, eu me imaginei passando horas e horas ali, tentando ler tantos livros quanto possível.

Depois da reunião com Lara, eu estava determinada a ficar plantada em uma mesa na biblioteca até terminar as tarefas do verão. Abri a pesada porta de madeira e fui imediatamente recebida por um silêncio assustador. Não havia nenhum aluno ali, ou mesmo funcionário. Apenas um gato malhado estirado ao sol. *O silêncio é bom para me concentrar*, lembrei a mim mesma.

Os primeiros problemas não eram muito difíceis, e sempre fui boa em matemática. Mas, à medida que iam ficando mais complicados, me dei conta de que aquilo ia levar mais tempo do que eu esperava. Larguei o lápis e olhei pela janela, para o sol outonal se pondo entre as árvores. Do outro lado do vidro, alunos estavam indo jantar ou andavam de bicicleta na margem do rio. Um grupo de amigos atravessava o gramado, conversando como se se conhecessem havia anos. De repente, a biblioteca me pareceu abafada e claustrofóbica. *Ainda é sexta-feira. Tenho o fim de semana inteiro para recuperar o tempo perdido.* Guardei os livros na bolsa e abandonei o navio.

5.

"Então, Festa da Calourada. Quer ir?", Cora me perguntou aquela noite, durante o jantar.

É claro que eu queria. Não porque fosse beber ou fazer loucuras, mas porque queria ver como era. No ensino médio, algumas meninas saíam à noite nos fins de semana. Elas sempre falavam a respeito da mesma maneira — "foi *muito* louco" —, como se quem não tivesse ido não fosse conseguir entender. A Festa da Calourada era o último evento da Semana dos Calouros. Seria fora do campus, em um lugar chamado Emporium. A julgar pelas confirmações no Facebook, todo mundo estaria lá.

Minha curiosidade foi superada pelo medo de ser fotografada. Tabloides britânicos e jornalistas paquistaneses tinham passado a semana toda na LMH, tirando fotos minhas circulando pelo campus, além de ficarem perguntando aos alunos se eles tinham me conhecido. Eu não pensava muito a respeito, imaginando que desistiriam assim que vissem que eu só fazia coisas entediantes, como ir à biblioteca e ao refeitório. Mas se eu fosse a uma festa... viraria notícia.

Naquele mesmo verão, a filha de uma política paquistanesa importante foi vista em uma balada em Londres. Quando apareceram fotos dela nas redes sociais, as pessoas a chamaram de vagabunda e exigiram que a mãe renunciasse ao Parlamento. Aquilo tudo me pareceu ridículo, mas eu sabia que não podia arriscar. Algum dia iria a uma festa, mas preferia terminar minha primeira semana na universidade sem nenhum escândalo.

Não podia dizer nada disso a Cora; sabia que ela se sentiria mal e acabaria desistindo para me fazer companhia. "Aff, bem que eu queria, mas prometi à minha orientadora que terminaria meus exercícios", falei. "Mas quero saber tudo amanhã!"

Depois de meia hora tentando avançar na lição de casa, desisti e fui até o bar da LMH, onde, segundo a programação da Semana dos Calouros, haveria uma pizzada para quem não fosse à Festa dos Calouros. O lugar estava vazio quando cheguei e fui até confirmar se tinha confundido o local. Não tinha. Sem saber o que fazer, me sentei a uma mesa sozinha, me sentindo envergonhada toda vez que fazia contato visual com os seguranças do outro lado do salão.

Estava considerando ir embora quando outra aluna chegou e marchou direto até a minha mesa. Ela tinha um sorriso largo e usava uma salopete jeans com camiseta branca e tênis. Parecia a adolescente animada que colocavam em propagandas de coisas que as crianças não queriam fazer, como ir ao dentista ou ao curso de verão.

"Não quis sair hoje?", ela perguntou, e prosseguiu antes que eu pudesse responder. "Eu também não. Meu nome é Hen. Henrica, na verdade, mas só minha mãe me chama assim."

"Oi, meu nome é Malala", respondi, quase rindo de espanto da confiança dela.

"Prazer. Você joga sinuca ou prefere jogos de tabuleiro?" Acabamos nos decidindo por Scrabble, e, enquanto montávamos palavras no tabuleiro, Hen falava sem parar: sobre seus youtubers preferidos, por que tinha escolhido estudar história, o garoto que havia conhecido mais cedo que não sabia usar a máquina de lavar. Hen mal parava para respirar, e eu só assentia, uma plateia cativada por seu fluxo de consciência. No fundo, sou uma introvertida extrovertida, alguém que prefere não conduzir as interações sociais, embora seja capaz de fazê-lo. Com Hen, eu não precisava dizer nada, o que por si só a colocava no topo da minha lista de amigos em potencial.

"Quer ir tomar chá no meu quarto?", perguntei, quando já estávamos cheias de pizza e de jogar Scrabble.

"Vamos", Hen concordou.

Passamos horas conversando. Ela me contou sobre a infância no Zimbábue, sobre a mudança para o Reino Unido aos sete anos, sobre quando trabalhava à noite no McDonald's durante o ensino médio para contribuir com a renda da família. Fiquei boquiaberta quando ela listou seus objetivos de vida: "Me formar em Oxford. Fazer mestrado em Harvard. Virar apresentadora de TV. Ter um programa de entrevistas". Hen tinha apenas dezenove anos, mas fiquei totalmente convencida de que seus sonhos viriam a se tornar realidade. E cheguei à conclusão de que estávamos destinadas a ser amigas. Sua abertura e energia fizeram com que eu me sentisse incluída sem me sentir sobrecarregada, como se eu pudesse dizer qualquer coisa que me viesse à cabeça ou ficar em silêncio e ela me entenderia de qualquer maneira.

Apresentei Cora e Hen. As duas se deram bem na hora, e formamos um trio. Eu passava cada minuto possível com uma delas, ou com ambas. Não da mesma forma que tinha me agarrado a Alice no ensino médio, como se ela fosse uma boia salva-vidas, mas porque eu amava cada coisinha que aprendia a respeito das duas. Cora gostava de ouvir trilhas sonoras de filmes no último volume enquanto estudava, e Hen tinha um ritual noturno de dezessete passos que não podia ser interrompido sob nenhuma circunstância. Elas me provocavam por comer alimentos fora do prazo de validade e por só limpar meu quarto se minha mãe viesse me visitar. Pegávamos roupas emprestadas umas das outras e jantávamos juntas todas as noites. Depois de passar a vida inteira com irmãos, a sororidade era como visitar um país estrangeiro pela primeira vez só para descobrir que, de alguma maneira, já entendia a língua.

A facilidade com que fiz essas primeiras amizades me deu a coragem necessária para fazer mais. Conheci Yasmin uma manhã, quando estava caminhando à margem do rio. Durante as primeiras semanas de universidade, havia adquirido o hábito de começar a escrever meus ensaios semanais na noite anterior à data de entrega. Eu me mantinha acordada à base de chá, desesperada para cumprir o prazo das oito da manhã. Se terminava a tempo, me recompensava com uma caminhada para assistir ao nascer do sol de pijama.

Um dia, vi uma menina sentada de pernas cruzadas no meu banco preferido, vestindo um roupão. "Você também teve uma crise de ensaio?", perguntei. Yasmin e eu continuamos a nos topar ali uma vez por semana, assistindo à luz do amanhecer refletir na corrente e se movimentar com ela, depois íamos pegar algo para comer no refeitório e voltávamos ao dormitório para cochilar um pouco. Em nossas conversas, ela me contou sua história. Yasmin nasceu no Irã, mas na adolescência fugiu do pai abusivo e emigrou para o Reino Unido. No ensino médio, enfrentou as mesmas dificuldades de muitos refugiados — a barreira da língua, a pobreza, a burocracia —, mas acabou se dando bem em Londres, e se apaixonou por música indie, casas de lámen e programas de detetive na TV. Agora, estava estudando literatura inglesa e sonhava em se tornar escritora.

Anisa estudava finanças, e formamos dupla em uma disciplina de economia. Eu não tinha nem me apresentado quando ela me avisou que eu estava mexendo meu chá do jeito errado. "De um lado para outro, sem tocar a colher na xícara", Anisa disse. "Do jeito que você está fazendo, vai sujar sua blusa."

Seus pais eram da Índia e a mandaram para um internato britânico, onde ela aprendeu a jogar polo e a atirar em pombos de barro. Praticamente sempre que eu a via, Anisa estava rindo — com frequência às custas de alguém, muitas vezes eu. Já fazia cinco anos que eu morava no Reino Unido, mas havia muitas coisas que ainda não sabia. Quando perguntava algo como "O que é um bagel?", ela dizia que eu estava sendo "irremediavelmente obtusa", ou "um poste ambulante". Minha calça jeans da Topshop era "chinfrim" e meu gosto musical era "mofado". A maior parte do tempo, eu não entendia muito bem o que Anisa queria dizer. Só sabia que não era um elogio.

No ensino médio, eu me mantinha bem afastada de meninas como Anisa. Mas, quando nos conhecemos, senti que conseguiria lidar com o desafio de uma amiga maldosa. O fato de Anisa ser naturalmente mandona tinha suas vantagens. Nos fins de semana, quando eu queria ficar dormindo até as duas da tarde, ela irrompia no meu quarto e dizia: "Levanta, vamos sair em dez minutos". Ela planejava nossos passeios com uma precisão militar: brunch no Jericho Café, passeio pelas barraquinhas do Covered Market, visita às faculdades que ainda não conhecíamos. Eu ficava feliz em seguir suas ordens.

Pela primeira vez em anos, eu tinha um grupo de amigas. Na volta das aulas expositivas e da tutoria, dava um pulo no quarto delas para ver como estavam, conversar, combinar coisas. Nas noites durante a semana, duas ou três delas vinham para o meu quarto, com a desculpa de estudarmos juntas, o que acabava com nossos livros empilhados no chão servindo de apoio para pintarmos as unhas, ou para deixar a comida que pedíamos. O dia seguinte à entrega dos ensaios, quando ninguém queria estudar, íamos a um pub ou ao bar da universidade para conversar com outros alunos, ou nos apertávamos na estreita cama de uma de nós para assistir a um filme no laptop.

Eu não ia a lugar nenhum sozinha. Até mesmo uma ida ao mercado era mais divertida com minhas amigas, que opinavam sobre marcas de xampu e as melhores refeições congeladas para comprar. Quando Yasmin precisou comprar sutiã, fomos todas juntas, e rolamos de rir dos meus seguranças, homens de meia-idade que tentavam descobrir onde esperar no espaço apertado da loja de lingerie. Eles deviam ficar de olho em mim o tempo todo, mas naquele dia acabaram decidindo que seria aceitável aguardarem na rua.

Estávamos no quarto de Anisa uma noite quando recebi um e-mail da Sociedade Hindu. "Nossa! Abriu a pré-venda do baile do Diwali para membros", anunciei. "A gente devia ir juntas! Se toparem, já compro os ingressos."

"Você é da Sociedade Hindu?", Yasmin perguntou.

"Lembra quando eu disse que ela pirou na Feira dos Calouros?", Cora perguntou, rindo. "É mais fácil falar no que Malala não se inscreveu."

A maioria das sociedades e das faculdades de Oxford organizava bailes anuais. Primeiro tinha um jantar, depois música ao vivo e pista de dança até a manhã seguinte. Eu estava louca para ir a um, e o baile do Diwali, com comida indiana e música de Bollywood, pareceu perfeito.

Três semanas depois, todas nos reunimos no meu quarto para arrumar o cabelo e retocar a maquiagem antes de ir para o baile. Anisa, Cora e Hen tinham optado por elegantes vestidos sem alças, de cetim ou crepe. Passei um bom tempo aperfeiçoando o meu visual: um vestido preto coberto de flores bordadas com pedraria e um lenço de cabeça com pequenas pérolas na bainha.

Quando Yasmin chegou, de sári, achei que ela estava linda, mas Anisa não ficou impressionada. "Você enrolou tudo errado", ela disse.

"Não é possível", Yasmin gemeu. "Eu segui um tutorial no YouTube passo a passo!"

"Yaz, eu sou literalmente indiana. Me deixa arrumar."

Recolocar o sári — e a busca frenética por alfinetes — levou uma hora, de modo que a festa já estava a toda quando chegamos. Eu me senti meio tonta assim que pisei no salão. Focos de luz transformavam as paredes cor de creme do Oxford Town Hall em um sonho febril rosa e roxo, e o teto estava coberto de estrelinhas. Para onde quer que eu olhasse, havia mulheres usando *lehenga* em azul vívido ou *anarkali* cereja; pulseiras douradas subiam e desciam por seus antebraços, chacoalhando conforme elas dançavam. No palco, um DJ tocava *bhangra* e hits de Bollywood, ocasionalmente intercalados por música pop ocidental. O volume estava tão alto que eu sentia a vibração no peito, tal qual um segundo coração batendo.

"Vamos dançar!", Hen gritou.

"Acabamos de chegar, nem vimos o outro salão. Ou a comida!", falei.

"A gente pode comer em qualquer lugar. Eu vou pra pista!", ela disse, e desapareceu na multidão pulsante.

No outro salão, uma banda tocava música folclórica indiana e música clássica. Havia estações de hena em que os convidados poderiam pintar as mãos. Quando fomos pegar os pratos no bufê, percebi que tínhamos perdido Yasmin. Dei uma olhada pelo lugar e a encontrei com um cara alto de terno, que falava sem parar. "Coitada da Yaz, o cara não larga do pé dela", falei. "Vou lá ajudar."

Cora me segurou pelo braço. "Olha só pra cara dela", disse. "Não parece que ela está precisando de ajuda." Coloquei os óculos e constatei que Yasmin sorria e passava a mão pelo cabelo. *Estamos aqui há cinco minutos! Como ela pode já ter encontrado alguém com quem flertar?*

Depois do jantar, Anisa e Cora se juntaram a Hen na pista de dança. Fiquei vagando pelo salão, absorvendo tudo. Após alguns minutos entreouvindo a conversa de um grupo de mulheres sobre novelas do sul da Ásia, me aproximei, dizendo: "Posso me juntar a vocês?". Passamos quase uma hora rindo das tramas ridículas: enteadas vingativas, maridos que reencarnavam como meninos de seis anos, bombas nucleares aleatórias em conveniências. "Se eu for parar pra pensar, sei que é tudo um absurdo, mas quando vejo estou chorando", uma delas disse, rindo.

Um pouco depois da meia-noite, minhas amigas finalmente se cansaram de dançar e estavam prontas para ir embora. Anisa foi procurar Yasmin e voltou com a notícia de que ela estava no bar, conversando com alguns caras, mas já vinha. Passados vinte minutos, Anisa saiu pisando firme e trouxe a tiracolo uma Yaz se desculpando.

Na fila para pegar nossos casacos, Hen sugeriu que passássemos no McDonald's a caminho do dormitório. "Ah, *agora* você está com fome", retrucamos, mas acabamos concordando em ir.

O McDonald's estava lotado de estudantes que pediam hambúrguer com batata frita por estarem bêbados ou por precisarem de energia para estudar noite adentro. Enquanto esperávamos na fila, perguntei: "Então, o que tem de bom aqui?".

Hen se virou na mesma hora para me encarar. "Espera aí. Você *nunca* comeu no McDonald's?"

"Só uma vez, no Paquistão. Comi um McArábia, mas era basicamente um *shawarma*. Então... não vi muita graça."

As quatro ficaram em silêncio por um momento, então irromperam em risadas.

"Tá, a gente vai fazer o seguinte", Hen disse. "Cada uma escolhe o que mais gosta e pede para a Malala." Acabei com duas caixas de nuggets, um Big Mac e um frapê de caramelo. Levamos nossas bandejas para o andar de cima e nos sentamos perto da janela, de onde dava para ver os estudantes entrando e saindo. Quando Yasmin começou a mostrar sua tatuagem de hena para um garoto da mesa ao lado, Anisa decidiu que era hora de ir embora.

O velho sino da torre soou duas vezes bem quando estávamos chegando aos portões da Lady Margaret Hall. *Eram duas da manhã!* Eu nunca havia ficado fora até tão tarde. Depois da formatura do ensino médio, fui com Alice na Pizza Express e cheguei em casa às oito e meia da noite. Na época, aquele gostinho mínimo de liberdade já foi sensacional. Agora, ali estava eu, passeando pela cidade com minhas amigas em plena madrugada.

Depois do baile do Diwali, meu entusiasmo pela universidade passou a beirar a mania. Eu queria experimentar tudo. Sabia de todos os eventos no campus e tentava encaixar o maior número deles na minha agenda. Há um ditado que todo aluno de Oxford conhece: "A universidade é estudar, dormir e ter uma vida social, mas você só pode escolher dois dos três". Não demorei muito para descobrir que um já era o suficiente para mim.

6.

A equipe de remo se reunia ao nascer do sol. Enquanto me vestia no escuro para o primeiro treino, já estava arrependida de ter me inscrito na empolgação da Feira dos Calouros. Mas só senti o verdadeiro impacto do meu erro quando cheguei ao cais. Os barcos atracados não eram os charmosos barcos de madeira que vi deslizando preguiçosamente pelo rio — eram tubos compridos e estreitos de alumínio, com remos pesados de mais de seis metros de comprimento em cada assento.

"A primeira coisa que vocês precisam saber, se quiserem ser remadores, é: não dá para simplesmente entrar no barco", a instrutora anunciou. "Se você colocar todo o peso de uma vez, ele afunda. O jeito certo é pôr um pé na extremidade mais distante do barco, se agachar e ir puxando o outro pé até estar sentado." Eu já sabia que não queria ser remadora, mas era tarde demais para fugir. Todos tinham me visto.

Com oito pessoas dentro, incluindo eu, o topo do barco ficava quase no nível da água. Um movimento errado e eu cairia e me afogaria no meu primeiro mês em Oxford. Havia esquecido de contar um detalhe insignificante: eu não sabia nadar.

A instrutora afastou o barco do cais empurrando-o com o remo. Remei o melhor que consegui, o que apenas significou agitar a superfície da água, me alternando ao longo do treino entre rezar e prender a respiração. Assim que terminou, voltei para o quarto, desabei na cama e dormi mais algumas horas.

Quando acordei, meu celular estava vibrando com mensagens de WhatsApp e notificações do Twitter. Alguém havia tirado uma foto minha na volta para o dormitório após o treino e publicado em um grupo paquistanês popular no Facebook. De lá, a foto viralizou em outras redes sociais, depois em sites de notícias em urdu e em canais de TV. Na foto, estou de calça jeans, camiseta e uma jaqueta de náilon. A luz tênue da manhã incide sobre o lenço na minha cabeça.

Centenas de pessoas, a maioria homens paquistaneses, expressavam seu choque por eu ter vestido jeans em vez de *shalwar kamiz*. Havia comentários que me chamavam de traidora, outros de estrela pornô; outros ainda afirmavam que minha roupa era um sinal de que eu havia abandonado meu país e minha religião. Alguns escreveram que era uma vergonha eu andar pela rua sozinha, sem estar acompanhada do meu pai ou dos meus irmãos. *Que absurdo*, pensei. *Tudo por causa de uma calça jeans?* Esperava que minha vida na universidade causasse alguma reação, mas não tão cedo, nem por algo tão bobo.

Meu celular tocou. Eu sabia quem era antes mesmo de olhar para a tela. “Por que usou aquelas roupas?”, minha mãe exigiu saber. “A família está ligando! Todo mundo em casa está falando de você.”

A raiva da minha mãe sempre me desestabilizava, mas eu sabia que precisava ser firme. Se eu cedesse agora, precisaria ceder pelos próximos três anos. Daria no mesmo voltar para casa e deixar que meus pais controlassem minha vida.

“Fui ao clube de remo, mãe, não a uma peregrinação religiosa. Não sou uma diplomata representando meu país ou minha cultura. Sou só uma estudante! E quero ter uma vida normal, pelo menos enquanto estiver na universidade."

"Você não é *só uma estudante*", ela sibilou, depois mudou de tática. "Fale com sua filha, Zia."

"Olá, Malala", meu pai disse, com uma voz cansada. "O que vamos fazer? As pessoas estão muito chateadas." Críticas de paquistaneses sempre o incomodavam. Meu pai desejava voltar para casa um dia e não queria ser excluído quando retornasse.

"Isso é muito injusto, pai. Meus irmãos, *seus filhos*, usam jeans e moletom todo dia, e ninguém diz que eles são menos muçulmanos, paquistaneses ou pastós por isso. Homens e meninos podem se vestir como quiserem. Por que eu não posso?"

"Acho que você tem razão, Malala", ele disse, com certa resignação e um toque de orgulho evidente na voz. "Você tem razão."

Desliguei me sentindo validada, mas frustrada mesmo assim. Jeans não era um crime contra o islã, deixar de vestir o *shalwar kamiz* não me tornava menos paquistanesa. Mas, no meu país, era muito frequente o corpo das mulheres ser usado como medida de força de nossas crenças religiosas e da identidade nacional. Quem desafia as normas sociais criadas e reforçadas por homens é acusado de desgraçar a família e a comunidade. Naquela manhã, isso significava que o patriarcado havia se tornado tão frágil a ponto de uma mera calça jeans ser uma ameaça. Em tempos mais sombrios, podia significar uma mulher sendo morta por rejeitar um pretendente ou por publicar selfies no Instagram. Quando a honra de um homem reside no corpo de uma mulher, ele é capaz de tirar a vida dela para recuperá-la.

Eu tinha apenas oito anos quando aprendi o que aconteceria se quebrasse essas regras. Uma tarde, meu irmão Khushal e eu fomos com algumas crianças da vizinhança até um córrego próximo. Nos dias quentes, gostávamos de mergulhar e jogar água uns nos outros, molhando o cabelo e as roupas até nos refrescarmos. Quando estávamos voltando para casa, encontramos um primo adolescente. "Onde você estava?", ele me perguntou.

"Brincando com meus amigos", respondi, sem saber o que havia feito de errado.

"Você desonra sua família", ele explodiu, "desfilando por aí com a roupa colada no corpo para todos verem." Então meu primo ergueu a mão acima da cabeça e me deu um tapa na cara.

Minha vergonha perdurou muito mais que a dor física. Por um tempo, não saí de casa e ficava no quarto quando tinha visita. Sentia náusea quando pensava no tapa, mas não conseguia deixar de pensar nele. Tinha sido uma introdução brutal à maneira como alguns homens policiavam o corpo das mulheres, protegendo seu poder sob o disfarce da "honra" e da "tradição".

Meu celular continuava vibrando, e, ao pegá-lo, percebi que o assunto tinha atravessado as fronteiras do Paquistão. Sites de tabloides correram para publicar os tuítes mais odiosos, a fim de garantir cliques. Milhares de pessoas compartilharam a notícia do *Daily Mail*: "Prêmio Nobel Malala Yousafzai é alvo de trolls por usar jeans justo".

A maioria dos comentários era uma mistura de "seu corpo, suas regras" e "deixem Malala em paz". Parei para ler um comentário da República Tcheca: *Não é o Reino Unido ou o mundo ocidental que ela precisa impressionar. Esses lugares, na maior parte, respeitam o direito da mulher à educação. Só que seu próprio povo espera que ela desempenhe determinado papel. Não importa o que ela faça ou onde esteja, sempre será objeto de interesse e de ridículo. Aderindo a um código de vestimenta aceitável a seus críticos, ela receberá mais atenção positiva para a própria causa.*

Me surpreendeu que uma pessoa que não me conhecia nem vivia no meu país fosse capaz de compreender o impasse. Era verdade: se eu quisesse promover a educação e a igualdade para meninas e mulheres do Paquistão, precisava parecer inofensiva em todos os sentidos. Eu me sentia responsável por provar que uma menina instruída não é uma ameaça. Se seguisse as regras e o código de vestimenta da minha cultura, ninguém em minha comunidade diria: "Veja só o que aconteceu com a Malala. Estávamos certos em manter nossas filhas em rédea curta".

Sempre que eu mencionava num discurso os milhões de meninas no mundo que não frequentavam a escola, os mesmos rostos me passavam pela cabeça: minha prima que um dia chegou em casa e descobriu que nunca mais iria à escola porque o pai havia arranjado um casamento para ela; uma amiga que já tinha dois filhos aos quinze anos; as crianças que eu via trabalhando em Mingora, meninas limpando casas, vendendo laranjas na estrada, revirando lixo atrás de objetos de metal.

Para ajudar meninas como essas, eu tinha me disposto a acalmar os ânimos do patriarcado, obedecer às regras, sacrificar minhas próprias necessidades. Só que a tentativa de manter aquele equilíbrio estava começando a me sufocar. Poderia passar o dia todo no palco, condenando os piores abusos perpetuados pelos homens, mas não receberia a mesma atenção que estava recebendo por ter usado calça jeans. Então de que adiantava tentar aplacar os críticos?

Escolher minhas roupas era uma pequena rebelião, porém, para mim, elas representavam liberdade e anonimato. E me davam confiança, principalmente em Oxford. Eu não conseguiria levar uma vida normal se estivesse sempre olhando por cima do ombro, temendo um escândalo.

Sabia que era melhor deixar o celular desligado pelo restante do dia, mas uma curiosidade mórbida me fez voltar ao texto do *Daily Mail.* Alguns comentários cismavam com meu lenço, alegando que era um símbolo de opressão, ou que eu não estaria totalmente emancipada até eliminar todos os traços da minha fé e da minha etnia. Essas opiniões eram tão indesejadas quanto as outras — eu não ia justificar minhas escolhas para uma multidão secular assim como não ia dialogar com a polícia do jeans.

Meus lenços eram uma lembrança de casa e me ajudavam a me conectar com um mundo que eu havia perdido. Não importava o que os misóginos e os islamofóbicos diziam: queria que as meninas do Paquistão soubessem que eu não as havia esquecido. Se ia ser fotografada sem meu consentimento, pelo menos elas veriam que uma menina de lenço na cabeça podia andar pela rua sozinha, fazer faculdade e até remar um barco.

7.

Certa noite, um pouco antes das férias de inverno, Cora e eu estávamos conversando com um aluno do terceiro ano no refeitório. Não lembro seu nome, só o que ele nos perguntou: "Vocês já subiram na torre do sino?". Quando dissemos que não, ele insistiu que aquela era uma experiência que todos os alunos da Lady Margaret Hall deveriam passar pelo menos uma vez. "Se estiverem a fim", ele continuou, "me encontrem no pátio à meia-noite."

Algo na maneira como ele falou sugeria que seria uma missão secreta. Avisei meus seguranças que ia ficar no campus aquela noite. Se eles concluíram que isso significava no meu quarto, a culpa não é minha. Cora e eu escapulimos e ficamos olhando para a torre do velho sino de ferro que tocava de hora em hora. "Como chegamos lá em cima?", perguntei.

"Fala baixo", nosso guia sussurrou. "Se pegarem a gente… bom, não sei dizer se seríamos expulsos. Ninguém nunca foi pego, então não faço a menor ideia de qual seria a punição, mas não deve ser boa." Ele levou um dedo aos lábios e o seguimos para dentro do prédio.

No quarto andar, ele abriu a porta da sala de oração, um retangulozinho acarpetado com uma janela pequena na parede oposta. "Primeiro, a gente tem que sair por aquela janela e andar pela beirada do prédio." Olhei para baixo e vi uma saliência estreita, com pouco mais de quinze centímetros. Seria uma queda de quatro andares no pátio de paralelepípedos.

"Chegando lá, tem que pular para o outro pedaço do telhado, mas coisa pouca, menos de um metro. Vocês conseguem, é só não olhar para baixo."

Enfiei a cabeça para fora para vê-lo se equilibrando na saliência, pulando e erguendo os braços para nos mostrar como era fácil. Então me virei para Cora. "Não consigo", ela disse, balançando a cabeça.

"Tudo bem", falei. "Mas... você se importa se eu for?"

Eu sabia que iria de qualquer maneira, independente da resposta dela. Tinha sido vigiada minha vida inteira para que seguisse as regras, obedecesse a ordens, cumprisse o roteiro. Desde minha chegada à faculdade, a independência me deixava exultante. Cada escolha, mesmo ruim, era minha.

O semblante de Cora passou de preocupação para apoio e preocupação de novo. "Se você tem certeza... Eu te espero aqui e... rezo, acho." Ela me ofereceu uma risadinha, e eu saí pela janela.

Uma rajada do ar frio de dezembro atingiu meu rosto. Mantendo os olhos à frente, avancei pela saliência estreita e pulei o mais rápido possível. Assim que meus pés pousaram no quadrado reto do telhado, meu coração começou a bombear sangue loucamente. Joguei a cabeça para trás e inspirei fundo, levando uma mão ao peito, bem no ponto onde precisava que o ar chegasse. Alguns segundos depois, me sentia energizada, pronta para ir mais alto.

"Bom trabalho. O mais difícil já foi", meu guia disse. "Mas a próxima parte também é perigosa, à sua maneira." Ele apontou para a escada de metal que levava à torre do sino, usada por funcionários da manutenção. "A gente passa por essa rampinha no telhado, depois por cima do corrimão e sobe a escada. O problema são os holofotes. Até chegar lá em cima, vamos estar à plena vista de toda a faculdade, então precisamos fazer isso rápido e em silêncio, tá bom?" Assenti e lá fomos nós, correndo pelo telhado, subindo as escadas e finalmente alcançando a torre do sino.

Depois, eu viria a saber que aquele caminho provavelmente havia sido descoberto pelos Escaladores Noturnos, uma sociedade estudantil secreta que se dedicava a escalar prédios altos enquanto o restante da cidade dormia. Fundado na década de 1930, o grupo havia escalado todos os marcos da universidade, incluindo a Radcliffe Camera (42 metros) e a Tom Tower (45 metros), da Christ Church College. A torre do sino era para iniciantes, tendo apenas quinze metros, embora uma queda terminasse da mesma maneira qualquer que fosse a altura.

De modo geral, os Escaladores Noturnos são viciados em adrenalina, mas cada um tem seu motivo para correr o risco. Alguns gostam de decifrar os mistérios de um prédio antigo, com seus parapeitos, cornijas e ameias. Há aqueles que se divertem roubando cata-ventos. E também os que penduram faixas para protestar contra a guerra ou contra as condições dos sem-teto. Outros simplesmente adoram escalar, e o fazem em bibliotecas e catedrais, em vez de montanhas. Penso que alguns eram como eu, fascinados pelas maravilhas do mundo e suas possibilidades infinitas. A maioria dos meus colegas não se imaginava envelhecendo, mas eu compreendia que a juventude podia ir embora muito rápido, às vezes ainda na infância. Já tinha visto o bastante do mundo adulto para trocar minha segurança por liberdade e aventura.

Sorri para mim mesma, imaginando o que meus pais, meus professores do ensino médio e todos os adultos que eu conhecia supunham sobre a minha vida em Oxford. Para eles, eu estudava dia e noite em busca de todas as honrarias acadêmicas. Provavelmente pensavam que em nosso tempo livre eu e meus amigos tínhamos debates acalorados sobre a política mundial. *Aquela menina, a menina que eu deveria ser, não correria nenhum risco*, pensei. *Não saberia como a faculdade é de cima de um telhado. Nunca presenciaria nada disso!*

Da torre do sino, observei o horizonte, procurando o dormitório e o brilho amarelado que praticamente todas as janelas emitiam. Do outro lado daquelas paredes, meus amigos riam, liam, escovavam os dentes para ir dormir ou vestiam o casaco para sair. Fui para o outro lado da torre ver os jardins, e avistei um grupo de estudantes em uma rodinha na grama. Sorri, me perguntando que segredo dividiam. Mais além, o rio Cherwell permanecia imóvel e silencioso ao luar, como uma fita prateada caída à margem da floresta.

Quero ficar aqui para sempre, pensei.

Passei meu primeiro bimestre na faculdade em um estado constante de deslumbramento, com novas maravilhas e revelações se desdobrando diante de mim. Remei um barco, fiquei fora até depois da meia-noite e agora escalei uma torre! Mas a melhor parte era acordar toda manhã e me lembrar de que tinha amigas — quatro amigas que estavam sempre lá, guardando um lugar para mim no café da manhã ou esperando que eu me arrumasse para caminharmos juntas até o prédio das salas de aula. Pela primeira vez em anos, me sentia eu mesma.

O sino da uma hora da manhã estava prestes a tocar, e meu guia disse que tínhamos de ir. Eu não havia pensado na viagem de volta enquanto subia. Em vez de impulsionar meu corpo para uma superfície plana, agora precisaria pular e aterrissar de pé em uma saliência estreita, sem ter onde me segurar ou me equilibrar. Um arrepio percorreu meu corpo quando olhei para o chão, quatro andares de sombras abaixo. No entanto, assim que pulei, sabia que faria aquilo de novo e de novo.

8.

A campainha dos meus pais deve ter tocado umas mil vezes nas férias de Natal. Toda tarde, vinha uma visita tomar chá; assim que ela ia embora, outro grupo chegava para o jantar. Meu pai, que sempre gostara de socializar, estava nas nuvens. Já eu nem tanto.

De volta a Birmingham, meu pai tratava nossa casa como um museu e eu como a principal obra de arte da coleção. Para ele, ninguém visitaria o Louvre sem ver a *Mona Lisa*, então o mínimo que eu podia oferecer às pessoas era um autógrafo, uma selfie e algumas horas de conversa. Eu meio que esperava chegar em casa um dia e ver nosso pequeno vestíbulo transformado em uma lojinha, com chaveiros e postais com meu rosto estampado, talvez um guarda-chuva ou um globo de neve da Malala. Era minha primeira folga da faculdade, e eu queria ficar relaxada em casa, vendo TV e comendo a comida da minha mãe. Só que é impossível descansar quando você está sempre em evidência.

Com toda a comoção, eu não tinha como dedicar vinte horas por semana aos estudos, como Oxford recomendava para as férias. Precisava de tempo para me preparar para as Avaliações, uma série de minitestes que os alunos de graduação fazem no começo de cada bimestre. Elas não contam para a nota final, mas professores e orientadores as utilizam como forma de acompanhar a evolução dos alunos. Como não fui a estudante mais aplicada no primeiro bimestre, tinha planejado recuperar o atraso nas férias. Mas, entre as visitas e o fato de que finalmente estava conseguindo repor o sono, aquilo parecia impossível.

Voltei para Oxford alguns dias antes, torcendo para conseguir de alguma maneira absorver um material de oito semanas em 48 horas. O refeitório estava fechado, então comi cereal seco no quarto, porque não queria desperdiçar os quinze minutos que levaria para sair e comprar leite. Minha sessão de estudos de filosofia correu bem, mas eu não conseguia abrir o livro de economia de jeito nenhum. Pegá-lo significaria ser lembrada de todas as coisas que eu não tinha entendido e que agora não dava mais tempo de aprender.

No dia seguinte, fui fazer a prova de economia sem ter dormido. Quando o professor anunciou o fim do teste depois de três horas, minhas mãos tremiam. Eu só tinha respondido a metade das questões, e minhas respostas foram insatisfatórias, para dizer o mínimo. No caminho de volta até o dormitório, fui dominada pelo arrependimento. Estava brava comigo mesma por não ter me dedicado aos estudos e com meu pai por ter me atrapalhado em casa.

Hen me aguardava à porta. "Ei! Você fez sua primeira avaliação! As minhas são amanhã. Me conta tudo. Como foi?", ela perguntou. Balancei a cabeça, entrei no quarto e chorei pela primeira vez desde que havia chegado a Oxford. Dois dias depois, recebi um e-mail de Lara marcando uma reunião para discutirmos os resultados. Quando o abri, estava no aeroporto, pegando um voo para Beirute.

* * *

Antes de ir para Oxford, eu não pensava em como a vida universitária afetaria meu trabalho pela educação das meninas. No ensino médio, passava todo o meu tempo livre em ligações ou reuniões, e nos fins de semana e nas férias de verão viajava pelo mundo para defender o direito de todas as crianças ao aprendizado. Agora, no entanto, eu tinha amigas, uma agenda social lotada e uma vida muito mais plena. Às vezes, me sentia culpada por me divertir, como quando ficava assistindo a programas de TV ou fofocava com minhas amigas. Dizia a mim mesma que aquilo era um desperdício de tempo e que eu estava ignorando minha missão. Pensava nas meninas do Paquistão, ou naquelas que havia conhecido em campos de refugiados em minhas viagens pelo mundo: *Como posso fazer isso quando elas não podem?* Socializar, ou até mesmo estudar, me fazia questionar meu valor como ativista, como se ter uma vida enquanto outras jovens sofriam fosse uma traição.

Nos meses que se seguiram ao ataque contra mim, milhares de pessoas entraram em contato para oferecer ajuda. Da cama do hospital, assinei a papelada necessária para criar o Fundo Malala, uma organização que redirecionaria a atenção que me era dada para ajudar outras meninas a frequentar a escola. Depois que me recuperei, meu pai e a equipe do Fundo Malala me incentivaram a aproveitar o interesse público na minha história, discursando em eventos, dando entrevistas e encontrando políticos. Se realmente quisesse ajudar as meninas, eles diziam, precisava estar sempre na mídia defendendo a educação em todos os fóruns possíveis.

Sentia a pressão — de saber que eu podia fazer diferença, mas no fundo me perguntando se aquilo era o suficiente — aumentando dentro de mim, até que comecei a acreditar que eu era pessoalmente responsável pela falta de progresso. Se queria dormir mais no sábado, em vez de praticar meu próximo discurso, meninas que não podiam estudar sofreriam. Se pulasse uma reunião para ir ao cinema com meus irmãos, novas escolas não seriam construídas para crianças que precisavam delas. *Deus salvou minha vida por um motivo*, lembrava a mim mesma. *E devo usá-la para ajudar os outros.* Sentia-me obrigada a aceitar todos os convites, a ir aonde quer que me dissessem que eu era necessária.

Presumi que Oxford seria um intervalo compulsório do trabalho, porque os alunos não podiam viajar durante o período letivo. No entanto, os pedidos não paravam de surgir. "Você não pode faltar alguns dias?", perguntavam. "Sua presença nesse evento faria toda a diferença para a educação das meninas." Eu não conseguia recusar. Foi assim que acabei deixando de entregar ensaios e perdendo as reuniões de tutoria na primeira semana do meu segundo bimestre para visitar três países em oito dias.

Primeiro, fui ao Líbano apresentar a Tim Cook, CEO da Apple, os programas de educação alternativa do Fundo Malala para meninas refugiadas da guerra civil na Síria. Voltei a Oxford por uma tarde apenas para refazer a mala antes de ir para a Suíça, participar de uma mesa-redonda com Justin Trudeau, então primeiro-ministro canadense. Na verdade, a mesa-redonda era um ardil: a equipe do Fundo Malala queria que eu o encurralasse nos bastidores para pressioná-lo a fazer do auxílio à educação uma prioridade quando o Canadá recebesse a Cúpula do G7, naquele mesmo ano.

Ambos os esforços tiveram retorno: o apoio da Apple ajudou a financiar programas educacionais em países como o Brasil, a Nigéria e o Paquistão; e os líderes do G7 prometeram investir 3,8 bilhões de dólares em iniciativas voltadas para meninas e mulheres quando Trudeau sediou a cúpula naquele ano. Mas voltei para Oxford exausta e estressada por ter perdido alguns dias letivos.

Sentindo minha ansiedade, minhas amigas tentaram ajudar. Cora me emprestou suas anotações e ensaios. Anisa passou algumas horas resolvendo comigo a sequência de problemas de economia daquela semana. Passei o fim de semana estudando, mas não consegui ficar em dia.

Na manhã de segunda-feira, Lara me mandou um bilhete pedindo que eu fosse até sua sala à tarde. Mantive os olhos no relógio o dia todo, e, ao abrir a porta, era como se tivesse uma pedra no meu estômago. "Bom, nem preciso perguntar por que você perdeu a tutoria da semana passada. Você esteve nos noticiários duas vezes em dois continentes diferentes!", ela disse, com um entusiasmo que me assustava um pouco.

"Desculpa, mas senti que era importante para o meu trabalho", respondi, de forma solene.

"Malala, seus professores e eu entendemos que você tem obrigações que seus colegas não têm. Mas é nosso dever priorizar sua educação, e não podemos fazer isso se você não está presente."

"Entendo", falei, afundando na cadeira.

"Sei que seu trabalho não é um emprego no sentido tradicional, mas o resultado é o mesmo. Você não consegue se concentrar nos estudos."

Eu me ajeitei no lugar, desconfortável, e aguardei que ela continuasse.

"O resultado das avaliações mostra que sua proficiência não está no nível desejado. E sua ausência na semana passada deixou você ainda mais para trás. Posso te ajudar a se recuperar, mas você concorda em não voltar a se ausentar durante o bimestre?"

A pedra em meu estômago revirou. "Eu, hum... tenho que ir a Mônaco amanhã", respondi. A reação de Lara me lembrou de uma expressão pastós que ouvi quando pequena: ela parecia estar "sentada sobre um saco de pimenta".

"Vou falar com líderes mundiais sobre a importância econômica da educação das meninas", acrescentei, como se fosse um projeto para receber nota extra.

Era verdade, mas só parte dela. Não contei a Lara que, diferente das viagens ao Líbano e à Suíça, o Fórum de Negócios de Mônaco ia pagar pela minha participação. Quando, durante a Semana dos Calouros, soube que alunos não podiam ter um emprego, imaginei que fosse o de ser vendedor em uma livraria ou em um café. Ser paga para discursar não parecia igual. Mas não sabia se Lara concordaria com isso.

A verdade era que eu não poderia deixar de trabalhar, mesmo se quisesse. Desde que minha família se instalara em Birmingham, eu havia me tornado nossa única fonte de renda. Meu pai era professor em Mingora, mas não tinha autorização para lecionar no Reino Unido. Minha mãe não falava inglês e meus irmãos eram novos demais para trabalhar. Meus discursos pagavam nossa casa, a escola dos meus irmãos, minha comida — tudo de que precisávamos para viver.

Como Hen e muitos outros jovens da primeira ou segunda geração de imigrantes da família, esperava-se que eu dividisse todos os meus ganhos — não apenas com meus pais e meus irmãos, mas com nossos parentes que haviam ficado no Paquistão. Mandávamos milhares de dólares por ano para nossa família; pagando remédios, comida, aparelhos de ar condicionado nos meses de calor intenso, carros, gado e até a construção de casas. Meu pai havia prometido cobrir os custos de duas filhas de um amigo da família que queriam estudar fora, porque a vida delas corria perigo no Paquistão. Elas foram aceitas em universidades estrangeiras, uma nos Estados Unidos e outra no Canadá. Quando meu irmão Khushal se formasse no ensino médio no ano seguinte, eu precisaria ter dinheiro suficiente para pagar a mensalidade de quatro universitários, além de todas as outras despesas.

Aos vinte anos, eu ganhava mais do que minha família jamais ganhara no nosso país. Mas dávamos muito desse dinheiro e vivíamos mês a mês. Com a preocupação de pagar as contas da casa, não poderia cancelar meu discurso em Mônaco, e não sabia como explicar aquilo a Lara.

"Contando a semana passada e esta, você vai perder um quarto da tutoria do bimestre", ela disse, suspirando pesadamente. "Vou falar com seus professores para marcar alguns encontros extras. E você vai precisar se esforçar muito para tirar o atraso."

Lara continuou falando, mas eu não conseguia prestar atenção. Um único pensamento dominava minha cabeça: pela primeira vez na vida, eu era uma má aluna. Não era só uma dificuldade, como no ensino médio; eu estava sem foco e tinha me tornado irresponsável. Quando saí da sala dela, minhas pernas pareciam instáveis, como se a gravidade, ou todo o resto que achava que compreendia, já não fosse mais confiável.

9.

Cora, Anisa e eu estávamos resolvendo nossos problemas de economia no meu quarto quando Hen e Yasmin irromperam pela porta. "Yaz vai furar comigo! Na última hora!", Hen resmungou.

Yasmin lançou um olhar para nós que era meio amedrontado, meio divertido. "Eu disse que vou numa próxima", ela falou.

"Não vai ter uma 'próxima'! Malala, você tem um Nobel da Paz. Faz a mediação aqui", Hen pediu.

"Não sei se isso vale para casos de conflitos interpessoais, mas qual é o problema?", perguntei.

Hen explicou que, semanas antes, Yasmin havia concordado em acompanhá-la em uma aula com um chef americano especialista em culinária afro-americana. "É em dupla, e agora Yaz está dizendo que não vai, porque um carinha qualquer disse que *talvez* estivesse livre hoje à noite."

"Eu posso ir com você", ofereci.

Sem tirar os olhos de seus cálculos, Anisa me cortou: "Não. Você precisa estudar. E provavelmente vão usar presunto".

“Verdade”, falei, olhando com dó para Hen. “Quem é esse menino, Yaz?”

Ela me entregou o celular e li rapidamente a troca de mensagens com aquele potencial interesse romântico. Ao longo da semana anterior, Yasmin tinha tentado manter a conversa viva com piadas, convites e perguntas que exigiam respostas mais longas que um “sim” ou “não”. Ela mandava cinco ou seis mensagens seguidas. Ele respondia um dia ou dois depois com “legal”, “desculpa, mas não posso, tenho que entregar um ensaio” ou “talvez no fim de semana, se eu tiver tempo”.

Parecia óbvio que ele não estava interessado, mas Yasmin se recusava a aceitar a deixa. “Se vocês conhecessem o cara, entenderiam por que ele é perfeito para mim”, ela disse. “Só preciso que a gente passe mais tempo juntos pra que ele entenda que eu seria uma ótima namorada.” De canto de olho, notei que Cora se encolhia.

“Yaz, não precisa ter pressa”, falei, com todo o cuidado. “Tem um monte de garotos em Oxford. Por que não tenta conhecer o máximo possível?”

“Eu tentei! Vocês viram que eu tentei!”, Yasmin respondeu, e todas assentimos em concordância. “Mas esse cara… é diferente. Você quer que eu desista dele?”

“Que desista de *esperar* por ele. Faça seus próprios planos. Ou não desista dos planos que já fez, pelo menos. Você está na faculdade. Tem coisas mais interessantes a fazer que disputar a atenção dele.”

As quatro ficaram me encarando como se eu tivesse revelado um superpoder. Depois daquela noite, todas passaram a me pedir conselhos. Cora não conseguia entender por que o relacionamento com seu namorado da época da escola não estava mais funcionando. Ele não fizera nada de errado, mas ela tinha se sentido entediada e impaciente quando os dois se encontraram nas férias de Natal.

"É porque você mudou", expliquei. "Sua vida agora é aqui, e você quer ser livre para explorar, mas se sente culpada por isso." Uma semana depois, os dois terminaram. (Ele arranjou uma namorada nova em um mês, e Cora tentou segui-la no Instagram, mas foi bloqueada. Então tentamos pelo meu perfil verificado, com mais de 1 milhão de seguidores, mas também fui bloqueada, o que Cora e eu fomos obrigadas a admitir que foi bem durão da parte dela.)

Hen preferia usar aplicativos de relacionamento a conhecer universitários. À noite, ficávamos na minha cama checando a cartela de opções mais recente. "'Quero conhecer gente nova e descobrir pra onde as coisas vão'", li em voz alta, revirando os olhos. "Por que não diz logo que não quer nada sério?" Eu era uma espécie de consultora de segurança não oficial de Hen, filtrando as piores opções — homens que mencionavam criptomoedas ou que posavam na frente do carro. Uma vez, desconfiei que um deles daria dor de cabeça, mas Hen me ignorou; ele acabou roubando o cartão de débito dela e limpando sua conta bancária.

De alguma maneira, eu me tornei a conselheira oficial das meninas em tudo o que se relacionava a romance: examinava fotos cortadas, mensagens de texto cifradas e mapas astrais com muito mais atenção do que dedicava aos livros do curso. "Como você pode ser tão boa em identificar sinais de alerta se nunca saiu com ninguém?", Hen me perguntou.

Dei de ombros. "Acho que estou mais para técnica que para jogadora."

O gracejo escondia uma verdade: começar a namorar seria levar minha onda de independência um pouco longe demais. Na cultura pastó, não existe isso de namorar. A maioria dos homens da minha comunidade proíbe que esposas, filhas e irmãs tenham qualquer contato com o sexo oposto. É uma desgraça para a família se uma menina é vista conversando com um menino, e um risco para sua própria vida. Só olhar para alguém já poderia causar problemas. Jovens mulheres são constantemente lembradas das regras por meio de ditos como "A moça mais honrada manterá os olhos no chão mesmo que seu vilarejo esteja pegando fogo". E se ela é olhada por um homem, isso também é culpa dela, porque provavelmente fez algo para chamar a atenção.

A maioria dos pais pastós decide quando a filha vai se casar, com frequência com catorze ou quinze anos. Os casamentos são arranjados e negociados, consistindo em uma transferência de propriedade rotineira entre homens. Desafiar essa autoridade — ou seguir seu coração — pode ser perigoso. Quando pequena, fiquei sabendo de várias jovens que foram envenenadas pela família pelo crime de "desonra": desde olhar para um jovem na rua por tempo demais até trocar mensagens com um rapaz em um celular secreto. Os pais sempre alegavam tratar-se de suicídio, mas todo mundo sabia a verdade.

Agora eu morava a 8 mil quilômetros do Paquistão, em um lugar com normas sociais muito diferentes, mas ainda era monitorada pelas pessoas do meu país. Uma vez, quando estava voltando de Nova York, encontrei David Beckham no avião, e tiramos uma foto juntos. Quando um jornal paquistanês publicou a imagem, amigos e parentes ligaram para o meu pai dizendo que a comunidade pastó estava ultrajada por eu ter chegado tão perto de um homem. "Você disse que era o *David Beckham* e que o perfume dele era *muito* bom?", quis falar para os meus pais, mas segurei a língua.

Em outra ocasião, o príncipe Harry e eu fomos convidados a discursar no mesmo evento. Quando ele pôs o braço sobre meus ombros para tirarmos uma foto, minha mãe se meteu na frente das câmeras e afastou a mão dele, para espanto de todos os presentes. "Sem encostar!", ela o repreendeu, sacudindo o dedo na cara dele. Harry pediu milhares de desculpas, e eu fiquei morrendo de vergonha. Minha mãe, no entanto, não dava a mínima para o protocolo real ou se estava constrangendo sua filha diante de um príncipe; ela só pensava no que aconteceria se nossos vizinhos em Mingora vissem a foto.

Usar calça jeans era uma coisa, mas um romance universitário me tornaria uma pária aos olhos do meu povo. Eu sabia o que minhas amigas diriam se tentasse explicar isso: *Esse ponto de vista é arcaico e antifeminista! Você é uma mulher adulta em um país livre, pode tomar suas próprias decisões!* Elas teriam razão — o que não significava que eu podia viver como queria. Namorar não valia o risco em que colocaria a mim, minha família e meu trabalho.

Além disso, garotos eram uma enorme distração. O que mais explicava o fato de minhas amigas brilhantes e bem-sucedidas terem o dedo tão podre na vida amorosa? Eu estava acima daquilo. Ia me divertir na faculdade, me formar e voltar a trabalhar, dedicando minha vida à boa causa da educação das meninas. *Vou ser como uma freira*, eu pensava. *Só que muçulmana.*

Ou, pelo menos, era o que dizia a mim mesma. Às vezes, quando não conseguia dormir e pegava meu diário para escrever tarde da noite, outra versão emergia: eu não achava que alguém fosse me querer. Não importava a confiança que transmitia no palco e nos meus discursos, eu me achava feia demais para ser amada.

Era uma verdade difícil, e que eu odiava admitir para mim mesma, porque parecia fútil e trivial. No passado, eu ficava horas no banheiro, arrumando meu cabelo e me imaginando em um filme de Bollywood com Shah Rukh Khan. Aquela adolescente tinha uma beleza travessa e um sorriso fácil. Só que, depois do ataque, eu havia me tornado alguém diferente: meu rosto e meu corpo estavam destinados a uma causa, e não ao romance. *Não é preciso ser bonita para ser ativista*, falava para mim mesma.

No hospital, os médicos diziam que minha paralisia facial melhoraria e que com o tempo os movimentos do meu rosto retornariam. Mas depois de cinco anos, pouquíssima coisa havia mudado. Meu olho esquerdo continuava caído. Quando eu sorria, meus lábios só se erguiam de um lado. Na internet, circulavam memes em que uma foto minha rindo era comparada à de um burro zurrando. Passei então a cobrir a boca com as mãos sempre que alguém contava uma piada.

A cada tantos meses, eu fazia aplicações de botox; elas congelavam os músculos do lado funcional do meu rosto, assim a paralisia facial ficava menos visível. Parecia que o melhor que eu podia esperar era que toda e qualquer expressão se abrandasse; um rosto com uma solenidade permanente, como uma estátua de cemitério.

Entre as normas sociais rigorosas com que cresci e o que havia acontecido com meu rosto, era mais fácil me convencer de que namorar não era uma opção e tirar aquilo da cabeça. Por que perder tempo ficando triste com coisas que não podem ser mudadas?

Toda a minha energia era canalizada para a vida amorosa das minhas amigas. Eu vivia através de seus dramas românticos e ria de suas paixões impossíveis. Todas as garotas que eu conhecia ficaram obcecadas por Timothée Chalamet naquele inverno, e pareciam capazes de passar horas falando sobre seu cabelo ou assistindo a vídeos dele conversando em francês. Não entendi a obsessão, porque sempre fui imune aos rapazes considerados bonitos. Os homens dos meus sonhos tinham pele parda, eram rudes e peludos. Meus joelhos fraquejavam diante de uma barba escura, antebraços peludos, tufos de pelos escapando da camisa. Dizer a mim mesma que nunca namoraria não me impedia de alimentar um desejo secreto de ter um namorado.

Mas era tudo fantasia, algo que me fazia sorrir à noite na cama. Mesmo que acordasse com um rosto normal e sem a bagagem cultural que carregava, nunca encontraria um cara daqueles em meio aos desajeitados alunos de graduação de Oxford.

E foi então que conheci Tarik.

10.

A primeira vez que o vi, eu estava sentada em um banco do lado de fora do dormitório, desfrutando de um breve momento de sol em janeiro. Olhei para o pátio e notei um desconhecido alto e de ombros largos vindo em minha direção. Mais de perto, notei seus cachos pretos soltos e seu olhar taciturno.

Ele se sentou na outra ponta do meu banco; congelei. Não falou comigo nem me olhou, só curvou seus lábios perfeitos em volta de um cigarro, pegou um livro e começou a ler.

"Hum, oi", falei. Parecia que minha voz estava sendo espremida para fora de um tubo de pasta de dente. "Eu não ligo, mas acho que não pode fumar aqui." Apontei para o espaço entre nós no encosto do banco, em que tinha uma placa de metal com o aviso PROIBIDO FUMAR.

"Não consigo ler", ele disse, sem levantar os olhos. "Sou disléxico."

"Ah, claro, desculpa. Bom… aproveite!"

Eu me levantei e segui apressada para o quarto. "Claro" que ele era disléxico? "Aproveite" o cigarro? E por acaso havia um tipo de dislexia que impedia a pessoa de ler placas, mas não livros? Era uma piada que eu não tinha entendido? Considerando a quantidade de conselhos que dava às minhas amigas, eu era desastrosamente ruim em falar com rapazes.

Quando voltei a vê-lo, já fazia frio de novo. Yasmin e eu estávamos no corredor do lado de fora da biblioteca, esquentando as pernas diante dos aquecedores enquanto tomávamos o chocolate quente meia-boca da máquina de café. Ele passou por mim e murmurou: "Beleza?".

Assim que ele se afastou, Yasmin agarrou meu braço. "Você conhece o Tarik?"

"Eu nem sabia o nome dele! A gente só se viu uma vez. Mas não me importaria se a gente se visse de novo..."

"Ah, não sei, amiga", ela disse. "Ele é lindo, mas não tem uma boa reputação."

Yasmin me contou que a família de Tarik tinha se mudado do Marrocos para um bairro pobre no norte de Londres. No ensino médio, ele se tornara uma sensação acadêmica, tirando algumas das melhores notas do país nos exames de admissão na universidade. Era um dos alunos mais inteligentes de Administração na Lady Margaret Hall. "Mas isso foi três anos atrás", Yasmin concluiu.

Desde então, Tarik havia sido suspenso várias vezes por deixar de entregar trabalhos, faltar a tutorias e se envolver em brigas. "Ouvi um boato de que ele vende drogas", Yasmin disse. Imaginei que ela estivesse exagerando. E, se não estivesse, eu tinha mais um motivo para me aproximar daquele rapaz misterioso. *Posso ajudar Tarik a voltar para o caminho certo...*

Ele tinha 24 anos e estava recomeçando o curso do zero. Oxford lhe dera uma última chance de cumprir sua promessa acadêmica. "Então ele vai se formar com a gente?", perguntei.

"Duvido muito", Yasmin respondeu.

Uma semana depois, Tarik passou pela biblioteca por volta das onze da noite, parecendo todo misterioso, com a gola do casaco preto levantada até as orelhas para se proteger do frio. Eu estava indo pegar um livro para escrever o ensaio que entregaria na manhã seguinte. Pensei que Tarik fosse passar direto por mim, mas ele parou a um passo de distância, verificou o celular e disse: "Acho que perdi o jantar".

"Sim, faz umas... quatro horas?"

"Merda, estou morrendo de fome."

Aproveitei minha chance. "Tenho alguma coisa no quarto, se quiser."

Ele enfiou as mãos nos bolsos. "Tá bom."

Atravessamos o pátio para ir buscar. "Moramos no mesmo prédio. Meu quarto é aquele, o 205", ele disse, apontando para uma janela no segundo andar.

"É mesmo? Como pode eu nunca ter te visto por aqui, se você fica só um andar abaixo do meu?", comentei, e ele deu de ombros.

"Quer tomar um chá?", ofereci quando chegamos. Ele assentiu.

"Tem frutas e outras coisas na estante", falei. Tarik pegou uma banana. Depois comeu uma laranja. E um pacote de biscoitos e duas barras de cereais com o chá. Nenhum de nós disse nada até que ele terminasse.

"Bom, valeu", Tarik disse, levantando-se para ir embora. "Quebrou um galho."

"Apareça quando quiser!"

Ele foi embora, mas seu perfume continuou no quarto. Desde que me lembro, gosto de cheiros fortes. Petróleo. Tinta fresca, caneta hidrográfica. Cheiro de cloro na piscina. A mistura de cigarro e perfume barato de Tarik me fez desabar na cama, dando risadinhas no meu travesseiro.

* * *

Na expectativa de encontrá-lo de novo, me reabasteci de comida, incluindo macarrão instantâneo e algumas coisas mais substanciosas que imaginei que Tarik fosse gostar. Um dia, ele apareceu mesmo. Não pediu comida, mas aceitou tudo o que ofereci. Pelo que Yasmin tinha me contado, concluí que ele recebia um auxílio da universidade como bolsista para as despesas do dia a dia. A maioria das minhas amigas recebia esse auxílio, e eu sabia que cobria livros, comida e outras coisas. Só que nunca tinha visto Tarik no refeitório, nas barraquinhas de comida ou em qualquer um dos restaurantes da cidade. Parecia que o único momento em que ele comia era quando estava no meu quarto.

"Talvez a família precise de ajuda, e ele use o dinheiro do auxílio para pagar as contas", comentei com Yasmin.

"Talvez você só queira ver o melhor nele", ela disse. Senti uma leve tensão no ombro ao constatar que agora Yasmin era a sensata e eu, a iludida. Procurei não pensar naquilo.

Minha seleção de lanches devia ser ótima, porque Tarik certamente não me procurava para conversar. Eu me esforçava ao máximo para parecer interessante e inteligente, mas nossas conversas em geral corriam assim:

EU: Você vai à festa desta semana?

ELE: Não, odeio esse tipo de coisa.

EU: Você gosta de estudar administração?

ELE: É ok.

EU: Bom, deve ser mais difícil que política e filosofia, porque em administração não dá pra ficar inventando coisa que nem a gente inventa, haha!

ELE: Rá. É.

Após algumas visitas nem um pouco dignas de nota, eu tive uma ideia de como animar as coisas. "Quer ver meu lugar preferido na faculdade?", perguntei. Tarik pareceu levemente intrigado. "Mas tem que ser segredo", continuei, misteriosa. "Você não pode contar pra ninguém."

"Vou levar pro túmulo comigo", ele garantiu.

Enquanto subia até a torre do sino, eu me sentia extasiada pela quantidade de regras que estava quebrando: a proibição da universidade contra escaladas noturnas, a restrição dos meus pais sobre garotos, a lei da gravidade. Tarik podia ser o bad boy da Lady Margaret Hall, mas naquela noite éramos parceiros no crime.

Quando chegamos lá em cima, olhei para o manto de estrelas no céu. Em geral, preferia olhar para o campus lá embaixo, mas naquela noite senti que flutuava no ar, como se pudesse esticar a mão e tocar coisas a anos-luz de distância. Tarik se sentou com as pernas esticadas, parecendo relaxado como eu nunca o tinha visto.

"Se você pudesse ir a qualquer lugar agora, onde seria?", ele perguntou.

Escondi um sorriso com a palma da mão. Era a primeira pergunta de verdade que Tarik me fazia — e eu havia pensado exatamente nisso quando subi na torre pela primeira vez. Eu queria ficar ali para sempre.

"Eu iria atrás do meu pai e o traria de volta para casa", Tarik continuou. "Ele está em Marrakech, talvez Argel. Não sei direito, mas acho que conseguiria encontrá-lo."

"Há quanto tempo vocês não se veem?", perguntei.

"Anos", ele respondeu.

Eu sabia como era sentir a falta de alguém que você não via em um longo tempo. Você se preocupa que a outra pessoa tenha mudado na sua ausência, que a conexão de vocês não será a mesma quando voltarem a se ver. Com o passar dos anos, para de pensar tanto nela, e quando pensa se sente culpado. *Preciso ligar pra*

Moniba. Tarik voltou a olhar para o céu e ficamos em silêncio por um tempo.

Na descida, fui na frente, passando pelo corrimão e descendo pelas telhas habilmente. Quando Tarik pulou para a saliência, um de seus sapatos caiu. Ouvi um "bam" alto quando atingiu o chão, depois vi em pânico um segurança do campus aparecer lá embaixo, apontando a lanterna para o espaço entre os prédios. Tarik e eu corremos para entrar pela janela e saímos a toda da sala de oração, seguindo em direções opostas.

Meus batimentos ainda estavam frenéticos quando cheguei ao dormitório e encontrei Cora. "Onde você estava?", ela perguntou.

"No telhado. Com Tarik."

"Eca." Seu rosto se contorceu em uma careta exagerada, parecendo um emoji.

Ela não o entende como eu, pensei.

Tarik estava sempre fora nos fins de semana, e eu ficava deitada na cama, me perguntando aonde ele ia. Ver a família? Ou talvez Yasmin tivesse razão e ele fosse aonde quer que os traficantes iam. Eu imaginava um beco escuro cheio de homens contando dinheiro e consertando motos.

Ele voltou a aparecer na quarta-feira, depois da meia-noite. Eu estava acordada, escrevendo um ensaio. "Ei! Por onde você andou?", perguntei.

"Tive que resolver umas coisas. E ver uns amigos."

"E eu? Sou sua amiga?", perguntei. Meu coração martelava no peito, pego de guarda baixa pelo tom de flerte em minha voz.

"Claro que sim", ele respondeu, sem sorrir.

Eu me sentei ao seu lado no chão e procurei investigar sutilmente. "Então você estava… em Londres?"

"É. E fiquei com vontade de nunca ter saído de lá."

"Por quê?"

"Porque tem gente de verdade em Londres. Aqui, todo mundo age como se a gente estivesse junto nessa, mas cada um só pensa em si mesmo. Todo mundo diz que ama Oxford, mas na verdade odeia, e odeia as outras pessoas. Pelo menos eu sou sincero para admitir isso."

Eu queria gritar *Não é verdade!* com todas as minhas forças e listar os motivos pelos quais Tarik estava errado — que era bom fazer amigos na faculdade e explorar o mundo juntos, que eles podiam despertar o melhor em você. Mas parecia que Tarik finalmente estava começando a se abrir, então apenas assenti, como se entendesse o que ele estava falando.

Quando Tarik voltou a ficar em silêncio, olhei para os vários anéis prateados e largos em seus dedos. Antes que pudesse me conter, peguei sua mão direita e a aproximei do meu rosto. "Posso experimentar este?", perguntei, olhando para um anel gigante com uma pedra preta no centro e caveiras nas laterais.

"Claro", ele disse.

Coloquei o anel no indicador e abri a mão para admirá-lo. "Acho que combina comigo. Posso ficar com ele?", perguntei, sentindo um friozinho na barriga.

"Pode", Tarik disse.

Fiquei aliviada quando ele foi embora, como se estivesse prendendo o ar. Flertar era eletrizante, mas também assustador, como se tudo pudesse sair do controle a qualquer momento e levar numa direção para a qual não se está pronta.

O anel era grande demais para mim, mas eu o usava o tempo todo, girando-o sem parar no dedo. Às vezes, eu o tirava, colocava no meio da palma, fechava a mão e a abria, como se oferecesse um presente. Minhas amigas não perguntaram onde eu o tinha arranjado. Àquela altura, sabiam de Tarik e estavam mais ou menos conformadas com ele.

Eu sentia que já tínhamos nos visto vezes o bastante para

convidá-lo para sair. Não para um encontro, mas para algo mais interessante que tomar chá no meu quarto. Como já tinha usado a carta da torre do sino, precisava de outra ideia. A oportunidade surgiu alguns dias depois, quando Hen mandou uma mensagem para mim e para Cora:

> Vamos jantar fora? Depois voltamos pro campus e ficamos no bar?

> Eu topo. Posso convidar Tarik?

Hen respondeu 🌝. E depois 👍.

Desci a escada até o segundo andar, segurando um bilhete com firmeza. Presumi que ele não estaria lá, então deslizaria o bilhete por debaixo da porta e voltaria correndo para meu quarto. Mas, ao chegar, a porta estava aberta. Tarik estava sentado à escrivaninha, de frente para o corredor. Era tarde demais para fugir. Enfiei o bilhete no bolso e olhei para o quarto dele, tentando absorver tudo. Havia uma escova de dente e alguns produtos de banho na beirada da pia. Em cima da cama tinha um cobertor fino demais para o inverno. Perto da porta, uma gaveta da cômoda aberta mostrava seis ou sete celulares *flip* idênticos, mas nenhuma roupa. Nada de comida ou de material escolar, nada de luzinhas ou fotos de família. Parecia mais um esconderijo que um quarto estudantil.

Depois de uns instantes, me dei conta de que ele estava esperando que eu falasse. "Pensei em dar uma passada aqui, pra variar", falei, torcendo para que ele se lembrasse que havia me dito o número de seu quarto algumas semanas antes. "Vou sair com umas amigas hoje. Quer ir com a gente?"

Ele coçou a nuca e olhou para o chão. "Ah, hum, valeu. Mas... meus professores não largam do meu pé por causa dos textos. E tem uns lances que não são da faculdade que preciso..." Tarik parou de falar por um momento. Quando voltou, foi mais consigo mesmo que comigo. "Se eu pudesse voltar atrás, voltaria. Só que agora é tarde."

Procurei aliviar o clima. "Talvez sair um pouco do quarto ajude."

"Você é gente boa, Malala. Eu dou uma passada se conseguir." Trocamos nossos números e mandei o endereço do restaurante. Durante o jantar, meus olhos corriam para a porta toda vez que ela se abria. A noite passou sem que ele aparecesse. Não fiquei surpresa, mas mesmo assim doeu.

Depois de quase duas semanas sem ter notícias de Tarik, comecei a ficar preocupada. Se ele se ausentasse demais da faculdade, seria suspenso de novo — ou pior. Minha mente criava as desculpas mais absurdas: ele podia estar machucado e precisando de ajuda; não estava respondendo a minhas mensagens porque havia perdido o celular. Eu quase enlouquecia pensando no que poderia ter acontecido. Precisava saber que Tarik estava bem; e, se não estivesse, queria ser eu a resgatá-lo.

Uma tarde, fui ao quarto de Yasmin perguntar se ela sabia de alguma coisa. "Você não é a única procurando por ele", ela disse. "Tinha uma menina falando de Tarik na lavanderia umas noites atrás. Parece que emprestou uns livros por algumas horas e ele nunca devolveu. Ela tentou ligar e ele não atende."

Outra semana se passou sem sinal de Tarik, mas na segunda à noite eu o encontrei andando de um lado para outro em frente ao refeitório. "Ei, você está aqui! Está tudo bem? Fiquei preocupada."

"Oi", ele disse, sem me olhar. Então voltou a andar de um lado para outro. "Fui à tutoria e meu professor jogou meu ensaio no lixo sem nem ler!"

"Por quê?"

"Ele disse que estou atrasado em mais dois trabalhos. O que entreguei hoje é da semana passada, quando eu não estava aqui, então ele não vai ler. E me deu até amanhã pra entregar o desta semana. Só que perdi as aulas expositivas, e ninguém quer me emprestar as anotações. O curso de administração é um antro de babacas."

"Bom, você tem a noite toda. Já consegui escrever ensaios às três da manhã e ainda deu para cumprir o prazo. Você é tão inteligente, vai dar certo."

"É inútil. Eles prometeram que eu podia continuar na faculdade se passasse nas avaliações de início de bimestre, mas hoje o professor disse que é melhor eu poupar todo mundo do trabalho largando o curso agora. É como se eles já tivessem decidido."

"Você não pode largar o curso! Se seu professor não quer te ajudar a se recuperar, podemos levar o seu caso pro aconselhamento de bem-estar estudantil. Só começa a escrever o ensaio. Você pode fazer isso no meu quarto. Eu preparo um chá."

Ele parou de andar e ficou olhando para o chão. Quando falou, foi com uma voz baixa e tranquila. "Não. Não, valeu. Vou ficar bem. A gente se vê."

Eu não estava pronta para aceitar a derrota, mas a pessoa que mais poderia ajudar Tarik era a última para quem eu queria pedir. Quando cheguei ao quarto de Anisa, ela estava sentada à escrivaninha, às voltas com seus problemas de matemática.

"Não quero te incomodar, mas preciso muito de um favor. Sabe o Tarik, da sua turma de administração? Ele está prestes a ser expulso da faculdade."

"Que surpresa", ela respondeu, me dando as costas e abrindo um livro.

"É que... você me ajudou muito com economia quando fiquei pra trás. Eu estava pensando se você não poderia emprestar seu ensaio pra ele, só pra ver se dava alguma ideia. O prazo é amanhã de manhã, e Tarik ainda nem começou a fazer."

"Eu te ajudei porque você é minha amiga, e não um drogado que não está nem aí pra faculdade. Se ele copiar meu ensaio, vou acabar me encrencando também. Pensa direito no que você está me pedindo."

"Por favor, Ani. Ele pode perder a vaga em Oxford."

"Malala! Amigas antes de picas!"

"O que isso quer dizer?"

"Que você está obcecada por esse cara e precisa se controlar."

Fui embora me sentindo estranha, como se o feitiço que havia me levado até ali tivesse se quebrado. Havia fracassado em minha missão de ajudar Tarik, e Anisa me achava uma tola por ter tentado. Ela tinha razão. Tarik não pedira minha ajuda, além de não a aceitar quando ofereci. Então por que eu estava fazendo aquilo?

Porque eu *gostava* de criar narrativas elaboradas em cima das nossas breves interações. Eu poderia ter saído daquele delírio a qualquer momento, mas não quis.

Quando Tarik desaparecia por dias, eu ficava sentada na cama ouvindo duetos de Bollywood, imaginando nós dois envolvidos em uma história de amor épica. Então ele reaparecia sem nenhuma explicação, comia minha comida e ia embora. Não queria ser meu amigo, não perguntava das minhas amigas ou dos meus planos para o fim de semana. E isso nunca me incomodava porque eu preferia a fantasia na minha cabeça, onde aquilo era seguro e encantador.

Ficar obcecada por um garoto inatingível era só outra maneira de evitar ser rejeitada e permanecer solteira, de preencher minha necessidade de conexão com um romance unilateral. Quando percebi que estava me enganando ao pensar que aquilo era real, minha vontade foi de extinguir tanto meu interesse quanto o desejo que o criara.

Alguns dias depois, fui à farmácia para comprar um desodorante Axe igualzinho ao que tinha visto no quarto de Tarik. Escolhi a fragrância Anarchy XL, voltei para o quarto e borrifei por todo o meu corpo.

Quando Yasmin chegou aquela noite, parou de repente à porta. "Credo, por que seu quarto está cheirando a patriarcado?" Mostrei o desodorante a ela.

"Estou usando em mim mesma, para não me deixar distrair por Tarik ou qualquer outro cara", expliquei. "Sei que o cheiro me atrai, mas assim acabo com a tentação e reivindico meu poder de volta." Olhei para ela, satisfeita com minha solução genial.

"Bom, acho que você deu um jeito mesmo, amiga. Não sobrou nada que possa te tornar atraente para um cara", ela comentou com um sorriso irônico.

Tarik passou no meu quarto pela última vez quando eu estava no treino de badminton. Ele mandou uma mensagem dizendo que era uma pena a gente ter se desencontrado e que voltava mais tarde, só que nunca mais o vi. Minhas amigas o avistaram na cidade algumas vezes depois disso. Então Tarik simplesmente desapareceu. Não sei se largou a faculdade ou se foi expulso. Talvez estivesse longe, procurando pelo pai.

Ao longo do ano seguinte, mandei uma ou outra mensagem para ver como ele andava. Certa noite, eu estava sozinha no quarto, ouvindo os trovões lá fora sacudirem as vidraças antigas. *Você gosta de tempestades?*, escrevi. *Quero muito sair agora mesmo e dançar na chuva.* Tarik nunca respondeu.

11.

As pessoas costumam associar o cheiro de pinheiro ao inverno, mas ele é mais forte na primavera. Sei disso porque em Mingora há pinheiros nas margens do rio Swat. Quando a temperatura sobe e a neve derrete, nosso vale fica com um perfume de vela de Natal.

Numa tarde ensolarada em Oxford, abri a janela e senti o cheiro de casa. Nostálgica, peguei o laptop e abri o Google Maps. Com alguns cliques, estava lá outra vez, nas ruas onde havia crescido.

A partir da minha antiga casa, tracei a rota que fazia para ir à escola a pé. *Olha só a amoreira do vizinho*. Quando as amoras caíam, no verão, eu as esmagava até que as solas dos meus sapatos ficassem roxas, deixando um rastro de pegadas atrás de mim. Passei pelas ruínas do monastério budista de 2 mil anos onde meus irmãos e eu gostávamos de brincar de esconde-esconde. Virei a esquina e dei zoom para ler a placa de um estabelecimento: *Restaurante Iftar do Ramadã para Crianças Órfãs.*

A luz da entrada da casa de Moniba estava acesa. Encarei a imagem na tela, então fechei os olhos e me visualizei na rua dela, com a mão no portão, a um momento de distância de rever minha amiga mais antiga.

De repente, senti falta de tudo de uma vez só: dos meus amigos, da minha avó, das mangas docinhas, do modo como o sol fazia o rio cintilar. A quietude do meu quarto começou a me incomodar. Em Mingora, sempre havia barulho — carros buzinando, pessoas gritando pela janela, tacos de críquete batendo, o chamado à prece da mesquita local. Em vez de atenuar minha saudade, o passeio digital pelo meu velho bairro despertou uma amargura até então dormente em mim, uma tristeza por me terem roubado a vida que eu conhecia.

Quando faz anos que você não vê sua casa, ela se torna um lugar mítico. No hospital, em Birmingham, eu passava dias olhando pela janela, esperando vislumbrar as montanhas que me cumprimentavam ao acordar em Mingora, só para me sobressaltar com os arranha-céus e os semáforos. Desde então, viajei o mundo, vi as Montanhas Rochosas e a Sierra Nevada, sobrevoei a Qurnat as Sawdā' e o monte Quênia. E eu sempre dizia a mesma coisa: "As montanhas do vale do Swat são mais altas". Sentia a obrigação de defender o lugar onde nascera, de não me deixar impressionar por nenhuma outra cordilheira em minha vida.

Ao entender que minha família ia ficar no Reino Unido, prometi a mim mesma que continuaria sendo a mesma menina paquistanesa de sempre, que não mudaria. Mas, com o passar dos anos, fui sentindo que me dividia em duas pessoas diferentes. A nova Malala compreendia o básico do futebol, sabia a diferença entre Harry Potter e Harry Styles, o que era o Brexit e por que todo mundo tinha uma opinião a respeito. Ao mesmo tempo, a antiga Malala continuava em mim, compilando anos de pensamentos sobre a seleção paquistanesa de críquete, os programas de TV, a política e até as menores coisas do meu país — por exemplo, por que o *biryani* de frango não tinha o mesmo gosto em Birmingham. Guardava tudo isso na cabeça, por não ter com quem compartilhar, o que me fazia sentir como se eu nunca pudesse ser verdadeiramente eu, que nunca me encaixaria em lugar nenhum.

A universidade deveria ser o lugar perfeito para eu finalmente me reconectar com pessoas do meu país, considerando que havia 85 alunos paquistaneses em Oxford em meu primeiro ano. No entanto, me mantive distante, optando por me sentar na última fileira nas reuniões da Sociedade Paquistanesa e por não comparecer a seus eventos sociais. Gostava de ouvir pessoas conversando em urdu, mas não me juntava a elas. Ficar sozinha, decidi, era melhor do que ser rejeitada, ou pior: atacada.

Menos de uma semana depois de atirarem em mim, um boato começou a circular alegando que tudo não passava de uma farsa. Essas teorias da conspiração me pareceram bobas e patéticas, e concluí que ninguém as levaria a sério. Então, milhares de pessoas — incluindo alguns políticos e jornalistas — passaram a dizer que aquilo tudo era uma armação da minha família para ganhar dinheiro e obter passaportes britânicos. Não importava que o Talibã tenha se responsabilizado pelo atentado, nem as entrevistas na TV com os médicos que me trataram no Paquistão e no Reino Unido. Nada disso teve impacto sobre a massa que acreditava que tudo fora armado. Minha mãe ouvia essas mentiras sendo espalhadas, chorava e dizia: "Bem que eu queria que fossem mentiras. Bem que queria que nada tivesse acontecido".

A extensa e constante negação do que havia acontecido comigo foi como um segundo atentado, abrindo feridas que não podiam ser curadas. Em uma de minhas primeiras entrevistas depois de receber alta no hospital, me perguntaram o que eu diria para o homem que me atacara. Respondi que eu o perdoava, e fui sincera. Mas o que escrevi no meu diário aquela noite, aos quinze anos, também era sincero: *O que eu diria a ele? Só peço que, da próxima vez, mire bem no meio da testa. Pra todo mundo ver. Aí não vão poder dizer que não atiraram em mim.*

Se para os conspiracionistas aquilo tudo não passava de encenação, para outros o ataque havia sido real, sim, mas a atenção que eu estava recebendo era descabida. "Por que o mundo ama tanto Malala?" era uma pergunta que se repetia nos comentários de sites de notícias e nas redes sociais. Mesmo depois de países ocidentais terem colonizado nossa terra, usado nosso povo como peões em guerras por procuração que se estenderam por décadas, matado crianças e civis em ataques com drones, muitos paquistaneses se ressentiam do fato de que os Estados Unidos e a Europa agora enalteciam uma adolescente de uma cidade na montanha. Ser amada pelo Ocidente era mais do que motivo para meus concidadãos me odiarem. Era como se minha vida fosse um constante julgamento e eu tivesse que provar minha inocência para pessoas que já tinham decidido pelo veredicto de culpada.

Uma tarde no ensino médio, eu estava mexendo no Instagram durante uma aula vaga e deparei com uma foto minha publicada por um veículo noticioso paquistanês. Comecei a ler os comentários; como sempre, abundavam palavras como "cretina", "vagabunda" e "traidora". Então apareceu: "Quero matar ela". Perdi o ar e afundei na cadeira, me sentindo exposta e vulnerável. *Ele estava mesmo planejando me matar? Seria um membro do Talibã?* Entrei no perfil, que não dava nenhuma pista de quem o homem era. Só havia algumas fotos sem qualidade e memes bobos. Se fosse ele mesmo na foto de perfil, não parecia muito mais velho que eu.

Eu precisava entender por que ele me odiava tanto. *Será que falei algo em uma entrevista que fez com que ele se sentisse assim? Talvez conversando eu consiga fazê-lo mudar de ideia.* Antes que parasse para pensar direito, criei um perfil no Instagram com um nome falso e enchi de fotos de fisiculturistas, seguranças virtuais atrás dos quais poderia me esconder. Então mandei uma mensagem para o cara que comentou que queria me matar.

Por quê? Não entendo. Por que pessoas do próprio país dela pensam assim?

Ele foi rápido em responder: *De onde você é?*

Do Paquistão. Mas moro na Inglaterra, respondi, sincera.

Então não tem como você entender, ele escreveu. *Nós aqui no Paquistão sabemos que ela é uma traidora mentirosa. Não esquenta. Vamos mandá-la para o inferno.*

Minhas mãos ainda estavam tremendo quando encontrei Alice no espaço de convivência dos estudantes. "Malala! O que você estava pensando? Bloqueia esse cara agora mesmo e nunca mais faz isso!", ela disse, com uma preocupação evidente nos olhos. Prometi a ela e a mim mesma que não conversaria mais com trolls.

Para minha sobrevivência, eu precisava me tornar imune a centenas de comentários odiosos a meu respeito a cada vez que pegasse o celular, precisava tentar anestesiar a dor e construir um muro em volta do meu coração. Mas sempre doía quando diziam que eu nunca havia feito nada para ajudar as meninas no Paquistão. Não apenas porque elas ignoravam o preço físico que paguei por enfrentar o Talibã, ou os anos que dediquei a defender a educação. O que me chateava era a sugestão de que eu não me importava, de que tinha escolhido deixar meu lar e esquecido os milhões de meninas que ainda lutavam para ir à escola. Isso não poderia estar mais distante da verdade.

Mesmo com a infinidade de acusações de que eu não fazia nada para ajudar, mantive em segredo meu maior projeto no Paquistão, o qual me era tão querido que não suportaria vê-lo sendo destroçado pelos críticos. Com o dinheiro do prêmio Nobel que recebi, aos dezessete anos, comprei um terreno em Shangla, um aglomerado de vilarejos remoto, no alto das montanhas onde meus pais haviam crescido. Quando pequena, eu sempre passava o feriado do Eid lá, na casa da minha avó. Foi ali que nos refugiamos ao fugir de Mingora por causa do Talibã.

Em Shangla, 83% das mulheres eram analfabetas, incluindo minha mãe e minhas tias. A maioria dos pais tirava as filhas da escola no segundo ano, quando consideravam que tinham idade suficiente para ajudar a cozinhar, limpar e cuidar das crianças mais novas. Não havia uma única escola de ensino médio para as meninas da região — então decidi abrir uma.

Construir a escola e colocá-la para funcionar era urgente para mim: eu tinha muitas primas em Shangla; algumas estavam perto dos treze e catorze anos, idade em que as negociações de casamento se iniciam. Pensava que, se abrisse uma escola, ganharíamos algum tempo, convencendo meus parentes e outros pais na comunidade de que era melhor que elas concluíssem sua educação antes de se tornarem esposas. Assim, no mínimo, não cresceriam como suas mães e avós, sem saber ler ou escrever. Meu sonho era que algumas chegassem à universidade.

Por anos, as pessoas alegaram que era impossível abrir uma escola em Shangla. Diziam que era difícil demais construir o que quer que fosse sobre as escarpas da cordilheira Hindu Kush. A maior parte das casas é feita de barro e pedras, com apenas um ou dois cômodos, e não é acessível a carros. Alertavam-me de que, mesmo que conseguisse construir uma escola, os pais nunca permitiriam que as filhas estudassem. Seria como lutar contra moinhos de vento. Tolice. Uma causa perdida. Só que eu estava determinada a conseguir. *Se essa escola der certo, provarei que a educação das meninas é possível em qualquer lugar do mundo.*

Quando entrei na faculdade, a construção já estava terminando, um feito de quatro andares da engenharia e da determinação. Logo abriríamos as portas e receberíamos as primeiras meninas, desde o jardim de infância até o ensino médio. O plano era oferecer os anos iniciais da educação básica e ir incluindo uma série por ano, até que a primeira aluna se formasse. Eu analisava cada informação que chegava dos responsáveis pela arquitetura, pela construção e pela administração da escola em Shangla — orçamentos, plantas, fotos, mensagens de texto —, sonhando impacientemente com o dia em que a veria com meus próprios olhos.

Se eu não me importasse com as meninas do Paquistão, teria escolhido uma vida mais tranquila, longe das câmeras, dos holofotes e das críticas constantes. Porém queria ver minha comunidade prosperar, então ignorava os haters e seguia em frente. À noite, antes de ir dormir, dizia a mim mesma que um dia o tormento acabaria. Um dia, poderia falar abertamente sobre meu país sem medir cada palavra com receio de ser usada contra mim. Um dia, teria um lugar de volta para mim no Paquistão.

Tudo isso me passava pela cabeça em certa tarde de inverno, quando recebi uma mensagem de Parveen, uma estudante de ciência da computação em Oxford.

> Oi, oi, Malala! Espero que seu primeiro ano em Oxford tenha sido ótimo até agora! Um grupo de alunos paquistaneses vai se encontrar e pedir comida na casa do meu amigo Raja hoje à noite. Adoraríamos te conhecer, você topa? É um grupo muito legal, e um lugar seguro para se divertir e relaxar. O endereço é Observatory Street, 24.

Li e reli o convite, procurando pela pegadinha. Qual seria a opinião de Parveen e seus amigos sobre mim? Uma coisa era ser alvo de zombaria na internet, em que a maioria das publicações vinha de trolls que achavam divertido começar uma briga ou espalhar mentiras; eu não saberia lidar com alguém me difamando na minha cara. "Lugar seguro" significava que eu podia confiar neles? Nossas conversas iam ficar entre nós? Publicariam uma foto minha perto demais de um garoto, ou sem o lenço na cabeça? A última coisa que eu queria era receber outra ligação raivosa da minha mãe dizendo que estava todo mundo alvoroçado por causa de algo que tinham recebido pelo WhatsApp.

Eu podia passar a noite no quarto pensando naquilo, dizendo a mim mesma que haveria outra chance, outra festa, outro convite. No entanto, se queria que as pessoas do meu país acreditassem no melhor a meu respeito, então lhes devia o mesmo.

Escrevi: *Obrigada, Parveen, eu topo,* e enviei antes que pudesse mudar de ideia.

12.

Quando o carro virou na Observatory Street, eu disse aos seguranças que não ficaria até muito tarde: só daria um oi e voltaria ao campus. Sentia uma mistura de ansiedade e medo. No ensino médio, nunca tinha nem ao menos ido a uma festa de aniversário, e agora ia a uma festa universitária na casa de alguém onde não conhecia uma única pessoa.

Pensamentos atravessavam minha cabeça: *Será que vão pensar que sou menos paquistanesa que eles? Será que são conservadores ou têm a mente aberta? Se tiverem a mente aberta, vão dançar? Se eu dançar, vou parar nas redes sociais e vai estourar um escândalo? Fica atenta ao que diz e fala, Malala...*

Na calçada, alisei a roupa que havia escolhido com todo o cuidado. Quase todas as peças do meu armário estavam no chão do meu quarto, já que me troquei dez vezes antes de sair. Eu ainda não sabia se havia acertado, mas já era tarde demais. Respirei fundo e bati na porta.

"Entra!", alguém gritou do outro lado. Assim que passei pela soleira, Parveen se levantou do sofá para me cumprimentar.

"Malala! Você chegou! Vem, eu te mostro a casa." Tentei absorver tudo enquanto ela me guiava, prestando atenção em cada rosto para verificar se a pessoa estava sorrindo para mim ou fazendo cara feia. Alguns se viravam e assentiam calorosamente, mas a maioria estava envolvida demais em sua própria conversa.

Na cozinha, Parveen me apresentou a Raja, o anfitrião. "Lugar legal", falei. As salas de estar e de jantar eram pequenas, mas o todo era muito melhor que meu quarto sem graça no dormitório.

"Bem-vinda! E obrigado. Morei no campus no primeiro ano, aí meus pais me alugaram esta casa. Eu disse que ajudaria nos meus estudos, mas acabou virando um point de festas." Enquanto ele falava, a porta da frente se abriu e cinco pessoas entraram. Todos os convidados pareciam se conhecer, se cumprimentando pelo nome e pegando comida e bebida para os recém-chegados.

A casa foi ficando cada vez mais cheia e as conversas cada vez mais altas, uma mistura de urdu e inglês em volta da mesa com *biryani* e espetinhos. Todos pareciam simpáticos, mas sempre que alguém se dirigia a mim eu me fechava, sem saber se iam me perguntar se eu tinha de fato levado um tiro ou por que não morava mais no Paquistão.

Estou retrocedendo, pensei. Não tive problema nenhum para fazer amigos desde a minha chegada à faculdade. Não havia ficado de canto no baile do Diwali ou nos pubs a que íamos. *Eles parecem divertidos. Por que não ser eu mesma?*

Criei coragem e fui até onde Raja estava. "Se você não estivesse aqui hoje, o que estaria fazendo?", ele perguntou. "Vou tentar adivinhar: estudando?" Ele tinha olhos confiantes e alegres, e um topete que balançava quando falava.

"Hum, menos do que você imagina", retruquei, rindo.

"Eu também", Raja garantiu. "Estudo engenharia e faço meio que o mínimo. Quem tem tempo para relatórios técnicos, simulações, laboratório? É fácil se deixar distrair pelas pessoas incríveis em Oxford."

Enquanto conversávamos, descobri que seu primeiro amor havia sido o críquete. Ao terminar o ensino médio, em Dubai, Raja voltou para o Paquistão, onde passou um ano tentando se profissionalizar. "Sou obcecada por críquete!", confessei, e o enchi de perguntas sobre os jogadores mais promissores, as vantagens dos arremessadores canhotos e o escândalo recente de adulteração de bolas.

"Você joga, Malala?"

"Jogava quando era pequena, e *amava*. Entrei para a equipe de críquete de Oxford, mas não fui a nenhum evento deles. Acho que estou enferrujada demais."

"Por que a gente não pratica um pouco na semana que vem, no University Park? Eu levo minhas coisas. Você vai recuperar a forma rapidinho." Sorri, me sentindo mais solta e confortável.

Parveen se aproximou com alguns amigos que queria que eu conhecesse. Uma das meninas me entregou uma caixinha vermelha. "*Cocomo!*", exclamei. Aqueles biscoitos eram marca registrada da infância paquistanesa. Eu os comprava em barraquinhas de rua na saída da escola em Mingora. "Faz um tempão que não como."

"Minha mãe mandou pelo correio", a menina explicou. "Ela manda sempre as mesmas coisas: *Cocomo* e dois frascos de Fair & Lovely." Demos risada e mencionamos as mulheres que conhecíamos que eram fanáticas pelo creme clareador de pele. Parveen repetiu um ditado que passamos a infância inteira ouvindo: "'Pele clara abre portas!'".

Por volta das dez, os convidados empurraram as cadeiras para um canto e afastaram a mesa de centro para abrir espaço para uma pista de dança. Notei Zayan na mesma hora. Diferente dos outros moços, ele não usava barba ou cabelo cheio em cima: o dele ia até os ombros e caía em camadas. E Zayan era um *excelente* dançarino. Assisti atordoada a como ele passava do *bhangra* ao *pop and lock*, sem parar de conversar com a pessoa ao seu lado.

Nós nos esbarramos na cozinha quando ele deu um tempo na dança. "Você veio!", Zayan exclamou, passando um braço suado sobre meus ombros. "Que bom. Tem algo que sempre quis te perguntar..."

Eu me preparei mentalmente para o que quer que fosse. *Lá vamos nós...*

"Que nome você dá pro atendente quando vai no Starbucks?", Zayan perguntou.

Soltei uma espécie de grasnado, em uma mistura de risada e alívio. "Sinto muito por te decepcionar, mas não tomo café", falei. "Então isso nunca aconteceu."

"Que careta. E quando você faz uma reserva em um restaurante?"

Eu me recostei no armário da cozinha e sorri para ele, incerta quanto a revelar meu codinome. Mas estava me divertindo, então mergulhei de cabeça. "Jane Lewis", sussurrei.

"Ah, não! É sério?"

"É. Também é o nome que está na minha carteirinha da faculdade."

"Mas por quê? Tipo, sem querer ofender, mas você não tem cara de Jane."

"Meus seguranças queriam que eu usasse um pseudônimo que tornasse difícil me localizar no campus. E me deram um mês pra escolher, mas não consegui. Aí, na última hora, olhei para uma sacola da loja de departamentos John Lewis no meu quarto. Troquei John por Jane, e agora vou ser a srta. Lewis por três anos. No papel, pelo menos."

Passamos para um sofá sob a escada e continuamos a conversar. Foi assim que descobri que Zayan era tão bom de fofoca quanto de dança. Embora estivesse no primeiro ano, parecia saber tudo sobre todos. "Esse cara que acabou de entrar, de camisa azul-clara... Não, não olha agora! Bom, ele é *louco* pela Parveen. Tipo, totalmente apaixonado. Ele estuda direito, mas *por algum motivo* passa um tempão lendo na biblioteca de ciências, onde ela sempre fica. E Parveen recebe pela caixa de correio uns presentes misteriosos de um admirador secreto. Ela adora caligrafia, e os presentes são, tipo, um conjunto de canetas legais e outras coisas assim."

"Parveen sabe que são dele?"

"Não! Ela ainda não descobriu!"

"E por que você não conta?"

"Bom, pra mim está na cara, mas não tenho *certeza*. E também quero ver até onde vai. Uma pergunta filosófica: você acha que isso é meio stalker ou fofo?"

"Acho fofo", falei, então parei para pensar por um momento. "*Espero* que seja fofo. Hoje escolhi acreditar no que as pessoas têm de bom."

Pouco depois, as primeiras notas de "Billo De Ghar", um hit punjabi de 1995, irrompeu das caixas de som e as pessoas enlouqueceram. Conversas foram interrompidas quando todos se levantaram. "Adoro essa música!", gritei.

"Vem dançar com a gente", Zayan gritou de volta.

Fiz sinal para que ele fosse sem mim e fiquei assistindo a tudo do meu lugar, mexendo a cabeça enquanto o pessoal gritava e pulava na sala de estar de Raja. Não conseguia parar de sorrir, impressionada com o fato de que sentia a mesma alegria sem filtro que os outros convidados da festa.

Por volta da meia-noite, quando já estava de saída, vestindo a jaqueta para ir embora, Raja baixou a voz para dizer: "Olha, sei que você tem que lidar com muitas críticas. Já vi o que rola na internet e ouvi o que as pessoas falam. Mas você é bem-vinda aqui. Pode perguntar a qualquer um que me conheça: sempre fui um grande fã de Malala".

Levei a mão ao queixo e inclinei a cabeça. "Malala?", repeti. "Nunca ouvi falar."

Não demorou para eu frequentar a Observatory Street de duas a três vezes na semana. Era nosso ponto de encontro, o lugar aonde eu queria ir tanto para realizar as atividades do dia a dia como em ocasiões especiais. Meus novos amigos e eu assistíamos juntos a filmes de Bollywood e partidas de críquete. No Ramadã, nos reuníamos para o jantar de *iftar* e comíamos donuts pouco antes do amanhecer. Organizávamos festas-surpresa de aniversário com tanta frequência que o convidado de honra dificilmente era pego desprevenido, embora ninguém se importasse de jogar o jogo. Uma noite, acabei encontrando um novo hobby ao ser apresentada ao pôquer por alguns alunos da pós-graduação. Eu era uma novata entusiasmada e imprudente, odiava desistir da minha mão e muitas vezes apostava tudo sem nem ter visto minhas cartas. O jogo me intrigava, porque era uma maneira de testar quão bem as pessoas liam minha expressão e linguagem corporal. A princípio, os mais experientes se sentiam mal por tirar dez libras de mim, mas, como continuei aparecendo para jogar, eles logo superaram o desconforto.

Meus novos amigos eram muito diferentes das pessoas em Mingora. Eram gente da cidade, nascidos em Karachi, Lahore ou Islamabad; alguns tinham casa no Paquistão, mas haviam crescido em Dubai, Kuala Lumpur ou Londres. Cosmopolitas e viajados, sabiam jogar sinuca e o número de sapato que usavam em diferentes países. Visitavam a família e os amigos no Paquistão uma ou duas vezes por ano e voltavam com as notícias mais quentes, a última moda, os últimos hits das rádios. Eu invejava um pouco aquela sofisticação, a maneira como transitavam entre diferentes culturas sem medo de infringir regras invisíveis. Aonde quer que fossem, eram eles mesmos — pareciam confortáveis e livres.

O pessoal que se reunia na casa da Observatory Street também representava uma diversidade de religiões e práticas culturais. Cerca de metade comia apenas em restaurantes halal; o restante comia de tudo, menos porco. Os mais devotos nunca perdiam a oração matinal, enquanto outros tomavam uísque e fumavam maconha. Alguns se dividiam e ficavam na farra até a hora da oração.

A variedade de abordagens sobre relacionamentos também me fascinava. Alguns respeitavam o espaço halal, ficando a pelo menos trinta centímetros de pessoas do sexo oposto, enquanto mantinham as mãos diante do corpo, à vista de todos. Outros davam abraços de urso em quem quer que cruzasse seu caminho. Havia rapazes namorando garotas brancas e americanas, mulheres que não tinham nenhuma intenção de casar e pessoas que deixariam que os pais arranjassem seus casamentos após a faculdade. Alguns eram gays, embora ninguém falasse a respeito, mesmo naquele grupo liberal para os padrões paquistaneses. O que mais me encantava era que nenhuma dessas diferenças nos afastava: todos eram bem-vindos e tratados como família, independente de seu histórico e de suas crenças.

O peso que eu sentia, o medo de me envolver com outros paquistaneses, começou a desaparecer. Passei a pensar nos cinco anos anteriores não como uma época solitária, mas como um período em que fiz uma reserva de amizade e amor para dedicá-la exatamente àquelas pessoas. Era tudo muito diferente do Paquistão onde eu havia crescido, porém dentro das paredes da casa da Observatory Street cada versão minha se sentia em casa.

Naquela primavera, eu, Parveen e mais alguns amigos decidimos ir a um evento de *qawwali* da Sociedade Paquistanesa, uma celebração da música devocional sufista muito popular no sul da Ásia, que aconteceria em um pequeno parque no campus. A caminho do evento, lembrei de ter prometido levar suco de manga para compartilhar e dei uma passada no mercado mais próximo. Cheguei atrasada e encontrei oito músicos sentados em um tapete persa estendido sobre a grama, já tocando a primeira música.

O *qawwali* com frequência é descrito como "místico", mas está bem longe do ritmo relaxante que costuma tocar como música de fundo de spas e empórios naturais. O som frenético e maximalista combina a percussão de uma tabla com palmas, o zunido atonal do harmônio e uma voz principal cantando ou entoando poemas religiosos enquanto outras vozes formam um coro dissonante. Uma única música pode durar de quinze minutos a uma hora. A intenção é induzir um estado próximo ao transe, aproximando os ouvintes e os músicos a Deus.

De onde eu estava, dava para ver os estudantes educadamente sentados em silêncio assistindo aos músicos. Mas o *qawwali* na verdade é um sonho febril coletivo, e não uma apresentação. Os músicos e o público deveriam provocar uns aos outros, o volume das vozes subindo enquanto a tabla imitava um ataque cardíaco. Por todo o sul da Ásia, não é incomum ver as pessoas dançando enlouquecidamente ou girando com os braços acima da cabeça. As melhores sessões de *qawwali* se assemelham a ser surpreendido por uma tempestade repentina. Você se entrega à chuva, e continua tremendo, úmido e delirante até muito depois que o sol retorna.

No fundo, mais afastado da multidão, notei um grupo de homens mais velhos da mesquita local, sentados juntos sobre um cobertor. Estavam cantando e batendo palmas no ritmo da música, agitando os braços e as pernas. Aqueles homens entendiam a arte de uma maneira que meus colegas não entendiam. Ao observá-los, fiquei me perguntando como as tradições podiam se perder de uma geração para a outra, ou por causa de alguns milhares de quilômetros de distância.

O pessoal da casa da Observatory Street me ajudou a me sentir mais próxima de minha cultura, só que a saudade de casa ainda me atingia em momentos inesperados. Fazia cinco anos que eu fora obrigada a deixar o Paquistão. Quanto tempo mais demoraria para que eu voltasse a visitar meu país? O que eu perderia nesse meio-tempo?

Deixar meu lar tinha sido como entrar em um labirinto. No começo, você acredita que pode simplesmente encontrar o caminho de volta. Você se agarra às lembranças e retraça cada passo — se virar à direita, à direita de novo, depois à esquerda no bebedouro dos pássaros, retornará ao seu eu original. No entanto, quanto mais se embrenha no labirinto, mais muda. Você se esquece do cheiro do cabelo da sua melhor amiga, da palavra urdu para "chuva". Então passa a gostar de queijos caros e a entender a ironia britânica.

O que nos resta é esperar que, quando chegarmos ao fim do labirinto, encontraremos pessoas como aqueles senhores no *qawwali*, que lembram quem éramos em casa. Pelo menos estamos juntos nesse novo lugar. Pelo menos alguém aqui conhece as músicas que a gente cantava.

13.

Quando voltei para Birmingham, nas férias da primavera, disse a meu pai que precisávamos ir ao Paquistão. Se meus amigos da faculdade podiam visitar nosso país, eu também devia poder. Eu sentia que, se não fosse naquele momento, nunca mais iria. E já tinha esperado o bastante.

"Vamos deixar para o verão", ele disse.

"Se prefere esperar, tudo bem. Eu vou sozinha", retruquei, em tom de desafio. "Reservo a passagem, pego um táxi e peço para Moniba ir me buscar quando eu chegar." No fundo, eu sabia que não era tão corajosa, mas talvez meu pai não soubesse, o que podia funcionar a meu favor.

Já havíamos tido aquela conversa dezenas de vezes ao longo dos anos. Sempre que eu pedia para ele marcar a viagem, meu pai entrava em contato com as autoridades paquistanesas para liberar minha visita. O governo queria ter certeza de que podia me proteger — e de que minha presença não dividiria o país ou causaria alguma controvérsia.

A resposta era sempre a mesma: "Não é o momento certo

para Malala retornar". Meu pai tinha ouvido isso com tanta frequência que eu me preocupava que estivesse a ponto de desistir. "*Nunca* vai ser o momento 'certo'!", ralhei, tentando transmitir um pouco da minha indignação a ele. "Sou uma cidadã paquistanesa com um passaporte válido e não cometi nenhum crime. Eles não podem me impedir."

Por fora, eu parecia brava, mas por dentro meu coração estava partido. Em poucas semanas com meus novos amigos, tive mais experiências que me faziam lembrar de casa — envolvendo comida, música, esportes, língua — do que nos cinco anos anteriores. E agora aquele despertar parecia doloroso, como o sangue voltando a circular por um membro dormente. Eu não queria mais stalkear minhas amigas de infância no Facebook, não queria mais passear pelas ruas usando o Google Maps. Não podia mais continuar sonhando com meu lar para acordar desorientada pela manhã.

Não sei o que meu pai disse, ou se ele canalizou a raiva justificada que eu sentia, mas o primeiro-ministro e o comandante do Exército concordaram com a visita. A aprovação veio com algumas condições, no entanto: a visita duraria quatro dias e o itinerário teria que ser aprovado. Ainda assim, iríamos para casa.

Eu mal podia acreditar. Tinha me acostumado ao anseio e agora estava com dificuldade em aceitar. Procurei moderar meu entusiasmo, caso a viagem fosse cancelada, e enchi as páginas do meu diário com frases como *Vamos ver o que acontece! Preciso ser positiva! Dedos cruzados!*

Meus pais mergulharam de cabeça nos preparativos. Minha mãe separou minhas roupas para a viagem e meu pai fez planos para rever seus muitos amigos e nossos muitos parentes. Só o meu irmão Khushal, então com dezessete anos, estava apreensivo. Nas duas semanas que antecederam a viagem, ele teve pesadelos terríveis. Algumas noites, Khushal nem dormia, só ficava andando de um lado para outro, verificando repetidamente se as portas e janelas do andar de baixo estavam fechadas. "Já tenho guarda-costas", procurei lembrá-lo, com delicadeza. "Seja apenas meu irmão. Isso basta."

No voo, meu entusiasmo azedou inesperadamente e virou ansiedade. Peguei no sono e sonhei que estava em uma estrada de terra, acenando enquanto minha família subia em um ônibus e ia embora. Então o ônibus fazia uma curva perigosa, tombava e caía de um penhasco. Um pesadelo emendava no outro. Eu estava em uma cadeira de rodas, cercada de homens usando ternos escuros. Eles me empurravam até um palco e me mandavam discursar. Então, um homem na plateia se levantava e atirava em mim. Era meu subconsciente desenterrando meus piores medos: perder minha família, sofrer outro ataque, nunca mais me sentir segura no mundo.

Acordei suando enquanto o avião descia em Islamabad. Na poltrona do outro lado do corredor, meu pai estava de olhos fechados, levando as mãos ao rosto, em oração. Estaria agradecendo a Deus por retornar a seu país ou pedindo proteção? Provavelmente os dois.

No aeroporto, não senti a empolgação que imaginei que sentiria. Em vez disso, examinava cada rosto, em busca de sinais de problema: a mulher que verificou nossos passaportes, os homens empurrando os carrinhos de malas, as famílias dos outros passageiros aguardando no saguão. *O que eles pensam de mim? Será que viram as teorias da conspiração na internet? Estão felizes em me ver ou prefeririam que eu tivesse ficado no exterior?* Senti as pernas trêmulas o tempo todo no aeroporto, como se a qualquer momento elas fossem sair correndo por conta própria.

Os militares nos mostraram nossos carros, um para mim e meus pais, outro para meus irmãos. Sentada no banco de trás aguardava o comboio sair quando um pensamento tenebroso me ocorreu: *Se alguém tentar me matar de novo, vou congelar? Vou saber como me proteger?* Meus medos não eram infundados, já que, ao dar a partida, o motorista se virou e disse: "Se pararmos de repente, vocês devem se abaixar o máximo possível". Mandei as instruções por mensagem para Khushal e pedi que ele cuidasse de Atal. *Se abaixa*, sussurrei para mim mesma, repetidamente.

O céu passou de preto a azul-claro na meia hora de viagem. Chegamos ao hotel pouco antes do amanhecer. A minha chegada já era notícia na TV e nas redes sociais, e o pessoal do hotel nos levou rapidamente para nossos quartos. Estavam preocupados com jornalistas invadindo o saguão, perturbando os outros hóspedes e colocando a segurança de todos em risco.

Ao sermos guiados até os elevadores, vi de relance o jardim murado do hotel. "Queria ficar ali por um momento", falei. Ergui as mãos assim que meus pais começaram a protestar. "Por favor. Prometo que não vou muito longe e não demoro. Só quero ficar sozinha vendo o nascer do sol."

Lá fora, tomei um caminho de pedras ladeado de vincas. Jasmins carregados de flores pendiam do topo dos muros, curvados em direção ao chão. Havia macieiras floridas, palmeiras e tons de verde que eu nunca mais tinha visto. Tirei os sapatos, me sentei e afundei as mãos na grama. *Você é uma de nós*, as flores e árvores pareciam sussurrar. *Sua pele foi feita para ficar ao sol, seus pulmões foram feitos para respirar ar quente.* Enquanto o céu passava de cor-de-rosa a dourado, senti paz e gratidão. Quando me levantei, minhas pernas haviam recuperado a força. Eu estava determinada a não desperdiçar mais um momento que fosse da viagem sentindo medo.

Naquela tarde, voltamos aos carros para fazer uma visita ao primeiro-ministro. Minha mãe usou um *shalwar kamiz* rosê com estampa tradicional, como suas avós e bisavós haviam usado antes dela. O meu era um pouco mais moderno: uma coluna sólida de amarelo-canário e um lenço roxo, rosa-choque, verde e laranja; cores fortes demais ao vivo, mas perfeitas para a televisão.

Fiquei horrorizada com as roupas dos meus irmãos: ambos usavam jeans, ambos maltrapilhos. A camiseta de manga comprida de Khushal estava amassada e para fora da calça. Nada que se comparasse a Atal, que pretendia conhecer o líder do nosso país vestindo uma camiseta da Air Jordan e tênis. "Qual é o seu problema?", sibilei. Fizemos com que desse meia-volta para se trocar, mas então ele voltou com um moletom tie-dye com capuz, a única outra blusa que havia trazido.

Estreitei os olhos, sem conseguir conter minha irritação. Para essa viagem, minha mãe havia passado dois dias inteiros comprando e ajustando roupas para si mesma e para mim. Ninguém ligava para o que meus irmãos vestiriam. Já meu visual, meu cabelo, meus sapatos e meus lenços seriam descritos e dissecados pelos jornais de todo o Paquistão e no Facebook. Mas Khushal e Atal eram meninos: o que eles vestiam não importava, porque o corpo deles nunca seria motivo de escândalo ou vergonha.

Conhecemos o primeiro-ministro, Shahid Khaqan Abbasi, e tiramos algumas fotos. Agradeci pelo esquema de segurança providenciado para nossa viagem e disse que estava feliz com nosso retorno ao Paquistão. Como não costumo perder nenhuma chance, perguntei a ele sobre iniciativas voltadas a promover um aumento do número de meninas matriculadas nas escolas e o pressionei a ampliar o orçamento destinado à educação.

Após o encontro, fomos levados a um auditório lotado de dignitários e câmeras de TV. Eu não estava preparada para fazer um discurso. *Você só precisa falar com o coração*, repeti para mim mesma.

Subi no palanque e comecei agradecendo ao governo, ao Exército e a todos que haviam tornado aquela viagem possível. Com as gentilezas já feitas, inspirei fundo e prossegui. "Há mais de cinco anos, sonho em voltar a pisar no meu país. Viajei o mundo todo, e a cada voo eu olhava pela janela para vislumbrar a cidade. E sempre dizia a mim mesma: 'Não vou para Nova York, Dubai, Rio de Janeiro, Londres. Quando eu aterrissar, estarei em Karachi, em Lahore, em Islamabad'. Mas isso nunca era verdade."

Minha voz falhou. Cobri o rosto com as mãos e enxuguei as lágrimas. "Não sou de chorar. Mas só tenho vinte anos, e vi muita coisa na vida. Quando fui atacada, tudo saiu do meu controle. Não foi minha escolha deixar o Paquistão, mas sempre sonhei em voltar. Hoje, estou muito feliz de estar em casa." A caminho do meu lugar no auditório, tive o mesmo sentimento de satisfação que experimentei ao subir na torre do sino em Oxford. Sim, eu estava com medo, estava nervosa; ao viajar para o Paquistão, eu certamente corria riscos. No entanto, estava me tornando uma pessoa disposta a se arriscar para ter a vida que queria, o que incluía visitar meu país.

Deixamos a residência do primeiro-ministro e fomos direto para um salão de festas do hotel, onde meu pai tinha organizado um almoço para nossa família. Havia encomendado flores, decorações, e um bufê para 150 pessoas. Mas, ao chegarmos, nos demos conta de que não havia lugar para todos se sentarem. Mais de trezentas pessoas haviam feito a viagem de cinco horas da província de Khyber Pakhtunkhwa até a capital.

Os funcionários do hotel correram para arranjar mais cadeiras e preparar mais comida. Crianças assistiam com os olhos arregalados ao desfile de garçons carregando travessas de frango, arroz com açafrão e pão *roti*. Sorri para as mulheres que desfrutavam de uma refeição sentadas, sem precisar se preocupar em cozinhar, servir e limpar, como faziam em casa. Vozes conhecidas e desconhecidas se somavam: a risada estrondosa de um tio, o choro de um bebê, meus irmãos e primos aos berros em lados opostos do salão. Era emocionante ver gerações da minha família reunidas, estar cercada de rostos que eu lembrava da infância.

Enquanto os convidados enchiam seus pratos e se sentavam

para comer, eu ia de mesa em mesa, procurando falar com todos e posando para quantas fotos me pedissem. Minha prima preferida, Nazneen, veio me abraçar, e uma dúzia de meninas a seguiu, me rodeando para tocar minhas mãos e meu cabelo.

"Esperem, esperem!", pedi. "Deixa eu abraçar cada uma de vocês."

Elas pareceram chocadas ao me ouvir falar. "Você ainda sabe pastó?", uma delas perguntou.

"Claro que sim", respondi. *Que pergunta estranha*, pensei. Elas achavam que o tempo que eu havia passado longe fora suficiente para esquecer minha língua materna ou que a bala do ataque havia afetado meu cérebro de tal maneira que eu não conseguia me lembrar de nada da minha própria vida?

Então elas se revezaram para testar minha memória. "Você se lembra de quando roubamos frutas de um pomar e tivemos que ficar agachadas na grama para nos esconder?"

"Lembro!" Eu ri. "Depois fomos correndo até o rio com as ameixas roubadas."

"Você se lembra de quando a gente pegava as joias das nossas mães e fingíamos que íamos nos casar?"

"Lembro, e você era sempre a noiva, porque era a mais bonita."

"Você se lembra de quando era má comigo?"

"Hum, isso eu esqueci."

Enquanto conversávamos, eu estava atenta à porta, esperando por minha convidada de honra: vovó Abai. Cerca de uma hora depois do início da reunião, meu pai entrou no salão empurrando-a na cadeira de rodas. Sua cabeça pendia um pouco para a frente e as mãos frágeis tremiam, segurando um buquê sobre as pernas.

Abai continuava tão linda quanto eu me lembrava. Em uma foto quando tinha mais ou menos a minha idade, sua beleza estava ali, embora não fosse memorável. Quando nasci, no entanto, a idade já destacara seus traços primorosos: olhos vivazes, maçãs do rosto pronunciadas, um sorriso brincalhão. Quase todas as mulheres que eu conhecia evitavam ficar ao ar livre, para manter a pele o mais clara possível. Mas o amor de Abai por ficar ao sol havia tornado sua pele marrom-escura, conferindo-lhe rugas aristocráticas em torno dos olhos e da boca. Aos setenta e tantos anos, ela era a mulher mais deslumbrante do salão.

Depois que meu avô morreu, Abai foi morar com meu tio em Shangla e vinha nos visitar diversas vezes ao ano na minha infância. Eu adorava me sentar em seu colo e saber dos meus primos. Com frequência, ela falava por meio de provérbios pastós ou *tappa*, dísticos da poesia folclórica transmitidos pela tradição oral. Quando eu estava mal por causa de uma discussão qualquer na escola, ou porque meus irmãos me excluíam de suas brincadeiras, ela me oferecia um de seus preferidos: "Já andei a cavalo, então não invejo seu burro". Se eu resmungava quando ela me mandava desligar a TV enquanto eu estava assistindo a um desenho animado, ela dizia: "Malala, você está tocando flauta para um búfalo". Em geral, eu me ressentia do fluxo constante de hóspedes em casa, de ter que dividir minha comida e de não poder ficar horas arrumando o cabelo no banheiro. Mas sempre pedia para Abai dormir no meu quarto, porque queria tê-la só para mim e passar a noite lhe mostrando meus desenhos e trabalhos da escola. Eu implorava para que ela ficasse quando precisava ir. Abai me dava um tapinha na cabeça e sussurrava: "O amor cresce no ir e vir".

Ela rezava o tempo todo, erguendo as mãos para Alá para pedir felicidade e saúde para sua família e seus amigos. Se um desconhecido passava por Abai na rua, ela rezava por ele também. No dia em que sofri o atentado, ela estava visitando minha família. Comi pouco no café e já corri para me despedir, animada para ir à escola. Abai pediu que eu esperasse, colocou uma mão na minha cabeça e disse: "Que Deus lhe dê uma vida longa". Por anos, me arrependi de minha impaciência para sair de casa naquele dia, desejando ter passado mais um momento com ela. Em Birmingham, eu me preocupava que aquela fosse ser minha última lembrança de minha avó, que ela fosse morrer sem que nos reencontrássemos.

Agora, no salão de festas, Abai me parecia igualzinha àquele dia. Fui até ela e me ajoelhei diante da cadeira de rodas. "Estou muito feliz em te ver, Abai", falei. Ela olhou para mim, depois para as mulheres à sua volta, como se perguntasse quem era eu. Quando segurei sua mão, Abai começou a chorar. Em meio às lágrimas, ela rezava, como eu a tinha visto fazer tantas vezes na infância. Então minha avó abriu os olhos e perguntou: "O que está fazendo aqui?".

Meus pais já sabiam havia um tempo que alguma coisa não estava certa com Abai. Quando ligavam, ela dizia coisas estranhas. Às vezes, parecia uma criança, falando sobre sua mãe e seu pai como se ainda estivessem vivos. Outras vezes, não conseguia se lembrar do que havia feito o dia todo. Shangla não tinha hospital ou médicos que pudessem diagnosticar demência ou Alzheimer. Todos diziam que era só "velhice". Fiquei de joelhos diante de sua cadeira de rodas por um longo tempo, tentando memorizar seu rosto. Abai não disse nada, mas continuou segurando minha mão. Eu esperava que ela soubesse que eu a amava, mesmo não me reconhecendo.

Horas depois do início do encontro, meu pai subiu em uma pequena plataforma na lateral do salão e pediu que eu me juntasse a ele. *Mais um discurso*, pensei. Os paquistaneses adoram falar em público. Antigamente, as pessoas se sentavam em roda para narrar contos folclóricos e recitar poesia. Mesmo agora, todas as escolas realizam concursos de oratória e qualquer evento conta com concursos de monólogos. Seja qual for o tipo de reunião, haverá alguns homens se revezando para gesticular e pontificar por vinte ou trinta minutos, às vezes mais.

Meu pai falou sobre a honra que sentia em receber tantos convidados, em seguida passou o microfone para mim. Tentei não olhar feio para ele. Eu ganhava a vida discursando — qual era a necessidade de fazer o mesmo diante de nossa família e de nossos amigos, ainda mais depois de eu ter cumprimentado as trezentas pessoas uma a uma. Agradeci a presença de todos e disse que estava muito feliz em reencontrá-los, e principalmente em rever Abai e conhecer os novos bebês. Quando terminei, um dos meus muitos tios subiu na plataforma.

"Estamos felizes em receber nossos parentes de volta ao nosso país", ele disse, "e esperamos que não demore muito para que voltem a morar aqui conosco. Somos gratos pela filha que sobreviveu, embora ela nunca mais vá ser a mesma. Olhem só para ela: sacrificou sua beleza pela boa imagem dos pastós e do Paquistão."

Ele se demorou alguns minutos falando sobre isso, enquanto eu, constrangida, me encolhia no fundo do palco, muito consciente de que centenas de pessoas que não me viam fazia anos agora encaravam meu rosto. Antes do evento, a perspectiva de rever nossos amigos e parentes tinha me deixado nervosa. Eu sabia que todos guardavam uma imagem diferente de mim. Mas pareceu que meus primos não tinham notado nada; só queriam estar comigo de novo compartilhando lembranças. A única referência que haviam feito à minha aparência foi para caçoar de mim por não ter crescido um centímetro sequer. Agora, eu me sentia exposta e diminuída, como havia me sentido muitas vezes antes, por causa de meus ferimentos e minhas cicatrizes.

O discurso do meu tio também sugeria uma visão de mundo com a qual eu não concordava: de que a beleza de uma mulher valia mais que sua mente ou seu espírito, e que o martírio era algo a ser celebrado. Não foi "pela glória do Paquistão" que passei por inúmeras cirurgias ou senti dor por anos. Não foi um "sacrifício" meu perder a audição, a capacidade de mover o lado esquerdo do rosto ou o pedaço grande do meu crânio que precisou ser removido. Essas coisas, e outras, foram tiradas de mim por homens que não acreditavam que eu tinha o direito de ir à escola, que achavam que matar uma criança os tornaria mais fortes. Eu estava fervilhando quando meu tio finalmente concluiu sua fala. Outro parente fez menção de pegar o microfone, mas meu pai interferiu, dizendo que já bastava de discursos naquele dia.

A maioria dos convidados foi embora antes de escurecer, por causa da longa viagem, mas algumas famílias passaram a noite no hotel. Fiquei brincando com as crianças, conversando com suas mães, em uma tentativa de esquecer qualquer irritação remanescente daquela fala. Fui para a cama dominada mais uma vez pelo entusiasmo: ao acordar no dia seguinte, finalmente iria rever as montanhas.

14.

Passei algumas das horas mais emocionantes da minha vida no trajeto de helicóptero de Islamabad até Mingora. A felicidade me inundou assim que saímos da cidade e passamos a sobrevoar campos e florestas, entre os picos da cordilheira Hindu Kush. Perto de Mingora, planamos sobre o rio Swat, seguindo o caminho cortado pela água nas montanhas milhares de anos antes.

Pressionei o rosto contra a janela do helicóptero para avistar o vale, tentando identificar pontos de referência que lembrava da minha infância. As águas azuis do lago glacial alpino Saifullah, onde se pescavam trutas e em cujas margens se acendiam fogueiras para fritar os peixes com óleo de mostarda e pimenta. A densa floresta Ushu, lar de ursos-negros-do-himalaia, águias-reais e de uma cachoeira de mais de noventa metros. Também procurei pelos lugares sem nome — campos floridos, ravinas escondidas, cavernas nas montanhas — que constituíam a beleza e o esplendor do vale do Swat.

Enquanto o helicóptero pairava sobre o heliporto para começar a descida, meus pais olharam um para o outro, depois para mim e começaram a chorar. Não havia me ocorrido que aterrissaríamos exatamente no mesmo ponto onde outro helicóptero me levara embora cinco anos antes. Naquele voo, eu estava semiconsciente numa maca, vomitando sangue, e o piloto havia rezado para que eu chegasse viva ao hospital. O sofrimento era visível no rosto pálido dos meus pais. Aquele momento ficaria para sempre marcado na vida deles, mas eu não queria que se afundassem na dor. Estava um dia lindo e ensolarado. Eu estava viva e forte, não queria saber de lágrimas. Ao descermos, inspirei o ar da montanha, procurando encher completamente os pulmões. "Vamos", falei, sorrindo para meus pais. "Vamos pra casa."

Eu esperava ver as ruas estreitas do curto trajeto até nossa antiga casa tão movimentadas quanto me lembrava, mas estava tudo vazio e silencioso. Não tinha crianças brincando, vendedores de frutas disputando os melhores lugares, ônibus coloridos passando. O motorista disse que as estradas haviam sido fechadas devido à nossa chegada. Eu sentia falta da vivacidade e do barulho das ruas e imaginava as crianças presas dentro de casa, resmungando que eu havia estragado o dia delas.

A família que agora morava em nossa casa nos levou direto ao meu quarto de infância, orgulhosa em mostrar que havia mantido tudo exatamente como antes: minha estante de troféus, abarrotada de livros e prêmios pelo meu desempenho escolar; o canto onde eu me media toda manhã, marcando a lápis na parede para conferir se havia crescido durante a noite, sem passar de 1,52 metro desde os doze anos; a colcha áspera que minha mãe havia comprado no bazar. Na cabeceira, encontrei desenhos de patos e gatinhos, e um bichinho de pelúcia pequeno com um zíper escondido, em que eu guardava os bilhetes que minhas amigas e eu passávamos durante a aula. Eles continuavam lá, com velhas rixas e fofocas de excursões de campo.

Devolvi os fragmentos da minha vida anterior ao local de origem e fui me sentar na cama com minha mãe. "Não coloquei os pés neste quarto depois que você foi levada de helicóptero", ela disse. "Poderia ter pegado mais coisas suas, você poderia já estar com isso tudo há tanto tempo, mas..." Minha mãe baixou os olhos em direção às mãos e voltou a chorar.

"Mãe, quero que hoje seja um dia feliz para você", falei, passando um braço sobre seus ombros. "Foi *bom* você não ter levado nada, porque assim pude ver este quarto pela última vez. Com as coisas aqui como quando eu parti, posso dar adeus de uma vez."

Saímos do cômodo e encontramos meu pai e Khushal indo de um lado para outro da casa, tomados por uma onda de nostalgia. "Lembra quando...?" um deles dizia, o outro terminava a frase e os dois riam. Atal os seguia, com uma animação artificial. Quando deixamos Mingora, ele tinha apenas sete anos. Agora era um menino britânico que não compartilhava nossas lembranças ou nosso entusiasmo.

Fazia menos de uma hora que estávamos em Mingora quando fomos obrigados a voltar para os carros. Ainda havia muito para ver, precisávamos de mais tempo. Uma visita ao bazar poderia fazer minha mãe sorrir. Khushal talvez quisesse conversar com seus amigos que moravam no fim da rua. Se eu conseguisse convencer o piloto, levaríamos menos de meia hora para chegar a Shangla de helicóptero. A escola que eu havia construído tinha acabado de abrir as portas para suas primeiras duzentas alunas, e eu poderia conhecê-las!

Mas eu sabia que os agentes de segurança nunca concordariam com isso, tampouco deixariam minha família solta em Mingora para que cada um de nós fizesse seu tour de nostalgia. Se quisesse ficar um pouco mais, teria que pedir algo simples. Uma ida a um local próximo de que todos desfrutaríamos.

Minha mente logo foi para o rio, onde eu havia passado tardes felizes na infância. Quando Abai vinha nos visitar, enchíamos um riquixá com panelas de frango e arroz e íamos até a margem fazer um piquenique. Meu pai deixava um saco de mangas na água gelada e dava colheradas da fruta para nós, crianças, como se fosse sorvete. Khushal e Atal catavam minhocas e as amarravam em gravetos com linhas, tentando pescar sem anzol, e minha mãe ficava sentada à sombra dos pinheiros, me acompanhando com os olhos enquanto eu corria de um lado para outro nos campos de flores.

Bastaria apenas um momento sentindo a correnteza da água nos pés, ouvindo o ruído do rio ecoar pelo vale e pelas montanhas. "Impossível", os agentes de segurança disseram quando pedi. "Não podemos garantir sua proteção em um lugar aberto e público." Foi uma decepção. Agradeci por eles estarem fazendo seu trabalho, ainda que por dentro sofresse com o fato de que talvez nunca voltasse a correr livre pela margem do rio.

Todos estávamos em silêncio no voo de volta a Islamabad. Fiquei pensando em uma citação filosófica que havia lido recentemente, atribuída ao pensador grego Heráclito: "Nenhum homem entra duas vezes no mesmo rio, pois nunca é o mesmo rio e nunca é o mesmo homem". A ideia, até onde entendo, é que as pessoas e os lugares estão sempre mudando, e tais mudanças são vitais para nossa existência. Sem o fluxo constante da água, o rio não pode sobreviver.

Quando pequena, eu aguardava impaciente pela mudança: para me tornar adulta, para ser mais alta, para a neve derreter, para nossos hóspedes irem embora. Então, de repente, as mudanças nunca mais cessaram: milhares de meninas foram tiradas da escola; milhões de pessoas temiam o Talibã e fugiam de casa; eu acordava em um lugar distante, ainda sem saber que meu mundo ficara para trás. Precisava rever Mingora, mesmo sabendo que as coisas nunca voltariam a ser como antes. Minha vida havia mudado para sempre, mas o rio no meu coração sempre rumaria para casa.

* * *

Chegamos a Islamabad pouco depois do almoço, a tempo de receber uma última visita: minha melhor amiga, Moniba. A mãe dela tinha concordado em levá-la para o hotel por cerca de uma hora, desde que fosse um encontro privado. O pai e os irmãos de Moniba não queriam que ela fosse fotografada comigo.

Fiquei andando de um lado para outro no quarto do hotel enquanto aguardava sua chegada. Durante minha infância, não conseguia nem imaginar minha vida sem Moniba. Embora ela fosse seis meses mais nova que eu, sempre havia sido como uma irmã mais velha, confiante e ligeiramente mandona. No ensino fundamental, eu queria ser como ela, e invejava seu cabelo liso e sedoso e sua caligrafia elegante. Quando crescemos, passamos a competir pelas melhores notas e pelos prêmios escolares. Eu me inscrevia no que quer que me oferecesse uma chance de colocar mais um troféu na minha estante: discurso, desenho, escrita de ensaio. Moniba tentava fazer com que eu concentrasse meus esforços. "Não se proponha a mais do que pode fazer, Malala", ela dizia. Meu mau comportamento e minha tendência a ser competitiva às vezes iam longe demais, e Moniba podia ser do tipo desmancha-prazeres. Juntas, encontrávamos um meio-termo.

Eu torcia para que as coisas continuassem iguais entre nós. *Será que ainda consigo fazer Moniba rir? Nossas lembranças serão as mesmas? E se ela achar que mudei demais?* Por fim, ouvi uma batida leve na porta e corri para abrir. Assim que ela entrou, nós nos abraçamos e Moniba caiu no choro. Também tive vontade de chorar, mas queria que ela me visse sorrindo e feliz, como a garota divertida de que se lembrava.

"Acho que, até agora, eu não acreditava que você estava mesmo viva", Moniba disse em meio às lágrimas. Nos cinco anos desde que tínhamos nos separado, falávamos ao telefone com frequência. Ela tinha visto fotos minhas viajando pelo mundo. Mas entendi o que Moniba queria dizer. Quando um dia comum é destruído pela violência, nosso senso de certeza é abalado. Passamos o resto da vida sem saber o que é real e o que não é.

A última coisa de que me lembro do dia do atentado é de estar sentada no ônibus escolar, conversando com minha melhor amiga. Depois, havia um enorme lapso até eu acordar no hospital em Birmingham. Nos últimos cinco anos, ocasionalmente durante nossas conversas eu pedia que Moniba contasse o que tinha acontecido naquele dia. Eu confiava nela — e em ninguém mais — para preencher as lacunas para mim.

Moniba sempre dizia a mesma coisa: "O atirador perguntou: 'Quem é Malala?'. Você ficou olhando para a frente, sem dizer nada. Conforme ele se aproximou, você segurou minha mão com tanta força que dias depois ainda doía. Então a arma disparou e você caiu no meu colo. Eu gritei quando vi o sangue. O motorista correu para o centro médico mais próximo. Mas seus ferimentos eram muito graves, então te levaram para um hospital melhor, em uma cidade maior. Nem tive chance de me despedir".

No quarto do hotel, peço a ela que me conte de novo. Moniba repetiu o de sempre, mas acrescentou algo que eu não sabia: "Cheguei em casa aquela noite e me olhei no espelho. Meu uniforme estava todo ensanguentado, como se eu também tivesse sido atingida. Por dias, fiquei procurando marcas de bala no meu corpo. Às vezes, ainda acordo no meio da noite, pensando ter ouvido tiros".

Naquele momento, percebi que Moniba não era mais a menina de quem eu me lembrava. Como poderia ser? Aquilo mudou a vida de todas as testemunhas do atentado, de todos que me amavam. Muito se falava sobre a minha dor, a gravidade dos meus ferimentos, a dificuldade da minha recuperação. Mas raramente se falava nas outras meninas no ônibus, ou no trauma que sofreram ao ver sangue por todos os lados, ou no pânico que cada uma sentiu. Conversando com Moniba, passei a acreditar que fomos todas afetadas, embora de maneiras diferentes. Meu corpo trazia as cicatrizes, mas eu não tinha nenhuma lembrança do ocorrido. Cinco anos depois, minha melhor amiga ainda sofria com pesadelos.

O quarto de hotel começou a parecer escuro e pesado, e eu não suportava mais ficar ali. "Podemos ir para o jardim?", pedi à mãe dela. "Os jornalistas sabem que vou embora amanhã e já se retiraram. Acha que podemos passear por alguns minutos?" Ela acabou concordando, com certa relutância. Podíamos sair por um momento, depois as duas iriam embora.

Moniba e eu demos várias voltas no jardim, felizes em poder esticar as pernas e sentir o sol no rosto. "Você está ótima", eu disse. Ela continuava linda e glamorosa como sempre, com seu cabelo brilhante, sua pele perfeita, seus brincos minimalistas e uma bolsa da moda no ombro. Quando éramos mais novas, Moniba sonhava em se tornar estilista. Na época, ela já sabia que sua família nunca permitiria; hoje estuda medicina.

"Obrigada", ela disse. "Você também."

"Não precisa mentir, Moniba!" Dei risada. "Pareço uma senhorinha, sempre tentando descobrir o que está na moda e errando feio."

Contei a ela sobre minhas tentativas de repaginar meu guarda-roupa no verão anterior e de toda a controvérsia da foto tirada enquanto eu voltava do remo. "Ah, queria ter visto a cara da sua mãe quando ela descobriu sobre o jeans", Moniba comentou, rindo.

"Como anda a faculdade?"

"Eu adoro, mas meus irmãos estão dificultando as coisas." Moniba suspirou. Eles insistiam em acompanhá-la até o campus para garantir que ela não falasse com nenhum homem. Depois que se formasse, só permitiriam que Moniba atendesse mulheres. "O que reduz bastante minhas opções."

Ela nunca tinha pensado em casar, mas estava reconsiderando. "Se eu tiver a sorte de conseguir um marido bom, talvez ele interfira menos na minha educação e permita que eu trabalhe em um hospital no futuro."

Peguei sua mão, e ela mudou de assunto. "Lembra quando a gente era pequena e você dizia que só ia se casar com um homem que estivesse disposto a aceitar nós duas? Você dizia que nos casaríamos em dupla, para podermos ficar sempre juntas!"

Ela caiu na risada, e uma onda de risos levava a outra e mais outra. Comecei a rir também, e logo ambas tínhamos perdido a compostura. As pessoas no jardim se viraram para ver qual era a graça, mas eu não ligava. *Podem olhar se quiserem*, pensei. *Somos apenas duas garotas, duas melhores amigas, reunidas.*

A mãe de Moniba apareceu e disse que era hora de ir embora. Fiquei vendo as duas se afastarem, feliz que minha última lembrança da viagem fosse com ela, como tinha sido cinco anos antes.

15.

A viagem ajudou a curar a desorientação que eu sentira nos cinco anos anteriores. O Paquistão não era o antes e a Inglaterra não era o depois: ambos faziam parte de uma história em construção. Meu país, minha família e meus amigos não eram mais lembranças que eu só podia acessar olhando para trás; agora eram também o futuro, e eu podia retornar àquelas pessoas e àqueles lugares quando quisesse.

Voltei ao campus me sentindo irrefreável, como se minha vida finalmente pudesse avançar. Queria me divertir e ampliar os limites da minha independência — o que teve início com uma noite de balada.

Sempre amei dançar. Em Mingora, meninas e mulheres eram proibidas de fazê-lo. "É um pecado", minha mãe dizia. Mas na escola, eu e minhas amigas esperávamos a professora sair da sala, corríamos até o toca-fitas e colocávamos para tocar nossos sucessos preferidos de Bollywood. Não tínhamos nenhum conhecimento técnico; deixávamos que nosso corpo encontrasse o ritmo e tentávamos superar umas às outras com movimentos cada vez mais dramáticos. Nesses momentos, eu me sentia livre, como se nada além daquelas paredes importasse.

Em Birmingham, eu dançava sozinha no quarto e assistia a tutoriais para tentar desenvolver alguma técnica. Até aprendi algumas coreografias de hip-hop. Cheguei à faculdade achando que era uma dançarina razoável e querendo exibir o que sabia. "Uau! Onde foi que você aprendeu esse movimento?", Hen perguntou uma noite no meu quarto, enquanto "Bodak Yellow", da Cardi B, tocava no último volume. Eu adorava quando dançávamos no dormitório, mas agora estava pronta para ir a público.

O convite apareceu no meu feed do Instagram: BALADA // AERÓBICA ANOS 80 // NA FEVER, 17 DE MAIO. Nenhuma daquelas palavras fez muito sentido, mas compartilhei imediatamente com Cora e Hen, dizendo: *Genteeee, acho que quero ir. Vamos? Não pode furar!*

Eu não sabia que roupa usar, então vesti uma malha cinza chique, calça preta e bota de couro envernizado de salto alto. Mas o look não impressionou minhas amigas quando elas chegaram para me buscar. "Isso está completamente errado", Hen disse, apontando para minha roupa e abrindo as portas do meu guarda-roupa.

Cora vestia uma espécie de maiô laranja neon por cima de uma legging amarela e rosa-choque. "O que é esse negócio na sua cabeça?", perguntei, apontando.

"É uma faixa para absorver o suor. Como usavam nas academias nos anos 80", ela explicou. Ao perceber que eu não estava entendendo, pôs um vídeo no celular de uma mulher com o cabelo cheio de laquê fazendo o que parecia ser uma dança coreografada numa academia. Eu nunca tinha visto aqueles passos, uma mistura de marcha exagerada com polichinelos e movimentos de quadril. A mulher gritava para o grupo: "Deixa queimar! Deixa queimar!".

"Ai, não vou conseguir fazer isso. Mudei de ideia", falei, me afastando das duas.

"*Relaxa*", Hen disse. "Um passo por vez. Primeiro vamos cuidar do seu visual." Ela pegou uma camisa de seda amarela neon do meu armário. A etiqueta da loja ainda pendia da manga.

"Nem sei por que comprei isso", falei. "É muito decotada. Posso acabar me encrencando."

Minhas amigas nem quiseram saber e saíram dando instruções. "Coloca uma regatinha preta por baixo pra não mostrar e a camisa amarela por cima, mas deixa os últimos botões abertos e amarra na cintura. Pode ficar com a calça preta, mas troca as botas por sapatos de salto."

Cora foi correndo buscar seu kit de maquiagem e pintou um raio de glitter dourado na minha bochecha direita. Hen encontrou um par de brincos grandes de argola na minha cômoda e me deu. As duas me viraram para que eu me visse no espelho. Eu estava irreconhecível. *Mas até que interessante?*, pensei. Em uma inspiração repentina de cautela, peguei um chapéu e óculos escuros, para garantir meu anonimato.

Eu só tinha visto casas noturnas em programas de TV e nas redes sociais, então imaginei que haveria uma longa fila, organizada com aqueles cordões de veludo, e paparazzi disputando o melhor lugar. Fiquei aliviada, ainda que um pouco confusa, quando o carro parou diante do que parecia ser um prédio comercial. A balada ficava entre uma clínica de dermatologia e uma loja de conserto de aspiradores, e as únicas pessoas do lado de fora eram um punhado de estudantes fumando.

Passamos pela porta, descemos até um porão e demos com um mar de universitários usando lycra e neon. Alguns compravam bebidas no bar, mas a maioria estava na pista de dança. Parecia um tabuleiro de xadrez gigante, e cada casa se iluminava e mudava de cor em sincronia com a música. Também havia luzes coloridas giratórias no teto, em azul, vermelho e amarelo. Eu nunca tinha visto um globo espelhado pessoalmente, e fiquei maravilhada com o enxame de vaga-lumes que ele espalhava pelo salão.

Assim que ouviu a batida de um sintetizador, Cora me puxou para a pista. Eu não conhecia a música, mas gostei dos vocais e de como ela era animada, apesar da letra triste. Naquele salão lotado de estudantes, dançar me lembrava o que eu fazia com minhas amigas da escola em Mingora: cada um no seu próprio mundo, improvisando os passos. Só que, em Mingora, eu não era capaz de imaginar como seria eletrizante estar envolta por som, luzes e pela energia coletiva de dezenas de pessoas se perdendo na música. E amei.

Alguns conhecidos nossos se aproximaram para falar e dançar com Cora e Hen. De início, me perguntei por que estavam me ignorando, então percebi que não havia sido reconhecida com o meu disfarce. "Ei", gritei, tirando os óculos escuros. "Sou eu, Malala!" Os olhos de todos se arregalaram dramaticamente e eles se entreolharam como que para se certificar de que aquilo era real. "Malala Yousafzai em uma balada", alguém disse. "Agora eu já vi de tudo."

Por volta das quatro da manhã, entrávamos pelos portões da Lady Margaret Hall. "Aff, esses sapatos estão me matando", Hen grunhiu. Cora estava pálida e exausta.

"O que aconteceu?", perguntei. "Vocês duas sempre vão pra balada."

Elas se entreolharam, depois se viraram para mim. "Malala, você é uma lenda", disse Hen, "mas ninguém fica *até o fim* da balada a menos que esteja sob o efeito de drogas pesadas. Tipo, eles já estavam encerrando o bar quando te arrastamos de lá."

"A gente dança por uma hora ou duas e depois vai pro pub descansar", Cora acrescentou. "E *comer alguma coisa*. Cara, estou morrendo de fome."

Os cantos dos meus lábios se retorceram. Tentei me segurar, mas uma gargalhada acabou escapando. Talvez levasse um tempo para que elas voltassem a sair comigo para dançar, mas tudo bem. Não conseguia imaginar uma noite mais mágica que aquela.

No ensino médio, eu me preparava por semanas e ficava acordada a noite toda revisando minhas anotações antes de uma prova importante. Mas não estava preocupada com as Preliminares do primeiro ano, já que as notas não importavam: você só precisa passar para continuar seus estudos em Oxford. Lara, no entanto, continuava preocupada com meu desempenho em economia, e recomendou que eu participasse de duas sessões de estudos extras com professores voltadas para o exame. Perdi as duas por estar cansada demais para chegar às nove da manhã, depois de ficar até tarde na casa da Observatory Street.

Cabia a Lara garantir que eu aproveitasse todo o meu potencial acadêmico e tivesse um desempenho do mais alto nível. Eu não queria decepcioná-la, mas, desde a infância, havia sido uma estudante esforçada entre as primeiras da classe, e agora meus objetivos eram outros. Queria aprender o fundamental: buscar conhecimento, qualificá-lo e usá-lo para tomar minhas decisões. Ficaria presa à escrivaninha se ficasse lendo as centenas de páginas que meus professores pediam semanalmente. Em qualquer outro momento da minha vida, poderia pegar aqueles mesmos livros na biblioteca e aprender as sutilezas da elasticidade-preço. Já dançar a noite toda com meus amigos ou passar um tempo na casa da Observatory Street… Tais momentos me eram muito mais preciosos que quaisquer honrarias acadêmicas.

Na manhã da Preliminar de economia, Cora e Hen irromperam no meu quarto para me acordar, garantindo que eu chegasse a tempo. Enquanto aguardava o início da prova, já sentada na sala, fiz uma prece rápida, torcendo para não ir tão mal. Pensei comigo mesma que não importava a nota que tiraria, porque havia passado em meu próprio teste, aquele a que me propusera no início do ano letivo: encontrar um grupo de amigos que me entendesse.

Em Oxford, podia ser eu mesma, livre das expectativas do mundo lá fora. Meus amigos não se importavam com minha opinião sobre eventos globais ou com minhas roupas. Aceitavam minhas idiossincrasias e contradições, meus dias ruins e meus atrasos crônicos. Às vezes, quando guardavam um lugar para mim no jantar ou riam das minhas piadas, eu precisava disfarçar a gratidão que me aquecia por dentro. Sabia que não era normal manifestar tanta intensidade ou expressar abertamente o tamanho do meu amor por eles. Nunca disse em voz alta que os amava, mas essas amizades faziam com que eu sentisse que finalmente havia voltado a viver. Não me imaginava querendo nada além do que tinha agora.

16.

Eu estava pondo as malas no carro quando recebi uma mensagem de Sofia, uma estudante de música que também frequentava a casa da Observatory Street. *Ei, você ainda está por aqui? Topa andar de kart?*

Não pensei duas vezes, feliz em ficar mais um pouquinho em Oxford e postergar meu retorno a Birmingham, ao trabalho e ao mundo real. Do estacionamento da pista de kart, acenei para Sofia, que estava acompanhada de dois rapazes. Reconheci Jamal, um aluno de MBA com um bom senso de humor e corte de cabelo da moda. O outro era alto e parecia mais novo que Jamal. Usava uma jaqueta cereja que ficava deslocada em meio aos casacos verde-oliva que quase todo mundo usava em Oxford. Ele era bonito, e estranhei que nunca tivéssemos nos conhecido.

"Oi. Eu sou o Asser", ele disse, estendendo a mão para mim.

"Obrigado por ter topado", Jamal disse. "Meu amigo acabou de chegar de Lahore e não conhece ninguém. A gente tem que garantir que ele se divirta."

"O que te trouxe a Oxford, Asser?", perguntei.

"Vim visitar", ele explicou. "Tenho uma liga de críquete amadora e nosso time vai disputar um torneio internacional em agosto. Antes disso, vim visitar minha irmã, encontrar uns amigos e, se tudo der certo, curtir o calorzinho do verão inglês."

"Boa sorte com isso", comentei, rindo.

Entramos. Os funcionários asseguraram que os karts eram simples, e que não tinha problema que eu e Sofia não soubéssemos dirigir. Aliás, um grupo de crianças de onze anos estava comemorando o aniversário de uma delas na pista, então quão difícil podia ser?

Na minha primeira volta, fiz uma curva rápido demais, pisei no freio, derrapei e acabei batendo no muro. O impacto me assustou e me deixou tonta. Asser parou atrás de mim, e eu pedi que fosse buscar meus seguranças. Eles me levaram para deitar em um sofá na sala da gerência.

Um deles verificou meus sinais vitais, me fez seguir seu dedo com os olhos e movimentar os dedos das mãos e dos pés. Depois de garantir que eu estava bem, me aconselhou a descansar um pouco e pediu que eu avisasse se sentisse algo diferente. Quando me deixaram sozinha, Asser enfiou a cabeça na sala e perguntou: "Está se sentindo melhor? Quer voltar pra pista?".

"Daqui a pouquinho", respondi, mantendo os olhos fechados, um tanto irritada com sua presença. *Não dá pra esperar um minuto pra ver se não tive uma concussão? E o que ele está fazendo aqui? Cadê a Sofia?*

Asser se sentou no braço do sofá, sem se abalar com meu tom rabugento. Após um momento, me apoiei nos cotovelos. "Tá, acho que já melhorei."

"Que bom", ele disse. "Deve ter sido o choque mesmo. Sabe, você bateu em um muro de pneus a menos de trinta quilômetros por hora. Não foi exatamente um acidente de Fórmula 1, né?"

Asser sorriu para mim, e acabei rindo com ele. Tínhamos nos

conhecido naquele dia, mas gostei de não ser vista como um objeto frágil, como alguém que não sabia lidar com um acidente leve ou levar uma zoação na brincadeira.

Foi então que realmente reparei em Asser e em como ele era bonito. Seu cabelo era bagunçado o suficiente para dar vontade de correr os dedos por entre os fios. Uma cicatriz antiga no supercílio esquerdo sugeria ou que Asser praticava algum esporte radical ou uma peripécia juvenil — uma vida ativa e imprevisível. Seu sorriso não era exagerado ou sedutor, mas caloroso e sincero. Mesmo sob a luz fluorescente da lâmpada, ele me pareceu deslumbrante. Pelo resto da tarde, me peguei endireitando a postura e sentando bem reta sempre que achava que Asser poderia estar olhando para mim.

Durante o jantar, eu parecia possuída: uma urgência de flertar com aquele desconhecido bonitão tomou conta de mim, e não consegui reprimi-la. Irrequieta, eu torcia o cabelo no dedo e ria alto demais de qualquer coisa que Asser dizia. Ele me perguntou o que eu estava achando da faculdade, e procurei me pintar como alguém interessante e rebelde. "O que mais gosto é de subir no telhado de um prédio de cinco andares que tem aqui", falei. "Eu seria expulsa se descobrissem, mas só vou de madrugada, e sou boa demais nisso para ser pega. Também saio para dançar."

Sofia, que sabia que eu só tinha ido em uma balada na vida, me deu um chute por baixo da mesa. Quando a olhei, suas sobrancelhas estavam erguidas. *Segura a onda*, eu disse a mim mesma. Consegui me controlar por alguns minutos, até que acabei derrubando minha água na mesa toda só porque não quis romper o contato visual com Asser enquanto ele me contava uma história.

No fim da noite, Jamal sugeriu que tirássemos uma foto de todos juntos. Ele passou o celular ao garçom e, enquanto nos posicionávamos, o braço de Asser roçou no meu. Meu corpo todo se arrepiou. *Morri*, pensei.

Assim que meu carro saiu do estacionamento, recebi uma mensagem de Sofia.

O QUE FOI AQUILO??? Você ficou mexendo tanto no seu cabelo que ele acabou até roçando na sua comida.

Sabe se ele é solteiro? Acha que ele gostou de mim?

Não tenho ideia, mas o restaurante inteiro sabe que você gosta dele.

Na viagem até Birmingham, dei uma fuçada nas redes sociais dele. Parecia até subversivo stalkear um homem adulto com rugas em torno dos olhos quando sorria, e que provavelmente era experiente em um monte de coisa que nunca experimentei, como praticar ioga e/ou ter uma rotina de skincare. Tudo o que consegui encontrar a seu respeito pareceu legal e normal. E o mais importante: não havia sinal de namorada. *Se controla*, uma voz disse em algum canto da minha mente, mas preferi ignorá-la.

Naquela noite ao chegar em casa, pedi que minha mãe marcasse uma sessão de eletrólise para acabar de vez com minha monocelha. Fazia mais de um ano que ela insistia para que eu fizesse depilação a laser, e foi um alívio quando ela não me perguntou a razão da mudança de ideia. Eu sabia que sobrancelhas bem desenhadas não reparariam todos os defeitos que eu identificava no meu rosto. Mas talvez eu pudesse me dedicar um pouco mais à minha aparência, penteando o cabelo, passando gloss e corretivo — só para o caso de um dia voltar a vê-lo.

Duas semanas depois, eu tinha uma viagem para o Brasil, por causa do trabalho no Fundo Malala, e me vi com uma tarde e uma noite livres em Londres antes do voo para o Rio de Janeiro. Escrevi uma mensagem para Jamal, perguntando se ele e Asser queriam fazer alguma coisa. Enquanto meu dedo pairava sobre o botão de envio, senti que estava à beira de um precipício, nervosa diante da perspectiva de pular.

Fomos tomar chá no Ham Yard Hotel, onde Jamal estava hospedado por algumas semanas. Asser me pareceu ainda melhor do que eu lembrava: seus braços compridos estavam mais bronzeados que antes, o rosto corado dos dias ao sol. Ele conhecia alguém na Escócia e havia acabado de voltar de uma visita. Tinha feito trilha e comido peixe com fritas à beira-mar. A Escócia que conheci foi apenas o interior de SUVs e salas de reunião, no casulo estéril da minha vida profissional.

"Você visitou... um amigo? Uma amiga? Um colega de faculdade?", perguntei.

"Um amigo do ensino médio", ele respondeu.

"Asser não quer mais saber de mulher", Jamal comentou. "Ele foi amaldiçoado..."

"... pelas circunstâncias!", os dois concluíram juntos, e caíram na risada.

"Desculpa pela piada interna", Asser disse. "Ignora a gente, por favor."

"Infelizmente pra você, tenho algumas horas livres e adoro me meter na vida dos outros, então solicito uma explicação."

"Ah, vai ser um prazer te entediar com minhas histórias, desde que se lembre de que foi você quem pediu por isso."

Asser começou pelo ensino médio, quando teve sua primeira namorada, aos dezesseis anos. "Ela era punk. Só usava roupa preta e botas de couro preto. Não era algo muito comum em Lahore, por isso gostei dela na hora. A gente se falava pela internet toda noite, e ela me mandava músicas do Ramones e do Sex Pistols."

O primeiro — e último — encontro deles foi na Pizza Hut. "Eu poderia dizer que a coisa esfriou, mas a verdade é que eu não era descolado o bastante pra ela."

Era sempre estranho ouvir histórias desse tipo vindas de pessoas que haviam crescido na mesma época e no mesmo país que eu. Onde eu morava não havia encontros na Pizza Hut, punks ou conversas pela internet. Nunca cogitei que o universo adolescente pudesse ser tão diferente a apenas algumas centenas de quilômetros, em Lahore.

Asser conheceu a segunda namorada na faculdade. "Ela era fofa e muito inteligente. Eu podia ficar ouvindo o que ela falava por horas. E adorava os pais e os irmãos dela."

Estavam quase completando um ano de namoro quando ela foi aceita num intercâmbio em uma universidade de prestígio nos Estados Unidos. Ele estava muito orgulhoso e feliz pela namorada, mas ficou arrasado com o fim do relacionamento. Asser disse que era melhor que ela ficasse livre para se concentrar nos estudos e curtir o lugar novo, sem precisar se sentir presa a ele.

"Mas ela não queria aceitar. Ficava falando: 'É só um ano. Quando eu voltar, continuamos de onde paramos'. Eu não me sentia muito confortável com aquilo, mas queria que ela ficasse feliz." Enquanto a namorada estava nos Estados Unidos, Asser fazia bicos, mandava mensagem todo dia e ligava quase toda noite. Manteve contato com a família dela também, jantando com eles de vez em quando e levando presentes no Eid.

Perto do fim do ano letivo, a namorada ligou dizendo que uma corretora de valores havia lhe oferecido um emprego. "Vejo um futuro pra mim aqui", ela disse a Asser. "Não acho que isso vá continuar funcionando."

Sentindo-me mal de verdade por ele, eu disse: "Sinto muito".

"Obrigado, mas está tudo bem agora. Ela é uma boa pessoa, e ainda somos amigos. Sei que as coisas são difíceis para as mulheres no Paquistão, então não posso culpar ninguém por aproveitar uma oportunidade de ter a vida que sempre quis."

Quando se recuperou do término do relacionamento, Asser voltou a sair e encontrou muitas mulheres interessadas. Pelo menos por um tempo. "Todo mundo me adorava em dezembro", ele disse. "É a época dos casamentos em Lahore. O clima está perfeito, as festas são as melhores, tudo parece mágico." Asser era uma boa companhia para as comemorações: sua mãe e as irmãs mais velhas o ensinaram a ser pontual, respeitoso e bom de papo.

"As coisas mudavam em fevereiro, no máximo março. Mulheres que pareciam gostar de mim de repente terminavam tudo. Era tipo aqueles cartazes de avisos de que um evento foi cancelado, ou um negócio estava fechando, ou a internet tinha falhado, sei lá, que dizem: 'Desculpe o imprevisto, não estaremos mais oferecendo nossos serviços'. E você fica sem saber qual é exatamente o imprevisto! Só esperam que você aceite que forças invisíveis estragaram seus planos. Essa é a história da minha vida amorosa, resumindo."

"Então elas terminavam com você... sem motivo?", perguntei, cética.

"Eu tinha minhas desconfianças", ele respondeu. "Até que uma finalmente abriu o jogo... e eu preferia não ter ficado sabendo."

Asser decidiu que estava cansado de relacionamentos casuais e de se sentir um acessório que podia ser guardado depois de uma festa. Então conheceu sua terceira namorada. De início, pensou que não fosse sério e que ela ia sumir quando ele dissesse que queria um relacionamento. Mas ela o surpreendeu, dizendo que queria a mesma coisa.

Sabia que os pais dela eram da alta sociedade, preocupados com status. Como bolsista de uma escola particular cara e fazendo bicos durante a faculdade, Asser não tinha certeza se eles aprovariam o diretor de uma equipe pequena de críquete cuja família não era rica.

Os dois passaram meses comendo em barraquinhas de rua, fazendo longas caminhadas e assistindo a filmes. "Ela estava totalmente dentro, provando que era gente como a gente, se sentando no chão da sala de estar dos meus amigos, enrolando baseados, contando piadas..."

Parecia que as coisas estavam indo bem, até que um dia ela chamou Asser para almoçar e disse que não podia mais sair com ele. "É que... minha irmã ficou noiva na semana passada, e a família do noivo é bem rica. Você sabe que nunca me importei com isso, mas..." Ela hesitou, então o encarou com os olhos cheios de lágrimas. "E se meu cunhado comprar uma bolsa de marca pra minha irmã e você não puder comprar uma pra mim? Não é pelo dinheiro, mas... não seria justo comigo."

Meu queixo caiu. Levei as mãos ao rosto.

"Pois é, foi assim que eu reagi também", Asser disse, rindo. "Isso me fez ficar bem enojado das pessoas de Lahore. Por isso que eu estava tão animado em passar esses meses do verão fora da cidade. E agora você sabe de tudo."

Fitei meu chá, pensando em que conselho poderia oferecer a ele.

"O pior são os conselhos", Asser prosseguiu. "Um amigo que se acha terapeuta me disse: 'Talvez no fundo você queira ficar sozinho. Por isso sempre corre atrás de mulheres indisponíveis'. O que não é nem um pouco verdade. Não quero ficar sozinho. E uns amigos ainda me levaram num médium, um cara grandão chamado Kitty. Ele olhou nos meus olhos e disse: 'Compre um diário e escreva nele todo dia. Quando você encontrar o amor verdadeiro, será digno de ser recordado por eras'."

"E você comprou?", perguntei.

"Eu não. Não acredito em quiromancia, adivinhação nem nada do tipo. Mas adoraria estar errado!"

Quando voltei ao meu quarto aquela noite, afundei sobre os travesseiros da cama do hotel e mandei uma mensagem a ele.

Acho que vou te ajudar a encontrar uma namorada. Quais são os pré-requisitos?

Hahaha

Como você teria tempo para se importar com minha vida amorosa?

Certeza que você tem coisas muuuuito mais importantes a fazer

Eu me importo com muitas coisas.

Meu coração é tão grande que toda a Londres caberia nele.

Era mentira. De uma maneira que eu acreditava ser muito inteligente e sutil, estava fazendo um reconhecimento do terreno para mim mesma, tentando determinar se tinha alguma chance com aquele homem tão bonito e charmoso. Se Asser dissesse que queria uma mulher escultural, com um rosto perfeito, que jogasse tênis e quisesse ter sete filhos, eu o tiraria da cabeça e seguiria em frente sem constrangimentos.

Meus "pré-requisitos" (como você diz) são simples:
- Honestidade
- Senso de humor
- Não ser obcecada por dinheiro ou status

Tá, mas e quanto a nacionalidade, religião, profissão e tal?

Nada nesse sentido seria um impeditivo pra mim. Estou aberto.

Idade?

Sem preferência.

Altura? Cor dos olhos? Cabelo liso ou ondulado? Atlética ou curvilínea?

O mundo tem muitas belezas. Estou procurando uma amiga.

17.

Passei meu aniversário de 21 anos no Rio de Janeiro, conversando com artistas de rua adolescentes que usavam o grafite para chamar a atenção para a violência contra as mulheres. No almoço, elas falaram sobre como era frequente as escolas serem fechadas na cidade por causa de conflitos entre polícia e traficantes, sobre o preconceito que os alunos negros sofriam, sobre o estilo diferente da arte delas e a paixão individual de cada uma por química, rap e futebol. Elas até me deram uma lata de tinta spray e me deixaram contribuir com um desenho pequeno em uma parede.

À noite, no hotel, encontrei nas minhas notificações uma enxurrada de mensagens de parabéns de amigos e parentes. Passei direto por todas para ler a de Asser:

> Parabéns! Espero que tenha planos divertidos para hoje. *Inshallah* seja o melhor ano da sua vida até agora!

Ah, e também, semana que vem vou visitar minha irmã em Birmingham. Não tenho nenhum amigo lá. Você se importa de me mostrar a cidade?

Sentindo um friozinho na barriga, abri o calendário do celular. Eu chegaria a Londres na terça-feira e iria direto para uma reunião no café da manhã, depois faria a viagem de duas horas até Birmingham para lavar a roupa suja e preparar a mala para ir para Dubai na quarta. Não queria perder a chance de reencontrá-lo, então marcamos de jantar na terça à noite, e eu prometi que mostraria a cidade a ele depois, quando tivesse mais tempo.

Reservei uma mesa em um pub tranquilo chamado The High Field. Era aconchegante e servia comida orgânica, mas o melhor de tudo era que ali eu nunca havia encontrado ninguém da considerável comunidade paquistanesa de Birmingham. Não queria ser vista sozinha com um jovem bonito em algo que poderia ser entendido como um encontro.

Mas era um encontro? Eu não tinha como saber. Talvez Asser só estivesse sendo simpático ou achasse que eu era um bom contato a manter. Torcia para que ele não me perguntasse se eu tinha avançado em meu propósito de arranjar uma namorada para ele.

"Da última vez que nos vimos", comecei a falar assim que nos sentamos, "você me contou sobre seu passado recente, mas nada sobre sua família..."

"Não, de jeito nenhum. Hoje é sua vez."

"Ah, não. Minha vida é chata."

Asser revirou os olhos. "Sei muito bem que não é."

"Vamos começar pelo começo", insisti. "Você nasceu... nos anos 80?"

Ele se fez de ofendido, então riu. "Para uma aluna de Oxford, você é bem ruim de matemática. Eu nasci em 1990."

"Cheguei perto. E depois?"

Ele coçou a barba preta e bem aparada e sorriu para mim. "Se eu te contar todos os meus segredos hoje, você não vai ter motivo para querer me ver quando voltar de Dubai."

Senti minhas bochechas esquentarem e escondi meu rosto atrás do cardápio. "Tá bom. Você venceu", falei.

Ao longo do jantar, contei a ele sobre Oxford: minhas amigas, as festas na casa da Observatory Street, os piqueniques e as caminhadas ao nascer do sol. Também falei de como era estranho voltar para casa depois de passar meses morando sozinha. Minha família havia mudado um pouco, principalmente Khushal. No ano anterior, parecia que ele mal podia esperar para ir para a faculdade. Agora, acordava às duas da tarde todos os dias das férias e jogava videogame até a madrugada. Meus pais queriam que eu o ajudasse com algum tipo de discurso motivacional, mas eu não sabia o que dizer.

"É um comportamento bem normal para um adolescente no Reino Unido, não acha?", Asser perguntou.

"Fico com a sensação de que falhei. Eu deveria ser uma defensora da educação, mas não consigo convencer meu próprio irmão a se importar com a escola."

"Não é culpa sua. Eu, como um ex-menino adolescente, posso dizer que estamos falando de algumas das piores pessoas do planeta. Mas eles crescem!" Asser espalmou as mãos e abriu um sorriso largo para me reconfortar.

Quando ele perguntou sobre meu trabalho, contei toda animada sobre a escola em Shangla. "Por enquanto, estamos recebendo meninas do jardim de infância até o sexto ano. Como a região nunca teve uma escola de ensino médio para meninas, vamos acrescentar uma série por ano, até que completem o ensino médio. É tão bom saber que amanhã de manhã uma menina vai acordar, vestir o uniforme e ir para a escola. E, em alguns anos, ela vai estar na primeira turma a se formar no ensino médio nessa região. Consegue imaginar?" Sorri, orgulhosa de poder lhe contar sobre meu projeto. Se esse fosse meu único feito, o de ajudar aquelas meninas a se formarem no ensino médio, eu já estaria feliz.

"Que incrível! Fico contente por você e pela comunidade. A escola está com quantas alunas?"

"Duzentas, mas estamos aumentando o espaço físico a cada dia."

"E o que vocês oferecem de instalações esportivas?"

"Temos um parquinho e uma quadra de basquete."

"E o críquete? Vocês precisam oferecer críquete!"

"Eu *adoraria* que as meninas pudessem jogar críquete, mas lá não tem espaço para um campo. Só se fosse em outro lugar."

"Como assim?"

"Bom, os vilarejos ficam em espaços tão estreitos entre as montanhas que não passa carro na maior parte das estradas. O pessoal anda de moto ou burro por lá. Ou vão a pé. Uma 'ambulância' é na verdade quatro homens com uma maca de madeira! Mas o isolamento é parte do que torna o lugar tão lindo."

Antes que eu percebesse, já estava dizendo: "Eu te levo lá um dia".

Uma semana depois, nós nos reencontramos para que eu lhe mostrasse Birmingham, como havia prometido. Como eu não tinha passado muito tempo na cidade, mesmo morando lá, tive dificuldade de planejar um dia inteiro de pontos turísticos. Quando tentei lembrar os melhores passeios que havia feito ali, sempre me ocorria a vez em que Alice me levou à loja da Victoria's Secret para que eu comprasse meu primeiro sutiã com aro. Um passeio que não seria apropriado com Asser e que provavelmente não constava entre os dez mais populares da cidade, segundo o Conselho de Turismo e Hospitalidade de Birmingham.

Então me lembrei de uma tarde quando ainda estava internada e o pessoal da enfermagem do hospital me levou ao Jardim Botânico. Era a primeira vez em meses que eu saía ao ar livre. Enquanto empurravam minha cadeira de rodas sob as copas das árvores, senti que finalmente voltava a respirar.

Decidi que nos encontraríamos ali à tarde e depois jantaríamos juntos. Quando cheguei, Asser me esperava do lado de fora, vestindo uma camisa rosa-clara, recém-passada e arrumada por dentro da calça jeans, que o deixava muito bonito. Seguimos o caminho de cornisos, íris e aspargos-de-sprenger, enquanto ele me atualizava sobre seu time de críquete e o torneio que estava por vir.

No extremo sul do jardim, entramos em uma estufa de vidro pequena. Dentro, centenas de borboletas flutuavam em torno de flores tropicais, um caleidoscópio de cores em movimento. "Podemos morar aqui?", Asser sussurrou. Mordi o lábio e desviei o olhar, de repente tímida.

Pouco antes do pôr do sol, fomos a uma churrascaria com vista panorâmica para a cidade. "Você sabe o que é vagem francesa?", Asser perguntou, olhando para o cardápio.

"Uma vagem chique?"

"Vamos descobrir!" Ele pediu dois bifes pequenos e dois acompanhamentos, e eu pedi frango assado.

Enquanto esperávamos a comida, Asser cumpriu a promessa de me contar sobre sua família e sua infância. A mãe o teve com quarenta anos; as irmãs dele estavam com dezenove e quinze anos na época. "Ninguém admite que fui um acidente, mas pra mim isso é óbvio", ele disse.

A família morava em um bairro agradável de Lahore, em frente a um parque. O pai trabalhava em um banco e não era muito presente. De dia, a mãe empacotava curry, pão e frutas e levava Asser a um piquenique ou ao zoológico. À noite, Ambreena e Afsah, suas irmãs, passavam horas no chão da sala de estar, jogando com ele seu jogo preferido: pescar com pequenas varas peixinhos de plástico em um lago que funcionava por bateria. Antes de dormir, elas liam os livros de Roald Dahl para ele. Quando ele cresceu, seus pais o matricularam em uma das melhores escolas particulares para meninos do país.

"Parece que foi uma infância boa", comentei.

"Foi... até a tarde em que minha mãe e eu voltamos de uma visita a nossos primos e a casa estava vazia." Asser tinha oito anos quando tudo o que a família possuía desapareceu em um fim de semana: o carro, os móveis, a TV e até o radinho infantil que tocava para ele dormir toda noite. Foi então que ele descobriu que o pai não era só um bancário, mas um alcoólatra viciado em jogo. "De certa maneira, é impressionante. É preciso se esforçar para ser alcoólatra em um país onde a venda de bebida é proibida."

Na minha infância, eu nunca nem tinha visto uma garrafa de cerveja e não fazia ideia de que existia um mercado paralelo de álcool no Paquistão. Também não sabia que o número de doenças e mortes relacionadas ao consumo de bebidas vinha aumentando. Jogos de azar também eram ilegais. Fiquei feliz por não ter mencionado minhas apostas de pôquer a Asser.

O pai fugira do país para escapar dos credores, deixando a família sem nada. Como muitas mulheres no Paquistão, sua mãe, Farida, nunca havia trabalhado fora. Ela começou a trabalhar como costureira. Afsah, a irmã do meio, estudava administração e arranjou um cargo júnior em finanças. Ambreena, que tinha se casado e morava no Reino Unido, mandava todo o dinheiro que podia.

A família alugou a maior parte da casa, passando a entrar pela porta dos fundos e morar no quartinho de serviço que ficava atrás da cozinha. Por anos, Asser dormiu no chão no mesmo espaço onde Farida trabalhava, cercado de bustos de costura e sendo espetado durante o sono por agulhas perdidas.

"Minha mãe e minhas irmãs abriram mão de muita coisa para que minha vida fosse o mais normal possível, mas, mesmo assim, senti a mudança. Eu era bem novo quando comecei a me preocupar com coisas como onde moraríamos se perdêssemos a casa e se teríamos dinheiro pra comprar comida no dia seguinte."

A revelação me surpreendeu. Quando conheci Asser, imaginei que ele fosse como muitos de meus amigos paquistaneses de Oxford: vindo de família de classe média ou alta, tendo uma educação da alta sociedade, alguém que levava uma vida urbana e fácil, distante das dificuldades dos pobres. Eu não culpava meus amigos por sua riqueza ou pelas décadas de pobreza, analfabetismo e conflito de que as pessoas da minha comunidade eram vítimas — por outro lado, não conseguia me identificar inteiramente com eles.

Estava descobrindo que Asser e eu tínhamos uma conexão mais profunda. A perda havia moldado nossa infância, extinguido nossa sensação de segurança e transformado o significado de lar. Ambos sabíamos dos danos que os homens podiam causar, fosse com armas e bombas ou por meio do abandono e da negligência.

O garçom voltou com uma bandeja e teatralmente levantou a cloche que cobria nossa refeição, revelando meu frango, a carne de Asser, batata assada e... vagem. Do mesmo tipo que as mães de todo o mundo forçavam seus filhos a comer. Nós nos entreolhamos e começamos a rir.

"Acho que essa é a coisa mais decepcionante que os franceses já fizeram", Asser comentou.

Deixei que ele comesse por alguns minutos antes de perguntar: "Como era a escola para você?".

Asser me contou que, com o passar do tempo, os garotos de

sua turma ficaram cada vez mais obcecados por brigas, a ponto de saírem na mão quase toda tarde, na rua. Se ficasse fora de controle, os pais ou irmãos mais velhos os separavam, antes que alguém se machucasse de verdade.

Asser evitava entrar em conflito com os outros meninos. "Eu não tinha nenhum apoio, nenhum homem mais velho que pudesse interferir se a coisa ficasse feia", ele comentou.

"Então você se tornou um pacifista por necessidade, e não por princípio", apontei.

Ele riu. "De certa maneira, sim."

Uma tarde, um garoto que Asser considerava seu amigo o levou até o parque, onde um grupo de meninos o encurralou, derrubando-o e se alternando para chutá-lo e socá-lo. "Lembro de um menino gritando: 'Ele se acha tão bonito, vou destruir a cara dele!'. E fiquei ali, apanhando e pensando: 'Eu não me acho bonito! Sou magrelo, meus dentes são tortos, meu bigode é ralo e patético'."

Pela primeira vez naquela noite, fiquei em dúvida se o que Asser dizia era mesmo verdade. Era difícil acreditar que ele não tinha sido sempre lindo.

18.

Nos dias que se seguiram, eu me sentia leve e confusa. Era uma mistura da empolgação pela possibilidade de me imaginar acordando de manhã e vendo o rosto dele no travesseiro ao lado do meu e do medo da rejeição. *Você nem sabe se ele sente o mesmo*, procurava lembrar a mim mesma. Talvez aquilo fosse uma perda de tempo, uma distração do que eu deveria estar realmente fazendo, como estudando ou trabalhando. Talvez fosse ainda pior: eu via o que acontecia com minhas amigas quando seu equilíbrio emocional dependia do humor e das ações de outra pessoa. Mas, àquela altura, não importava. Eu estava envolvida demais na minha paixão para me afastar do precipício.

Na semana seguinte, Asser e eu nos encontramos para jogar boliche. Na metade do jogo, pensei: *Se a soma de nossos pontos der 150 é porque estamos destinados a ficar juntos.* Uma parte de mim sabia que aquilo era ridículo, só que eu estava desesperada por um sinal. Não fazia ideia de como perguntar se ele gostava de mim. *E se eu tiver entendido tudo errado?*

Enquanto conversávamos e comíamos batata frita, eu acompanhava os números subindo: 129, 132, 137. Ele fez um spare, eu fiz um strike. A última bola do jogo era minha. Quando terminou, prendi a respiração e olhei o placar: 148.

Naquela noite, fiquei acordada na cama, me perguntando como deveria interpretar aquele número. Havia escolhido uma soma aleatória, sem nenhum significado. Por outro lado, tinha feito uma pergunta ao universo e recebi a resposta errada. Insatisfeita, peguei o celular e escrevi para Asser.

Quando é seu aniversário?

15 de setembro

Não sabia se acreditava em astrologia, mas devia ser melhor que acreditar no placar de um jogo de boliche. De acordo com o Google, Câncer (eu) e Virgem (ele) "são altamente compatíveis, de modo que o relacionamento entre pessoas desses signos está destinado ao sucesso". Peguei no sono, grata pela boa notícia.

Naquele verão, quando eu não estava com Asser ou trabalhando, encontrava meus amigos sempre que podia: fazia compras com Alice, passava o fim de semana com Cora em Lake District, almoçava com Raja em Londres. Procurava fazer coisas normais e me lembrar de que Asser era só um novo amigo na minha vida, e não o centro dela. Mas não importava onde ou com quem estava, seu sorriso insistia em retornar à minha mente.

Comecei a alimentar outras preocupações. *E se ele gostar de mim, o que faremos?* Eu não podia namorar, então nosso relacionamento precisaria ser um segredo, mas por quanto tempo? Eu estava me apaixonando? Ia acabar com minha reputação? Ambas as coisas?

Como Sofia já sabia a respeito e compreendia as pressões de

ser uma jovem solteira no Paquistão, decidi escrever pedindo conselhos a ela, que foi cética.

Não acredito que você viu o cara cinco vezes. É tempo demais das suas férias para gastar com um *maindak*.

Maindak é "sapo" em urdu. Trata-se de uma gíria para um cara que sai com várias mulheres, como um sapo que pula de folha em folha na lagoa.

Mas Asser não é assim. Ele é verdadeiro.

Acho que ele não me pareceu sério o bastante.

Como assim?

Você não deveria ficar com alguém à sua altura, um cara que pode chefiar a ONU ou o FMI um dia?

Eu queria o oposto disso. Fazia anos que encontrava aquele tipo de homem no mundo, e nenhum deles me interessou. E Asser era sério em relação ao seu trabalho no críquete. Eu não estava pedindo a opinião de Sofia sobre com quem deveria sair, e sim se estava ou não saindo com Asser.

Como descubro se ele gosta de mim?

Quer que eu dê uma sondada no Jamal pra ver se ele sabe de alguma coisa?

Respondi que sim e torci para receber boas notícias.

Em meados de agosto, eu ficaria seis semanas nos Estados Unidos. Seria uma viagem de trabalho, mas também passaria em consulta com um novo médico por causa da minha paralisia facial. Quando voltasse, Asser já teria ido embora. Ele me convidou para um último passeio: uma visita a um clube de críquete em Chester, onde sua equipe amadora disputaria uma partida contra uma equipe da Nova Zelândia.

Quando me olhei no espelho antes de sair de casa, fiquei surpresa ao constatar que gostava do que via: duas sobrancelhas separadas e bem desenhadas (graças à minha mãe) e uma pele bonita (graças à minha nova rotina de cuidados). Maquiagem ainda era demais para mim, mas eu tinha começado a usar protetor labial com cor. Aprendi a dividir e pentear meu cabelo de uma maneira que tornava o lado esquerdo do meu rosto menos visível. Pensando em uma roupa que fosse ao mesmo tempo casual para uma partida de críquete e elegante para um encontro, acabei optando por uma camisa branca leve, jeans preto slim e um lenço de chiffon. Bonita talvez fosse exagerado, mas achei que estava sofisticada e até interessante.

O sol da tarde lançava longas sombras no campo onde os jogadores se aqueciam. A primeira bola era do time do Paquistão, e eu mantinha os olhos fixos no jogo. Pela primeira vez desde que havíamos nos conhecido, eu não estava aproveitando toda e qualquer oportunidade para olhar Asser furtivamente.

“Bota esse cara pra fora”, gritei, me agarrando ao parapeito diante da primeira fileira de assentos. “Viu como a bola rolou bem na costura? Foi perfeito!”

Asser me encarava com os olhos arregalados e a boca entreaberta.

“Que foi?”, perguntei. “Eu disse que adorava críquete.”

“Você disse mesmo”, ele respondeu, sorrindo e balançando a cabeça. “Mas acho que eu não estava esperando tanta empolgação e… resmungos!” Dei um soquinho no braço dele e voltei a me concentrar no campo.

Depois da partida, posei para fotos com o time paquistanês. Normalmente, eu ficaria o tempo que fosse com os jogadores, mas Asser e eu só tínhamos mais uma hora e meia juntos, o tempo da viagem de volta a Birmingham. Fiz uma oração em silêncio para que tivesse trânsito.

Entramos no carro, e eu sinalizei para o lugar do meio e falei em urdu, para que os seguranças no banco da frente não entendessem: “Senta aqui, perto de mim?”. Asser sorriu e chegou mais perto.

Quando o sol se pôs e tudo ficou escuro, ele me trouxe mais para perto e eu deitei minha cabeça em seu ombro. O silêncio era tamanho que fiquei com medo de que Asser ouvisse as batidas do meu coração.

O carro parou na frente da casa da irmã dele. Endireitei o corpo, em pânico, sem saber como me despedir ou perguntar se poderíamos nos ver de novo. Asser se virou para mim e disse: “Você me escreve durante a viagem? Obrigado por ter passado esse tempo comigo durante o verão. Adorei te conhecer melhor”.

Eu estava em San Francisco quando Sofia ligou. Ansiosa para ouvir o que ela havia descoberto, saí no meio de uma reunião e fui para o corredor atender.

"Asser sabe que você gosta dele", Sofia disse. "Ele se divertiu muito com você e valoriza sua amizade, mas... acha que vocês estão em momentos diferentes da vida. Sinto muito, Malala."

O choque e o constrangimento fizeram um calor se espalhar pelo meu rosto. Por que ele ficava me chamando para sair se já sabia que não ia dar certo? Eu tinha dito ou feito algo errado? Quase liguei para ele, mas me contive. *Ele não é seu namorado, não te deve nenhuma explicação. Não se humilhe.* A culpa era minha, por ter achado que ele poderia se apaixonar por mim.

No corredor bege de um edifício comercial enorme na Califórnia, me obriguei a não chorar. *Se controla, Malala. Você está trabalhando.* Enxuguei os olhos, voltei para a reunião e não disse nada até ter certeza de que minha voz não ia falhar.

19.

Outras más notícias me aguardavam quando voltei a Birmingham. Lara havia me mandado uma carta:

Embora tenha passado nas Preliminares, você conseguiria apenas um diploma de Segunda Classe Inferior com as notas obtidas, que ficaram entre as piores dos alunos de política, filosofia e economia do seu ano. Como parâmetro, em um ano típico, cerca de 22% obtêm diplomas de Primeira Classe, 73% de Segunda Classe Superior e 5% de Segunda Classe Inferior.

É um desempenho consideravelmente pior do que acredito que você seja capaz. Sabendo do seu comprometimento apaixonado com a educação, seria uma grande pena você não atingir todo o seu potencial acadêmico enquanto estiver em Oxford.

A carta prosseguia, listando meus pecados: entregar ensaios fora do prazo, não concluir as leituras semanais, perder as sessões especiais de tutoria que ajudam estudantes em dificuldade a melhorar para as Preliminares. *Você não parece estar estudando o suficiente por conta própria.* Eu havia passado para meu segundo ano de faculdade, mas, de acordo com Lara, as disciplinas só iam ficar mais difíceis.

Eu não ligava para minha posição em relação aos outros alunos, mas o trecho sobre meu "comprometimento apaixonado com a educação" doeu. As pessoas iam pensar que eu era uma fraude ou uma hipócrita por discursar sobre a importância de meninas irem à escola se descobrissem minhas notas nas Preliminares? Meus críticos sem dúvida adorariam: a defensora da educação mais famosa do mundo, a garota-propaganda de crianças leitoras e eterna queridinha do professor é desmascarada como delinquente universitária.

Liguei para Lara e perguntei se ela poderia escrever outra carta para mim, com o mesmo tom urgente, mas reiterando que me proibia de viajar durante o bimestre e que eu precisava estudar durante as férias. Eu a mostrei ao meu pai com cara de enterro e a enviei à agência que me representava e à equipe do Fundo Malala. Se não tinha coragem de dizer não a um compromisso importante ou pedir à minha família para não encher a casa de hóspedes durante as minhas férias, podia usar Lara para aquilo. O plano funcionou: minha equipe concordou em não fechar eventos em período letivo e meu pai prometeu que seria menos hospitaleiro enquanto eu estivesse em casa.

Este ano vai ser diferente, pensei. Eu tinha me divertido muito como caloura, mas agora era hora de sossegar e me concentrar nos estudos. Prometi a mim mesma que passaria mais tempo na biblioteca, faria as leituras exigidas e entregaria os ensaios no prazo. Era até melhor não ter um namorado para me distrair.

Mas primeiro: uma festa de despedida.

Nem me dei ao trabalho de bater na porta da casa da Observatory Street na véspera do início do novo ano acadêmico, onde a festa de boas-vindas já estava acontecendo. Entrei e dei de cara com um mar de rostos desconhecidos. Se a maioria dos convidados não estivesse falando urdu, acharia que estava no lugar errado.

Encontrei Raja servindo bebidas na sala de jantar. "Vai me apresentar a seus novos amigos?", perguntei.

"Eu apresentaria, se soubesse quem eles são! Acho que os calouros ficaram sabendo deste lugar, sei lá como. Mas espero conhecer todo mundo até o fim da noite."

As poltronas da sala de estar haviam sido substituídas por almofadas no chão, e a mesa de centro foi tirada para abrir espaço para um narguilé enorme, com quatro mangueiras. Zayan exalava anéis perfeitos de fumaça e entretinha um grupo de calouros com suas aventuras em Karachi durante o verão.

Parveen não estava fumando, mas ia e vinha levando carvão de fibra de coco do fogão da cozinha até o narguilé. "Tira uma folga", pedi a ela. "Deixa os meninos cuidarem disso e vem conversar comigo."

Saímos para o pátio e tiramos duas cadeiras dos convidados misteriosos de Raja. Pouco depois de nos sentarmos, ela começou a receber um monte de notificações de mensagem no celular. "Hum, quer me contar alguma coisa?", perguntei. "Por acaso você arranjou um *namorado* desde a última vez que nos vimos?" Ela riu e mostrou o celular para mim, revelando uma série de mensagens de WhatsApp de sua mãe, com receitas de *aloo gosht*, frango *jalfrezi* e *kheer*. "Ela faz isso todo começo de ano", Parveen contou, rindo. "Como se, com a pós, eu tivesse tempo de cozinhar."

Eu tinha planejado ir para casa em um horário razoável, mas acabei ficando mais do que pretendia — o bastante para ver o narguilé ser levado embora, a dança começar às dez e quase todos os convidados partirem. À meia-noite, estava num canto do sofá, conversando com Zayan e duas meninas que eu nem conhecia no início da noite. *Tudo bem*, disse a mim mesma. *O bimestre só começa amanhã.*

Acordei de repente na manhã seguinte e peguei o celular para ver que horas eram: 11h03. *Não, não, não!* Tinha perdido a primeira aula expositiva do ano. As advertências de Lara passaram pela minha cabeça, e a vergonha me fez enterrar o rosto no travesseiro. Aquilo era mais que um pequeno deslize: não consegui ser uma aluna responsável por *um único* dia. Uma semana depois, eu já estava pedindo extensão do prazo de entrega do primeiro ensaio. Minha incapacidade de gerenciar meu tempo parecia mais uma derrota que um revés. Por que minha vida estava aquela confusão?

A carta de Lara alertava para o fato de o segundo ano ser ainda mais difícil, e era verdade. Leonard, meu professor de sociologia política, passava uma média semanal de quatrocentas páginas de leitura de artigos de periódicos acadêmicos. Eu não dava conta nem da metade. Depois do sexto ou sétimo artigo, o marca-texto amarelo não servia mais para destacar as partes importantes, mas para manter meus olhos concentrados na página. Procurei dicas de leitura dinâmica e descobri que cantarolar durante a leitura ajudava. Não ajudou.

Cora era novamente minha companheira de tutoria, e, em nossas reuniões de quinta, Leonard avaliava nossa análise do material, na tradição de Oxford de "aprendizado por interrogatório". Sempre que ele fazia uma pergunta sobre um dos artigos que eu não havia lido, meus olhos saltavam para ela, que se apressava a responder por nós duas. Mas o professor não era bobo. "Parece que a literatura empírica, tão presente nesse curso, é um desafio para você", ele comentou, com um sorrisinho.

Determinada a assumir as rédeas da situação, busquei dicas de estudo no Google. As sugestões incluíam arrumar o quarto ("bagunça física leva a bagunça mental"), dez minutos de meditação prévia ("para acalmar a mente") e beber uma garrafa inteira de água ("o cérebro também precisa estar hidratado"). Testei todas, exceto as que eu já fazia: "tire um tempo para ver seus amigos" ou "se recompense tomando um sorvete ou vendo seu programa de TV preferido".

Eu me comprometi a dormir cedo, acordar às seis da manhã e fazer uma caminhada revigorante antes de começar a estudar. A estratégia durou 48 horas. Então optei pelo pensamento positivo. Antes de ir para a cama, deixava bilhetinhos motivacionais para mim mesma: *Se você acordar tarde, tudo bem. Não se preocupe, vá para a biblioteca e comece a estudar.* As frases valiam menos que os post-its nos quais eram escritas. Não importavam os truques e as técnicas a que eu recorria: meus ensaios e minhas contribuições nas tutorias eram, na melhor das hipóteses, medíocres.

Tudo isso era ainda mais frustrante porque, depois de uma luta árdua com teoria política e modelos econômicos no primeiro ano de faculdade, eu estava enfim cursando uma disciplina que adorava. Em ética, estudávamos as forças que moldavam a moral pessoal e as aplicações práticas dos sistemas de valores. Eu participava empolgada da tutoria, debatendo diversos pontos, mas não conseguia articular meus pensamentos em um ensaio.

Como havia feito várias vezes no ano anterior, Lara me aconselhou a visitar o Centro de Habilidades de Estudo, onde professores treinados me ajudariam a desenvolver minhas habilidades de análise e escrita. O centro era apresentado como um lugar onde os alunos podiam liberar seu "potencial latente", mas para mim parecia reforço escolar.

Nunca me envergonhei de pedir ajuda. No ensino médio, quando precisava, ficava até mais tarde depois da aula para trabalhar alguns pontos com os professores. Em Oxford, no entanto, não queria que os outros estudantes soubessem das minhas dificuldades. Estava preocupada que desconfiariam de que eu não era tão inteligente quanto eles, que não merecia estar ali, que tinha entrado porque era famosa.

De início, eu não acreditava que isso fosse verdade. Minhas notas nos exames para ingressar na universidade haviam sido altas. Não mencionei o Nobel ou nenhum outro prêmio na minha redação, embora tivesse sido fortemente aconselhada a fazê-lo. Mas agora estava me esforçando ao máximo e continuava fracassando. *Talvez eu não sirva para Oxford*, eu pensava, quando não conseguia escrever um ensaio ou resolver uma sequência de problemas. Se não entendia um conceito ou acompanhava uma leitura, pensava no meu pai, no Fundo Malala, na escola em Shangla — no enorme constrangimento que seria se eu largasse a faculdade, e em como isso prejudicaria meu trabalho. Sentia como se estivesse em areia movediça, lutando para me manter na superfície e só afundando cada vez mais.

Depois de ouvir do professor de ética que meu ensaio sobre Kant "não ficou muito bom, sinto muito", engoli o orgulho e marquei um horário no Centro de Habilidades de Estudo. Minhas pernas pareciam de chumbo enquanto eu caminhava até o prédio, derrotada e encabulada. Uma mulher chamada Valerie me recebeu e me levou até sua sala. Pensei que fosse encontrar uma mesa e uma lousa, mas entrei em um cômodo pequeno e ensolarado, que me lembrava uma sala de visita vitoriana. Havia biscoitos e frutas em uma mesinha, e bastante luz entrava pela janela. Ela sinalizou para que eu me sentasse no sofá, então se acomodou ao meu lado e perguntou como podia me ajudar.

"Preciso pedir extensão de prazo para os ensaios quase toda semana. E o tempo extra não parece ajudar, porque os comentários dos professores não costumam ser... elogiosos."

"Certo. Então vamos trabalhar gestão de tempo e redação juntas. Para quando são seus próximos ensaios?"

"Preciso entregar o de ética segunda às nove e o de sociologia política na quinta às nove."

"E quando você costuma começar a escrever?"

"Tento escrever no fim de semana." Hesitei por um momento, percebendo que aquilo não era exatamente a verdade. "As leituras levam *muito* tempo, então em geral só começo a escrever na noite anterior ao prazo de entrega. Tipo, às vezes começo um ensaio às cinco da manhã e entrego quatro horas depois." Ao ouvir minhas próprias palavras, me perguntei se precisava daquela pressão, se meu cérebro simplesmente se recusava a funcionar até a crise estar instalada.

"Parece bem estressante!", Valerie comentou, sem me julgar. "A boa notícia é que tem um jeito muito mais fácil de trabalhar. O que está faltando no seu processo de escrita é planejamento."

Ela me disse para começar a escrever os textos assim que eles fossem atribuídos. Antes de iniciar a leitura, eu devia analisar a questão, pensar no meu argumento e rascunhar uma primeira versão. Isso me ajudaria a concentrar a leitura no que apoiaria meu ponto de vista, em vez de formar o argumento com a leitura. Se algo nos periódicos acadêmicos ou nos textos filosóficos mudasse a maneira como eu pensava, eu já teria os contrapontos.

Experimentei aquela abordagem e me senti mais confiante nos ensaios da semana, então continuei frequentando o centro e trabalhando com Valerie em como estruturar meus argumentos e fazer um plano de estudo que me deixasse algum tempo para ver meus amigos e cumprir meus deveres com os vários clubes em que me inscrevera. As leituras ainda exigiam muito de mim; eu ficava para trás e perdia alguns prazos, mas a qualidade dos trabalhos estava melhor. Ao longo das oito semanas do bimestre, as avaliações dos meus ensaios passaram de "uma série de pensamentos desconectados" a "ainda falta desenvolvimento, mas melhorou".

Uma das coisas mais importantes que aprendi foi a dizer não aos meus amigos. Antes, aceitava qualquer convite, não querendo perder nenhuma oportunidade de socializar. As pessoas ainda me chamavam, mas acabou virando uma piada recorrente o fato de minha resposta sempre ser: "Tenho trabalho". Jantar fora? Noite de pôquer? Ver os atores mais gatos de Bollywood dando sorvete para gatinhos no pátio? Fosse o que fosse, se eu ainda não tivesse terminado meu ensaio, a resposta era: "Não posso. Tenho trabalho".

Gostaria de poder dizer que o restante do ano acadêmico foi como uma montagem de filme: eu digitando no laptop de dia e de noite, os professores sorrindo ao devolver meus ensaios quase perfeitos, eu correndo pelo campus para dar a boa notícia a Valerie, a expressão surpresa de Lara ao me ver passar para o grupo de notas da Primeira Classe. Nada disso aconteceu. Estudar sempre foi difícil para mim em Oxford. Mas progredi e provei para mim mesma que merecia estar ali.

20.

Ao começar o bimestre letivo daquela primavera, eu me sentia mais confiante e calma. Enquanto seguisse meus planos de estudo, poderia conciliar tudo — saídas à noite com os amigos, atividades extracurriculares e um bom desempenho acadêmico. O tempo estava ficando mais quente e tudo na minha vida ia bem.

Na sexta-feira à noite, antes do início oficial das aulas, Zayan e eu fomos jantar na casa da Observatory Street. Em oito semanas, vários de nossos amigos desse grupo estariam se formando e deixando Oxford para se lançar na vida adulta. Raja terminaria o curso de engenharia e rescindiria o contrato de aluguel. No ano seguinte, nosso ponto de encontro pertenceria a outra pessoa.

Eu sentiria falta principalmente de Raja, que havia se tornado como um irmão mais velho para mim, me dando dicas de todos os tipos, desde sobreviver ao sombrio inverno de Oxford até mudar as configurações do meu celular para que meus pais não lessem minhas mensagens na tela de bloqueio. Eu queria aproveitar da melhor forma possível o meu tempo com ele e com Parveen — e isso significava seguir um cronograma rigoroso, para não viver estressada e com a sensação de estar ficando para trás.

"O que vamos fazer agora?", perguntou Zayan enquanto saíamos da Observatory Street. "Ah, vamos subir no telhado!"

"Acho que vou aproveitar para dar uma adiantada na leitura de economia da semana que vem."

"Numa sexta-feira à noite? Chamem a polícia, esta menina está cometendo um crime!"

"Para com isso", respondi aos risos, enquanto revirava os olhos.

De volta ao meu quarto, abri o livro, destampei um marcador e revisei a primeira questão antes de começar a estudar, como Valerie tinha me ensinado a fazer.

Explique como a inconsistência temporal da política monetária ótima pode levar a um viés de estabilização. Como a introdução de uma meta de trajetória de preços ajudaria a resolver a questão?

Mesmo depois de ler três vezes não consegui entender a pergunta. Resmunguei, voltei ao livro, tentei ler, fiz uma xícara de chá e tentei de novo. Minha concentração não melhorava. Então meu celular se iluminou com uma mensagem de Anisa: a foto do meu nome escrito com pecinhas de Scrabble.

A caminho. Fique aí, respondi.

Talvez eu precisasse de uma pausa. Eram só dez e meia, cedo para meus padrões. E, talvez, se pedisse com jeitinho, e Anisa estivesse de bom humor, ela fosse ao meu quarto comigo para me explicar a questão. Deixei o livro em cima da escrivaninha e peguei o casaco.

Lá fora, a lua iluminava fileiras de narcisos, e a grama recém-cortada grudava nos sapatos enquanto eu atravessava os campos. Meu destino ficava do outro lado dos jardins da Lady Margaret Hall — um velho galpão de jardinagem cujo nome oficial é "casa de verão" mas os alunos chamam de "barracão". As paredes eram revestidas de tábuas, com pequenas janelas retangulares e um telhado de madeira coberto de musgo. Já a quarta parede havia sido deixada aberta para a natureza pelos construtores, sabe-se lá quem, sabe-se lá quando. Às vezes, eu ficava sentada ali no barracão sozinha ouvindo a chuva bater no telhado ou vendo as lontras brincarem na margem do rio. Era um dos meus lugares preferidos no campus, e parecia saído de um livro de histórias.

O interior era mobiliado com um banco de madeira, cadeiras e duas mesinhas. Numa parede, havia prateleiras com pratos quebrados, garrafas verdes e azuis e uma tigela cheia de chaves velhas — tesouros que os jardineiros desenterravam em seu trabalho diário de manutenção. Na parede oposta, havia três velhos espelhos pendurados acima de uma estante que continha jogos de tabuleiro desgastados pelo tempo, velas pilares e um ou outro livro. Espalhadas pelo barracão, havia dezenas de pecinhas de Scrabble, que os alunos usavam para formar seus nomes, uma versão impermanente de "Fulano esteve aqui" escrito numa parede de banheiro.

Anisa estava sentada com dois meninos que reconheci do curso de administração, inclinados sobre um objeto estranho em cima da mesa. O recipiente de vidro transparente tinha um tubo de vidro menor saindo da base e parecia ter sido surrupiado de um laboratório de química.

"Oi, gente", cumprimentei, apontando para a sala. "O que é isso aí?"

Sem responder, um dos meninos pegou o objeto e passou um isqueiro por baixo do tubo menor. Ouvi um borbulhar e o menino desapareceu atrás de uma nuvem de fumaça. O cheiro respondeu à minha pergunta.

Não era a primeira vez que me via no meio de gente fumando maconha. Eu mesma tinha tentado na casa da Observatory

Street; meus amigos berravam instruções confusas, do tipo: "Você tem que inalar!", "Engole e expira ao mesmo tempo!", "Não, respira pela boca, não pelo nariz!". Até onde eu sabia, nunca tinha ficado chapada de verdade, mas me achava descolada e adulta ao soprar a fumaça e preguiçosamente passar o baseado para a pessoa ao lado.

"Sua vez", disse o menino.

"Não, já tentei antes e não funciona comigo", respondi. Aquele béquer parecia complicado, e eu ainda tinha que estudar economia.

"Uma coisa não tem nada a ver com a outra", disse Anisa. Disparei um olhar exasperado em sua direção. "O que eu quero dizer", ela prosseguiu, "é que um bong é totalmente diferente de um baseado. É muito mais eficaz, feito para isso."

Não precisou de muito mais que isso para eu ser convencida. *Ok, por que não? Já estou aqui mesmo, melhor ter uma nova experiência universitária.* O menino ao meu lado direito segurou o isqueiro enquanto eu aproximava o bong do rosto. Então subiu fumaça para todo lado, e me curvei, tossindo. Anisa riu. Todos fumaram na sua vez, e conversamos sobre nossas viagens de férias.

Até que veio para mim de novo. "Ok, só mais essa, e chega", falei. Segurei eu mesma o isqueiro dessa vez, encostei o bocal nos lábios e não tossi. Eu me recostei na cadeira e viajei, enquanto os outros continuaram conversando.

Por fim, peguei o celular e vi que já passava de uma da manhã, bem mais tarde do que eu achava. *Como isso é possível? Estou aqui só há alguns minutos.* Tentei preencher as lacunas, encontrar uma explicação lógica para o tempo que sumiu, mas minha mente estava vazia. *Como foi que deletei duas horas da minha vida sem perceber?* "Preciso ir embora", eu disse.

"Vou com você", Anisa ofereceu.

O curto caminho de volta para os dormitórios pareceu se estender por quilômetros e quilômetros. Minhas pernas estavam pesadas, presas ao chão. *Qual é o meu problema?*, pensei. Andar exigia um esforço consciente, e tive a impressão de que outra hora se passou antes que eu conseguisse dar um único passo vacilante. "Desculpa", disse à Anisa. "Só estou me sentindo... meio tonta."

Então os músculos das minhas pernas se contraíram e meus joelhos travaram. Eu não conseguia me mexer. *É só dar um passo. Um pé na frente do outro.* Meu cérebro mandava mensagens para o vazio. Tentei várias vezes, mas não houve nenhuma resposta, nenhum movimento. Cerrei os punhos, cravei as unhas na palma das mãos e tentei de novo, agora com mais força: *Continue andando, Malala!* Quando nada aconteceu, um medo frio e agudo subiu do meu estômago e se instalou nos meus ombros.

Até que tudo escureceu. Quando comecei a desmaiar, a verdade me atingiu: eu conhecia aquela sensação, o terror de ficar presa dentro do próprio corpo. Já tinha passado por aquilo.

De repente, eu estava com quinze anos de novo, deitada de costas, sob um lençol branco, com um tubo enfiado na garganta, os olhos fechados. Durante sete dias, enquanto os médicos cuidavam dos meus ferimentos, estive em coma. Por fora, eu parecia dormir profundamente. Mas por dentro, minha cabeça estava a mil, e exibia uma sequência de imagens de acontecimentos recentes:

Meu ônibus escolar.

Um homem com uma arma.

Sangue por toda parte.

Meu corpo sendo carregado por uma rua movimentada.

Estranhos debruçados sobre mim, gritando coisas que eu não entendia.

Meu pai correndo em direção à maca para segurar minha mão.

Enquanto essas imagens se repetiam em sequência sem parar, eu me enfurecia contra elas, tentando afastá-las. *Isto não é verdade!*, dizia a mim mesma. *A verdadeira Malala é a que está presa a este pesadelo, não a menina na maca. É só acordar e tudo acaba. Acorda!*

Tentava forçar meus olhos a se abrirem, para ver alguma coisa que não fosse esse carrossel de horrores. Gritava por dentro; mas meus lábios permaneciam fechados, imóveis. Estava acordada, sepultada viva no caixão do meu corpo.

E agora, caminhando num jardim em Oxford, acontecia de novo: minha mente mandando o corpo petrificado se mover. "Não consigo andar!", enfim gritei para Anisa. "Me ajude, por favor!"

"Shhhh, estou aqui, você está bem", respondeu Anisa, a voz tensa de preocupação. Ela me levantou com seus braços fortes, graças a anos de prática de esportes competitivos, e me levou para o seu quarto. Lá, desabei no chão, exausta e tonta, lutando para recuperar o fôlego.

Tudo parou por um momento. Era um alívio estar lá dentro, no conforto do quarto de minha amiga. Então, de repente, as imagens que eu tinha visto durante o coma surgiram novamente: *Ônibus. Homem. Arma. Sangue.* Era como se estivesse vendo tudo pela primeira vez, novas ondas de pânico atravessando meu corpo. Eu não estava em coma, mas completamente acordada — e, mesmo assim, as lembranças achavam um jeito de me alcançar. Não havia escapatória, nenhum lugar onde pudesse me esconder da minha própria mente.

"Preciso ir a um hospital", falei, ofegante, mal conseguindo dizer aquilo.

Anisa sentou ao meu lado. "Você está tendo uma reação ruim, mas vai passar logo, em trinta minutos, no máximo uma hora. Se for a um médico, eles podem fazer exames. Fica no seu sangue."

Segundos depois, senti alguma coisa presa na garganta, interrompendo a passagem de ar. Lembrei na mesma hora do aperto da intubação, do sufoco que sentia toda vez que tentava engolir ou falar. *Tire isso agora!*, pensei, minhas lembranças daquela época se chocando contra o presente. Reunindo todas as minhas forças, me arrastei até o banheiro de Anisa, me debrucei sobre o vaso e vomitei.

Depois de alguns minutos estirada no chão frio, me apoiei na pia e fiquei de pé, vendo meu rosto pálido e apavorado no espelho. *O que está acontecendo comigo?*

"Vomitar ajudou?", Anisa perguntou. "Senta aí que vou pegar um pouco de água para você."

Respirei fundo e tentei me acalmar. *Passou, encoste e relaxe.* Assim que fechei os olhos, as imagens recomeçaram. Elas vinham mais rápido dessa vez, me atacando sem dó. Minha mente despencava dentro do meu corpo, em queda livre. Abri os olhos e gritei.

"Para com isso, Malala!", Anisa exclamou, me sacudindo pelos ombros. Ela saiu às pressas pelo corredor para acordar uma amiga. Elas ficaram cada uma de um lado no chão e me seguraram sentada. Anisa me deu um travesseiro para abafar os gritos e enxugou o suor do meu rosto com um paninho úmido.

Tive a impressão de que ficamos horas sentadas no chão, até eu parar de gritar e tremer. "Vamos dormir um pouco", disse Anisa. "Você fica com a cama, eu vou desmaiar aqui. Você vai se sentir melhor de manhã, tá?"

Deitei na cama, mas não dormi. Ainda via um mundo familiar à minha volta — os livros dela na escrivaninha, o taco de polo no canto, a lua minguante brilhando pela janela. Se fechasse os olhos, tudo desapareceria para sempre. Os pesadelos me prenderiam e me manteriam refém num ciclo infindável de terror. Caía no sono, mas logo recuperava a consciência, quando endireitava o corpo e dava um tapa no rosto. *Acorda, Malala! Se dormir, você vai morrer!*

Ainda estava acordada de manhã quando Anisa levantou do chão e veio até mim. "Fico tão aliviada de te ver bem agora", ela disse, bagunçando meu cabelo. Ela entrou no banheiro e abriu o chuveiro. Saí pela porta, torcendo para não encontrar ninguém a caminho do meu quarto.

Tentar retomar o controle dos meus pensamentos me deixava enjoada. Fiquei a manhã inteira sentada à mesa, buscando me distrair — com redes sociais, sites de notícias, Candy Crush —, mas a reprise da noite anterior, o desamparo que senti ao desabar no chão do quarto de Anisa, tudo aquilo continuava me passando pela cabeça e me subjugando. Eu sentia náuseas, e parecia não conseguir ficar de pé sem me sentir tonta, ou sentar e ficar parada sem tremer.

No hospital, quando finalmente saí do coma, eu não me lembrava de nada que tinha acontecido, nem como havia ido parar ali. Mais tarde, vi no noticiário imagens de mim mesma no dia do tiro, enfaixada e sangrando, sendo carregada pela rua numa maca. No vídeo, o sol bate no meu rosto e minhas pálpebras tremulam. Ao longo dos anos, vi essa cena centenas de vezes, embora ela não tenha parecido fazer parte da minha vida. Aqueles momentos eram uma falha na minha linha do tempo, o "e" em "antes e depois".

Sempre me perguntavam o que eu lembrava do ataque. "Meu cérebro apagou tudo", respondia. "Num minuto eu estava no ônibus, e no outro acordei em Birmingham." Contei essa história a mim mesma infinitas vezes, mas agora sabia que não era verdade. Eu tinha visto tudo, e as lembranças ainda espreitavam minha mente anos depois.

O que foi mesmo que Anisa disse?

Fica no seu sangue.

Fica no seu sangue.

Fica no seu sangue.

Liguei para minha assistente e pedi que viesse a Oxford. Maria era nove anos mais velha do que eu, uma imigrante paquistanesa no Reino Unido. Era solteira e morava sozinha em Londres, e mais parecia uma irmã mais velha do que uma funcionária. Ela ouviu minha voz trêmula ao telefone e saiu imediatamente para a viagem de duas horas de carro. Quando chegou, contei tudo a ela. "Está bem", ela disse. "Me leve para ver Anisa."

"Veio buscar a jaqueta?", perguntou Anisa. "Você deixou na cama. Ei, Maria, o que está fazendo aqui?"

Maria fechou a porta. "Me conte o que aconteceu ontem à noite." Anisa soltou uma risada nervosa, mas Maria não estava para brincadeiras. "O que você deu a ela?", perguntou. "Foi LSD? Cogumelos?" Eu me apoiei contra a parede para me equilibrar melhor. Nenhuma das perguntas que Maria fez tinha passado pela minha cabeça.

"Foi só maconha!", Anisa retrucou. "E aí ela começou a agir que nem uma *maluca*. Não parava de gritar. Me deu o maior susto." Olhei para o chão, e Maria fez uma careta. Anisa suavizou a voz. "Olha, não sei o que aconteceu. Ela deu umas tragadas no bong. Juro que não foi nada."

"Mas minha cabeça ainda está girando", eu disse. "Já faz horas e mal consigo respirar."

"Então não é a maconha", Anisa respondeu. "É outra coisa."

Pela expressão no rosto de Maria, eu sabia que ela estava certa.

21.

Atravessei os dias seguintes aos tropeços, me arrastando para as aulas e tutorias, e no restante do tempo me escondendo no quarto. De noite, ainda tinha medo de fechar os olhos e ver aquelas imagens horríveis se repetirem, por isso ficava acordada à espera do sol nascer. A melhor sensação que eu conseguia ter era a de vazio — um espaço em branco era melhor do que um repleto de pesadelos.

Quando Lara me deu a boa notícia de que eu tinha ido bem nas Avaliações — "Notas de nível de Segunda Classe Superior. Eu tinha certeza de que você ia conseguir!" —, senti mais vergonha do que alívio. Desde aquela noite no quarto de Anisa eu não tinha estudado um único dia. Meus primeiros ensaios do bimestre iam ser entregues com atraso. Depois de me esforçar tanto para manter em dia as matérias do curso, eu me sentia perdida. Não era uma questão de vontade, de prioridades ou de saber estudar. Não conseguia me concentrar o suficiente para estudar e escrever.

Um dos meus cursos daquele período era sobre *A república*,

de Platão. Na alegoria da caverna, prisioneiros que passaram a vida inteira no escuro acreditam que as sombras que veem são o mundo real. Um prisioneiro, ao ser solto e sair para a claridade, percebe que o que acreditava ser a realidade não passava de ilusão. *Eu que estou dentro da caverna*, pensei. Queria tanto voltar a ver as coisas com clareza, me livrar das sombras e retornar à luz.

Uma semana depois da noite no barracão, a Lady Margaret Hall realizaria o Baile de Comemoração trienal, o evento mais aguardado dos nossos anos de faculdade. Durante meses, eu não conseguia controlar a empolgação com a grande noite — planejando minha roupa, checando as últimas notícias do comitê do baile no Instagram, fazendo planos com os amigos. Mas agora estava receosa de que seria demais para o meu estado mental fragilizado.

Na tarde do baile, fui fazer o cabelo no salão que estava marcado havia meses. O barulho hostil do secador me deixou nervosíssima, e eu não via a hora de ir embora. De volta ao dormitório, todo mundo estava se arrumando no quarto de Cora, e uma ajudava a outra a fechar o zíper do vestido e a decidir que joias e delineador usar. Eu queria ter mais uma semana para me recuperar ou um tipo de câmera de descompressão emocional que me ajudasse a esquecer os flashbacks brutais para entrar naquele estado de alegria e festividade. Desejando não ser a menina triste da festa, tentava refletir a energia das minhas amigas e acompanhar a animação de suas vozes.

Fizemos juntas a curta caminhada até os jardins, a risada contagiante e a exuberância de minhas amigas me levando como uma corrente suave. Eu já me sentia quase normal quando chegamos. A Lady Margaret Hall tinha se transformado num elaborado cenário de sonho, com música, extravagância e romance. Até as plantas davam show — a glicínia roxa em floração, a magnólia explodindo de folhas imensas, luzidias.

A ansiedade foi se dissipando durante a noite. Assisti a um grupo de drag queens aquecer a plateia antes dos números musicais, comi churros e admirei os fogos de artifício da meia-noite. Às três da manhã, me sentei num canto no chão da silenciosa tenda da discoteca, sorrindo para minhas amigas, que usavam fones de ouvido e dançavam ao ritmo da música que ouviam. Ao nascer do sol, formamos fila para os sanduíches do café da manhã e depois nos juntamos aos demais para a tradicional "foto dos sobreviventes": uma recordação do grupo que curtiu o baile do começo ao fim.

Era a primeira vez em dias que não precisava ficar acordada em vigília, tentando não pegar no sono. Todas as pessoas que eu amava estavam ali acordadas comigo, fazendo o tempo passar com risadas e animação. Eu me perguntei se aqueles que festejavam o tempo todo, os que eu raramente via sóbrios, também estariam fugindo de pesadelos.

Na noite seguinte ao baile, porém, voltei a ficar acordada até o amanhecer, com medo de fechar os olhos e os flashbacks recomeçarem. Tentava descansar durante o dia, perdendo aulas e prazos de entrega de ensaios. Não queria assustar minhas amigas, mas Anisa e Cora me viam cambalear, exausta, de olhos fundos, e começaram a ficar preocupadas. Ao terminar os estudos da semana, Cora me mandava suas anotações e seus esboços, esperando assim me motivar a fazer os meus trabalhos. Anisa se autoproclamou a polícia dos estudos, verificando meu progresso antes de ir dormir à noite.

Entregou os exercícios de economia?

Não.

Era para entregar até as nove da noite! Quanto falta?

Ainda não comecei.

E o ensaio de filosofia?

Nada, não tem nada feito.

Minhas amigas faziam de tudo para me ajudar a manter os trabalhos acadêmicos em dia, mas, com a privação de sono, estudar era impossível. Ficar para trás me deixava ainda mais apavorada e deprimida, e parecia que nunca mais seria capaz de sair do buraco. Quando me sentia sobrecarregada, meu coração disparava. Se eu me deitasse para desacelerá-lo, era como se tivesse uma pilha de tijolos no peito. Voltar a ficar de pé me fazia ter tontura. Tudo somado me dava vontade de gritar e chorar de frustração, mas, na maior parte dos dias, eu estava cansada demais para fazer qualquer coisa que não fosse ficar sentada olhando para a parede.

Certa vez, perguntei se Anisa poderia passar a noite comigo. Se eu tentasse dormir e alguma coisa desse errado, ela poderia pedir ajuda. Arrumamos um colchão no chão perto da minha cama, vestimos nossos pijamas e conversamos um pouco. À meia-noite, ela apagou a luz e adormeceu. Fiquei um tempão acordada olhando pela janela. Por fim, respirei fundo, me virei para o lado e rezei para descansar.

E funcionou — dormi a noite toda. Fiquei tão aliviada que superei a hesitação de contar para minhas outras amigas sobre os flashbacks e pedi que dormissem no meu quarto. Hen dormiu na outra noite. Yasmin fez o plantão do dia seguinte. Elas pareciam saber exatamente do que eu precisava — nunca insistiram para que eu entrasse em detalhes sobre os meus problemas; tagarelavam sobre meninos ou me mostravam memes e vídeos engraçados. Por mais que a presença delas me confortasse à noite, eu sabia que não dava para continuar daquele jeito. Elas precisavam do próprio espaço e de tempo para estudar, e meus problemas estavam desorganizando a rotina delas. Eu me sentia ao mesmo tempo muito velha e muito jovem.

A gente pode se falar por telefone rapidinho? Se estiver muito ocupado, tudo bem, não se preocupe.

Asser e eu continuamos a conversar por mensagem, e o que era apenas algumas mensagens por mês no começo do ano virou várias por semana na primavera. Foi complicado de início. Eu sentia uma pontada de constrangimento e tristeza quando seu nome aparecia na tela do celular em grupos que tínhamos com Jamal e Sofia; e eu respondia, de propósito, a todos, menos a ele. Mas com o tempo passamos a conversar sobre críquete ou música, e voltamos ao papo descomplicado que tínhamos tido no verão. Eu sabia que era arriscado pedir mais que isso, mas, assim que viu minha mensagem, ele me ligou.

Contei tudo — sobre o bong, os flashbacks, as noites de insônia. Tudo foi saindo de dentro de mim, e não fiquei nervosa nem preocupada com o que ele poderia pensar. Como Maria, Asser era mais velho que eu, e eu achava que podia compartilhar minha experiência sem medo de ser julgada. Por causa de algumas histórias que ele me contou sobre suas experiências no ensino médio e na faculdade, eu sabia que ele tinha experimentado drogas; uma experiência ruim não ia ser o fim do mundo. Éramos amigos, minha vida estava uma bagunça, e ele talvez pudesse me dar um bom conselho.

"Você procurou um médico?", ele perguntou.

"Não posso. Vão achar drogas no meu sangue e me botar na cadeia."

Do outro lado da linha, ouvi o que parecia ser um suspiro ou um riso abafado. "Por favor, por favor, me escute. Você não vai para a cadeia. Não existe lei contra fumar maconha."

"Existe, sim, no Reino Unido. Você está pensando nos Estados Unidos..."

"Não, não estou. As leis no Reino Unido são contra a posse, e de grandes quantidades. São para traficantes, e não para pessoas que tocaram num bong uma vez na vida."

"Você tem certeza?"

"E, se o médico pedir um exame de sangue, não vai ser para procurar drogas. Médicos e enfermeiras não denunciam usuários, mesmo de substâncias mais pesadas, tipo heroína."

"Como é que você sabe tanta coisa sobre isso... sobre posse e substâncias?"

"Não sou mula de drogas, Malala, se é isso que você está pensando! São coisas que todo mundo sabe. Mas estou preocupado com você. Por favor, marque uma consulta com um médico."

Prometi que marcaria e agradeci o conselho. Logo que nos despedimos, escrevi uma mensagem:

Sinto sua falta.

Vá ao médico. Também sinto sua falta.

Com o tempo, o medo diminuiu e passei a dormir a noite toda sozinha. Fiquei esperando a explosão de energia que vem depois que ficamos doentes, quando você acorda de manhã e percebe que não está mais vomitando, ou suando frio, e só quer sair correndo para saudar o dia, grata por estar viva e bem de saúde. A sensação nunca veio, mas aos poucos retomei a rotina da vida universitária.

Em maio, fui a uma consulta e contei para a médica sobre minha insônia, o cansaço e as dificuldades de respirar. Não mencionei a maconha nem os flashbacks. Ela fez um exame de sangue e, poucos dias depois, ligou para dizer que eu estava anêmica. "É comum entre mulheres do sul da Ásia, mas não se preocupe. Tome suplemento de ferro todos os dias e tente comer carne, folhas verdes e frutas."

Eu sabia que a anemia não era a causa dos meus problemas recentes, mas comecei a tomar o remédio e falei para Asser que tinha cumprido a missão. Poucos dias depois, chegou um pacote dele pelo correio. Dentro, havia um bonequinho do Homem de Ferro e um bilhete que dizia: "Deixe isso na sua mesa para te lembrar de tomar suas vitaminas todas as manhãs".

Com o verão se aproximando, eu contava os dias para deixar Oxford; a faculdade não era mais um lugar seguro e feliz para mim. Os flashbacks desapareceram, mas já não me sentia livre. Agora, precisava me equilibrar numa corda bamba infinita, receosa de que um barulho forte ou um movimento súbito me desequilibrasse ou deflagrasse uma lembrança ruim. As festas que eu tanto amava agora me deixavam insegura e hipervigilante. Compareci à festa de formatura na Observatory Street, mas fui embora antes das dez da noite. Trocava a maioria dos jantares fora por comida para viagem e ficava no meu quarto vendo televisão. Estava cautelosa comigo mesma, tomando cuidado para não perturbar o inimigo dentro da minha cabeça.

À noite, eu sempre rezava: *Ó Alá, me cure logo*.

22.

Eu via no verão um novo começo, uma oportunidade de deixar para trás os pesadelos e recomeçar — e Asser era uma grande parte disso. Quando ele me disse que ia voltar em julho para o Reino Unido, fiquei feliz, mas não totalmente surpresa. Sua sobrinha estava se formando na faculdade de medicina e a Inglaterra ia sediar a Copa do Mundo de Críquete, uma ótima oportunidade para ampliar sua rede de contatos profissionais. Mas o motivo principal de sua vinda era eu. Ele não precisou dizer isso — eu sabia que dessa vez não estava enganada sobre seus sentimentos.

Depois do telefonema em que contei o que estava passando, ele me ligava quase todos os dias. No começo, praticamente só queria saber da minha saúde e se certificar de que eu estava tomando os suplementos de ferro. Ele me repreendia com gentileza quando eu admitia que não tinha comido nada além de batatas fritas por dois dias seguidos. Depois nossas conversas se estenderam, incluindo tópicos como nossas celebridades favoritas, nossos sonhos de infância, a existência de Deus. Asser acompanhava de perto as fofocas sobre a vida amorosa dos meus amigos; ele me contou que amava ser DJ na faculdade, mas que tinha desistido depois que testemunhou um assassinato numa rave ilegal em Lahore. Como a maioria das pessoas da minha idade, eu preferia mandar mensagens a telefonar, mas com Asser era capaz de ficar horas ao telefone.

Tínhamos nos tornado mais que amigos e sabíamos disso — ele me chamava de "baby" e dizia que eu estava linda nas fotos que enviava. Por causa da minha falta de experiência em relacionamentos, às vezes eu tentava flertar com um homem de 29 anos com as ferramentas românticas de uma adolescente de doze. Se ele me mandava uma mensagem dizendo que seu dia tinha sido cheio e que não conseguiria ligar na hora de sempre, eu ficava amuada e respondia: "Você nem tem tempo para mim. Não devo ser tão importante para você". Às vezes, eu inventava brigas só para ele me dar atenção. Ele não ligava para essas picuinhas, e me chamava de "presidente da associação dos dramáticos", jurando que tinha sentido minha falta.

"Quanto tempo juntos vamos ter na sua agitada agenda de verão?", ele perguntou certa noite, algumas semanas antes de sua vinda para Londres.

"Viagens curtas para a Etiópia e para a França, uma temporada mais longa nos Estados Unidos em agosto. Mas tenho bastante tempo livre na agenda, e é todo para você! Na verdade, estou preocupada mesmo é com..."

"Seus pais?"

"Isso. Ano passado, eles não se intrometeram muito, mas quanto mais nos encontrarmos, mais perguntas eles vão fazer. Pode ficar complicado."

"Tudo bem, e se eu escrevesse uma carta para o seu pai? Tipo assim: 'Prezado sr. Yousafzai, espero que tudo esteja ótimo. Como sabe muito bem, o senhor tem uma filha que cresceu e hoje é uma mulher linda e maravilhosa. E...'"

Nesse momento ele começou a cantar, desafinado: "*Le jayenge, Le jayenge, Dilwale Dulhania le jayenge!*". A música era do filme *The Brave-Hearted Will Take the Bride* [Quem tiver coragem vai levar a noiva], um sucesso antigo de Bollywood sobre um homem que tentava convencer o pai da mulher amada a aceitá-lo como genro.

Dois pensamentos me ocorreram ao mesmo tempo:

Não vejo a hora de ver Asser de novo.

Nunca ouvi ninguém cantar tão mal na minha vida.

A partir do momento em que Asser desembarcou na Inglaterra, todas as nossas experiências — as desajeitadas tentativas de lidar com nossos sentimentos do verão anterior e as ligações recentes de quatro horas — se misturaram para criar as emoções de um novo relacionamento com o aconchego de um antigo. Passávamos o dia inteiro juntos e, logo ao chegar em casa, ligávamos um para o outro, ficando horas ao telefone. Nas longas viagens para Londres, íamos sentados num silêncio confortável, vendo a paisagem passar e ouvindo as playlists dos anos 90 dos meus seguranças.

Certa noite, fomos a um restaurante numa antiga casa de campo no interior da Inglaterra. "Dá licença só um minutinho", eu disse a Asser depois que o garçom nos conduziu a uma mesa perto da janela. Eu saíra da casa dos meus pais usando um *shalwar kamiz* aprovado pela minha mãe, mas tinha enfiado uma muda de roupa na bolsa: um vestido ajustado ao corpo, sem mangas, de renda rosa-clara, e meus saltos mais altos.

Quando voltei para a mesa, Asser se levantou e abriu um sorriso largo que eu nunca tinha visto. Puxou minha cadeira e sussurrou no meu ouvido: "Você está uma gata!". Cobri o rosto com o guardanapo, ao mesmo tempo encantada e tímida.

A chegada de Asser dissipou as nuvens negras que pairavam sobre meu terceiro ano em Oxford, mas aquele não era exatamente um romance de verão despreocupado de uma comédia romântica, pois eu morria de medo de ser flagrada. Quando estávamos juntos, era difícil ignorar as premonições de ser envergonhada publicamente no Paquistão por ter um namorado. Sofria ao pensar no que aconteceria com as meninas de Shangla, imaginando que os pais as tirariam da nossa escola só por causa da minha negligência.

Certa tarde, durante um passeio nos Jardins de Chiswick em Londres, eu quis me exibir para Asser subindo numa árvore e desafiando-o a escalar comigo até o topo. Ao descer, segurei a sua mão e o trouxe mais para perto. Foi quando percebi uma mulher sentada num banco do parque nos olhando. Ela abriu um largo sorriso de reconhecimento e pegou o celular para tirar uma foto. Entrei em pânico e corri para me esconder atrás de uma sebe, alarmando Asser e meus seguranças. Era cansativo estar sempre com medo de ser observada ou fotografada, gastar tanta energia prestando atenção em tudo ao meu redor, a tal ponto que nunca conseguia ser completamente eu mesma.

No dia seguinte, fui até o aeroporto com meu pai pegar um avião para Adis Abeba. Não dava mais para adiar — eu precisava contar sobre Asser. Enquanto ele lia as notícias da manhã no celular, eu olhava pela janela, ensaiando o que ia dizer e me preparando para sua reação. Queria ficar mais um tempinho no meu mundo secreto, livre das opiniões das pessoas e dos avisos sobre o que estava pondo em risco. Mas aquele segredo não poderia continuar. Eu precisava contar pessoalmente para ele antes que uma foto minha com Asser surgisse.

Meu pai e eu adorávamos discutir política, eventos mundiais, feminismo, qualquer assunto. Na maioria da vezes em que tentava convencê-lo sobre o meu ponto de vista eu conseguia. Sempre tive a impressão de que podia contar qualquer coisa para ele — mas nunca tinha estado apaixonada.

"Pai, sabe... é difícil conhecer gente legal... gente que tenha um bom senso de humor, mas que também me ache engraçada", comecei. Ele me olhou com atenção, como se tentasse me entender. *Argh, você está piorando tudo*, pensei. *Só fala de uma vez.*

"É que quando... sabe quando você conhece uma pessoa e quer passar mais tempo com ela? Bem, acho... eu acho que conheci alguém assim. Ele tem, ah, 29 anos... mora em Lahore, mas vem à Inglaterra no verão para ver a irmã. E trabalha com críquete, o que para mim é ótimo."

Meu pai assentiu devagar, como se tudo que eu tivesse dito até ali estivesse certo. "Nós... Asser e eu...", continuei. "Eu gosto dele, pai. Gosto dele, romanticamente." Uma onda de náusea me dominou, enquanto eu engasgava com a palavra, mas meu pai se limitava a me olhar sem nem piscar.

"Eu queria que você soubesse", continuei, "mas, por favor, por favor, não diga nada à mamãe. Estou te implorando. Ainda não estou pronta para ter essa briga com ela."

Tive a impressão de que ele ia me perguntar alguma coisa. Mas ele se deteve e olhou para a frente, sem dizer nada. Então assisti, sem conseguir acreditar, meu pai, meu confidente da vida inteira, puxar o celular e ligar para casa.

Do outro lado da linha, ouvi minha mãe dizer: "Absolutamente não! Ele pelo menos fala pastó? Ela tem que casar com um pastó!".

"Se ele estiver aqui no verão, vamos conhecê-lo", disse meu pai secamente, depois de desligar. "Mas só vamos anunciar o noivado depois da sua formatura." Olhei pela janela, com raiva de mim mesma por ter tocado no assunto, e do meu pai por ter ligado para minha mãe, e dela por ter a mente tão fechada, e dos dois por ficarem falando de noivados e maridos.

Me deu vontade de gritar: *Por que pensar em casamento agora? Será que não posso viver minha vida como qualquer universitária de 21 anos?* Mas eu sabia a resposta; embora não fossem me forçar um casamento contra a minha vontade, meus pais jamais aceitariam que eu tivesse um namorado. Não podia olhar, nem tocar, nem namorar. Qualquer conversa com homens antes do casamento teria que ser supervisionada pelos pais. Essas eram as regras dos pastós, e eu já tinha violado todas elas.

Asser, por outro lado, achou o máximo eu ter contado para o meu pai. "O que foi que ele disse? Quando é que vou conhecer a sua família? Estou pronto!" Odiava pensar nele e na minha família na mesma sala, mas concordei com uma visita, pois não queria que nenhum dos lados achasse que eu tinha algo a esconder.

Tudo parecia estar indo rápido demais, como se eu estivesse sendo puxada pela correnteza e arrastada para o mar a contragosto. Apresentar minha família não tinha sido ideia do Asser; meu pai foi o primeiro a sugerir. Apesar disso, eu estava irritadiça e retraída nos dias seguintes, e cheguei a fingir estar doente para cancelar um almoço com Asser.

Apesar de não termos tocado no assunto, eu temia que um dia ele pudesse querer casar — e eu sabia que não queria isso, fosse com Asser ou com qualquer outro. Em minha cultura, tudo gira em torno do homem. Depois de casada, espera-se que a mulher obedeça às ordens do homem e se esforce para agradá-lo. Eu jamais me submeteria a esse tipo de controle, claro, mas também não era fã das imagens ocidentais de casamento. Só de pensar em planejar refeições no fim de semana ou lavar a louça juntos já me enojava. Chegava até a odiar a palavra "esposa". Em meu mundo ideal, meu relacionamento com Asser poderia continuar para sempre daquele jeito, isento de expectativas, existindo sem contexto ou compromisso formal.

Acho que uma parte de mim considerava o amor não uma rota para o casamento, mas parte da experiência universitária — ele estaria na lista de comportamentos arriscados, como ir a baladas ou fazer escaladas noturnas. Em meu segundo verão com

Asser, eu estava apenas começando a entender que era incapaz de controlar meus sentimentos ou impedir que meus sonhos e desejos mudassem. Fosse qual fosse a ideia fixa que eu fazia de mim mesma, por mais rígidos que fossem meus planos futuros — ficar solteira e dedicar a vida ao trabalho —, minha humanidade continuava se manifestando e me conduzindo em direção à conexão, à amizade e ao amor.

Esperamos até a véspera da minha viagem de três semanas aos Estados Unidos para que ele visitasse minha família. Planejei tudo minuciosamente: Asser chegaria de trem a Birmingham às 11h45, almoçaria na casa dos meus pais ao meio-dia e iria embora à uma da tarde para retornar a Londres. Imaginei que pouca coisa poderia dar errado em uma hora.

Ele chegou trazendo flores e parecendo meio nervoso. Eu também estava nervosa, e mal consegui olhá-lo nos olhos quando o conduzi à sala de estar, onde Khushal e Atal escutavam rap no volume máximo enquanto jogavam videogame. Meu pai, que esqueceu que já tinha convidados para aquele mesmo dia, estava no jardim com mais sete pessoas, tentando tomar conta da churrasqueira, servir chá e manter várias conversas ao mesmo tempo. Minha mãe estava sentada sob uma árvore numa cadeira de lona, observando todo mundo, sobretudo Asser. Perguntou se ele falava pastó, e ele gaguejou animadamente as poucas frases que sabia. Minha mãe não se deixou impressionar, mas, pelo menos, pareceu levar em conta a tentativa. A situação me deixava cada vez mais tensa, enquanto Asser se acalmava, passando a conversar com meu pai e seus convidados sobre técnicas de fazer churrasco, incentivando Khushal a continuar seus estudos e até fazendo beatbox com Atal.

À uma da tarde em ponto, chamei um carro para Asser e sussurrei "sinto muito" quando ele se foi. Sua partida foi como um peso tirado dos meus ombros. Era um alívio ter minhas identidades — a casta filha pastó que meus pais esperavam que eu fosse, e a namoradinha divertida que Asser conhecia — separadas novamente, cada uma em sua caixinha. Mas o alívio durou pouco, sendo logo substituído pelo desejo de correr atrás do carro e pular dentro dele para fugirmos juntos. Eu não sabia como ia aguentar as semanas seguintes sem ele.

23.

Antes de o sol nascer no dia seguinte, meus pais e eu fomos a Heathrow pegar um voo para Boston. Íamos ao Hospital Massachusetts Eye and Ear para uma consulta com a dra. Tessa Hadlock, professora da Universidade de Medicina de Harvard e pioneira no tratamento de paralisia facial.

Sob supervisão da dra. Hadlock, eu estava sendo submetida a uma série de cirurgias chamadas de enxerto de nervo facial cruzado. Se funcionasse, eu teria mais movimentos no lado esquerdo do rosto. Um ano antes, no primeiro procedimento, os médicos removeram um longo nervo da minha panturrilha esquerda. Em seguida, fizeram uma série de cortes discretos — na orelha direita, dentro da bochecha direita, sob o lábio superior, dentro da bochecha esquerda — e posicionaram o nervo de modo que atravessasse o rosto. Para obter a chamada "reanimação facial", as duas metades do rosto teriam que "conversar" uma com a outra através do nervo.

Os médicos avisaram que eu não veria nenhuma melhora com a primeira cirurgia — e de fato não vi. A metade esquerda do nervo não conseguiria se conectar aos músculos faciais enquanto não fosse adicionado tecido novo. Nessa nova visita, eles removeriam uma parte da região superior da minha coxa esquerda e a colocariam dentro da bochecha. Com sorte, o nervo da panturrilha se conectaria ao tecido da minha coxa e começaria a enviar sinais para os músculos do rosto.

De início, eu não queria fazer o enxerto de nervo facial cruzado; significaria passar semanas em hospitais e salas de recuperação por três verões seguidos. Meus pais, no entanto, insistiam numa cura. Queriam apagar a lembrança daquela primeira vez no hospital em Birmingham, quando eu estava com os olhos fundos e a boca paralisada — e também calar os comentários de parentes e trolls, sobre como eu *era* bonita antes do ataque. Meus pais e os médicos me convenceram de que valeria o esforço, por isso lá fomos nós para Boston.

No avião, recebi uma mensagem de Asser: *Seus pais disseram alguma coisa sobre a gente?* Eu falei a verdade. Estavam preocupados. Alguém poderia tirar uma foto, diziam, ou a notícia poderia vazar por meio de um dos nossos amigos. Eles previam um escândalo e achavam que eu deveria parar de vê-lo, o que não ia fazer, mas odiava a tensão que meu relacionamento criava com meus pais. Não era *obrigação* deles ficarem felizes por mim? Normalmente eu teria me sentado ao lado do meu pai durante o voo e passado horas conversando com ele. Dessa vez, cobri a cabeça com um cobertor e dormi.

Na manhã do dia da cirurgia, a dra. Hadlock e sua equipe se juntaram ao redor da minha cama no hospital para fazer um apanhado muito técnico sobre o procedimento de cinco horas, como se eu fosse um carro numa oficina para a revisão anual. Àquela altura, eu já tinha passado por sete cirurgias, e nunca havia temido hospitais, médicos, máquinas que apitam ou luzes muito brilhantes. Mas agora estava apavorada. E se alguma coisa desse errado, e eu entrasse em coma de novo? E se depois não acordasse mais? Eu preferia viver o resto da vida com paralisia facial a ser refém dos abismos do meu cérebro.

Não mencionei esses medos a ninguém; não era algo que eu quisesse compartilhar com meus pais ou com os médicos. Felizmente, o procedimento deu certo. Quando acordei, vi a luz solar entrando pela janela do quarto do hospital e todo o meu corpo relaxou. *Você conseguiu*, pensei. Até mesmo a aveia molenga e a gelatina que a enfermeira trouxe de manhã estavam saborosas.

Após dois dias na ala de recuperação, fui para um hotel nas proximidades. Naquela noite, tomei a oxicodona receitada para a dor intensa na coxa e na bochecha. Meia horas depois, minha cabeça começou a girar. A tontura e a náusea me transportaram de volta para aquela noite no quarto da Anisa, e um pânico se instalou. E se tudo aquilo acontecesse de novo? Fiquei a noite inteira acordada, rezando para que os flashbacks não voltassem, propondo acordos com o Universo: *Se eu não passar mais por isso, nunca mais irei a uma festa na minha vida, vou estudar e entregar todos os trabalhos em dia*. Nas primeiras horas da manhã, finalmente adormeci. Ao acordar, estava decidida: nada de analgésicos. Era muito arriscado. Melhor aguentar firme do que abrir a porta para os pesadelos.

Quando voltei, tive um encontro com Asser num restaurante cantonês no Hotel Dorchester, em Londres, para um último jantar antes do seu retorno para Lahore. Ainda estava com o rosto inchado da cirurgia, mas o sorriso dele para mim foi o mesmo do início do verão, quando me achou “uma gata” no meu vestido rosa.

Durante meses, tínhamos evitado definir o nosso relacionamento, aproveitando a companhia um do outro, como se nada jamais tivesse que mudar. Por mim teríamos continuado assim, mas ficar longe dele nas últimas semanas fez meus sentimentos se intensificarem. Agora, eu precisava saber quais eram seus planos. Durante o jantar contornei o assunto, sem realmente fazer a pergunta. Mas ele deve ter adivinhado o que eu buscava.

"Vou sentir muito a sua falta quando for embora", ele disse. "Eu me sinto meio... vazio por dentro só de pensar que não vou vê-la toda semana. Sabe como é... porque, como eu te disse na segunda vez em que a gente se viu, estou procurando um relacionamento duradouro..." Ele fez uma pausa para pensar e meu coração acelerou, sem saber que rumo a conversa tomaria. Ele estava me pedindo em casamento ou terminando comigo? Na minha cabeça, qualquer uma das opções seria ruim.

"A verdade é que eu me casaria com você amanhã, e me *odeio* por ter que dizer isso. Não é justo jogar isso em cima de você. Você é muito nova. Ainda está em fase de mudança como pessoa, ainda está tentando descobrir o que quer da vida."

Naquele instante, suas palavras me pareceram tão condescendentes que fui incapaz de refletir sobre elas e reconhecer que eram verdadeiras. "Acha que só porque sou nova não sei como me sinto? Como é que você, na sua avançada idade de 29 anos, sabe que ama alguém?"

"Fazendo perguntas a mim mesmo. Você se diverte mais com ela do que com qualquer outra pessoa? Adora ficar horas conversando com ela? Confia nela? Quer beijá-la na chapelaria do Hotel Dorchester?"

Meu rosto ficou vermelho e me atrapalhei com as palavras. "O que acha de... por enquanto... chamarmos isso de relacionamento aberto... só que fechado do seu lado?", sugeri.

Asser riu tão alto que nas mesas vizinhas as pessoas se viraram para olhar. "Tá, isso foi muito engraçado... mas também faz parte do problema. Você não quer nem mesmo me chamar de namorado. Ser o segredo de alguém não é a melhor coisa que existe, ainda mais quando tenho vontade de contar para o mundo inteiro que você é a pessoa mais incrível que conheço. Eu adoraria passar as férias com você na praia e ter um monte de fotos nossas no celular. E não sei quando, nem se, isso vai acontecer."

"Mantemos em segredo para acalmar meus pais. Eles morrem de medo de que aconteça um escândalo."

Ele se inclinou para segurar minha mão. "Eu sempre vou proteger a sua privacidade. Sempre. Mas, para ser honesto, Malala, acho que você também está guardando segredo porque não sabe direito o que quer da vida ou de mim. E tudo bem! Mas esse sentimento não muda quando a gente envelhece, não existe uma placa apontando a direção certa. Nenhum de nós jamais tem absoluta certeza. Sempre existe a possibilidade de tomar a decisão errada ou de acabar magoado. Isso nunca desaparece."

Fiquei puxando a manga do vestido, de repente me sentindo nervosa em sua presença pela primeira vez naquele verão. "Será que podemos dar uma pausa nos nossos sentimentos por um tempo, só até eu terminar a faculdade? Podemos recomeçar desse mesmo lugar, em junho, e resolver as coisas."

"Não sei bem se é assim que os sentimentos funcionam", ele disse, sorrindo. "Mas, por você, estou disposto a tentar."

Encontramos um cantinho pouco iluminado no saguão do hotel para nos despedirmos. Quando ele me abraçou, sussurrei: "Amo você". Então, ele foi embora, e o verão acabou.

24.

Já tinha ouvido falar de pessoas que surtam ou entram em colapso, como se de repente não fossem mais a nossa irmã ou amiga e se transformassem numa estranha. Mas comigo foi aos poucos.

A percepção da realidade. A esperança no futuro. A confiança nos amigos. A paz que eu sentia ao ver o sol nascer sobre o rio ou ao ouvir a voz de Asser no celular. A capacidade de controlar meu próprio corpo. Naquele outono, perdi tudo isso.

Deveria ser o melhor ano da faculdade. Claro, havia as provas finais, mas também bailes, piqueniques e festas de formatura. Parecia que eu tinha me livrado do medo e da angústia que os flashbacks inseriram na minha vida. Asser e eu passamos um bom tempo juntos no verão, e deixamos as coisas mais ou menos resolvidas. Eu estava pronta para ser a aluna dedicada que sabia que podia ser, e, claro, me divertir um pouco.

Minhas amigas e eu tínhamos resolvido sair dos dormitórios

no prédio principal e ir para um residencial menor, mais afastado do campus. Ali teríamos uma cozinha, uma sacadinha e o último andar do dormitório só para nós — Cora, Hen, Yasmin, Anisa e eu. Como sempre, meus seguranças ficariam no quarto ao lado. Havia uma vaga sobrando, e a faculdade a destinou a um rapaz chamado Alan, que era um doce de pessoa, mas azarado na loteria das moradias.

No dia da mudança, descobrimos que o dormitório estava longe de ser o oásis que imaginávamos. O elevador do prédio raramente funcionava, e as paredes entre os quartos eram finas como aventais de hospital. A cozinha era tão grande quanto um closet, por isso o espaço precisava ser milimetricamente aproveitado. A maioria, pelo menos em tese, estava disposta a compartilhar suas coisas, mas não dá para preparar carne na frigideira de uma vegetariana, porco na panela de um muçulmano ou despejar leite na caneca de uma vegana. O que resultou em utensílios e itens de despensa para seis cozinhas espremidos em quatro armários minúsculos.

Com sua mania de limpeza e sua necessidade de ordem, Hen estava sempre dando bronca na gente por mensagem. Nos anos anteriores, os papos do nosso grupo sempre giravam em torno de planos para jantar, piadas internas e empréstimos de roupa. Agora era assim: *Alguém esqueceu de desligar o fogão. Mais responsabilidade, gente! Quem deixou o frango cru na bancada? Se usar meus pratos, lave. É educação básica!*

Quando moramos com nossos amigos, descobrimos outro lado deles — e às vezes não gostamos do que vemos. Eu achava que nosso último ano ia ser uma grande festa do pijama, mas a gente mais discutia do que qualquer outra coisa. Alguém estava sempre esquecendo de repor o leite, pegando alguma coisa emprestada sem pedir, ou deixando o despertador tocar sem desligá-

-lo, fazendo o restante de nós sofrer com o "Bip! Bip! Bip!", até que alguém finalmente levantava e batia na porta.

O barulho constante irritava todo mundo. Não dava para manter uma conversa num volume normal sem incomodar os quartos vizinhos. Quando eu trazia alguns amigos da Observatory Street, ou a Yasmim recebia um grupo de estudo, era como se a faculdade inteira estivesse reunida na nossa cozinha. No passado, talvez nos limitássemos a revirar os olhos, colocar fones de ouvido e ignorar o barulho, mas aquele era o nosso último ano. Em maio e junho, iríamos passar três horas escrevendo ensaios ou resolvendo equações para as Finais, repetindo o processo oito vezes, um exame para cada curso que fazíamos. Trinta e duas horas para mostrar tudo que aprendemos em Oxford. Se nosso desempenho fosse ruim, as perspectivas de carreira estariam prejudicadas. Uma reprovação e você sairia da faculdade sem diploma, como se os últimos três anos da sua vida não tivessem acontecido. Todos os terceiranistas viviam estressados, indo às pressas da biblioteca para as aulas expositivas e vice-versa — e, no nosso caso, gritando umas com as outras para fazer silêncio na cozinha.

O nível de estresse coletivo nunca foi tão alto, pois minhas amigas já estabeleciam metas ambiciosas para depois da faculdade. Anisa tinha recebido uma oferta condicional de uma empresa de consultoria importante e Cora fazia entrevistas de emprego na área de finanças. Hen e Yasmin se inscreviam em programas de mestrado em Harvard e em Cambridge. Ao contrário delas, eu vivia mudando de planos. Primeiro, resolvi fazer pós-graduação. Depois achei que precisava arranjar um emprego para aprender na prática como funciona o mercado de trabalho. Não, não, decidi, vou viajar pelo mundo para entender melhor como é a educação das meninas em outros países. Às vezes, divagava sobre fugir para uma praia ensolarada com Asser. Em seguida voltava para o plano de pós-graduação, e repetia todo o processo. Quanto mais minha indecisão se prolongava, mais nervosa e insegura me sentia por não ter um plano para o futuro.

Eu me esforçava muito, mas as técnicas e os hábitos de estudo que aprendi com Valerie já não funcionavam mais. Meus professores fizeram comentários bem realistas sobre os meus primeiros ensaios do bimestre — *pouca menção à literatura dada/ exemplos empíricos fracos/ argumentação desestruturada.* Minhas amigas apareciam no meu quarto à noite, como sempre, mas eu já não ansiava mais por suas interrupções. Quando pedia que voltassem depois de eu terminar de estudar, Hen e Anisa faziam comentários sarcásticos: "Nossa, não acredito que agora até *você* esteja sentindo a pressão", "A menina que defende a educação finalmente pegou um livro para ler!". Antes, eu ria dessas brincadeiras; agora minhas respostas eram curtas e mal-humoradas.

Aonde quer que eu fosse — reuniões de tutoria, dormitório, refeitório —, tudo era estressante, e eu começava a perder o equilíbrio. Ficava acordada até tarde escrevendo ensaios, muitas vezes perdendo os prazos. As instruções que a médica tinha me passado na primavera anterior — "comer carne, folhas verdes e frutas" — foram esquecidas, e a minha dieta se reduzia a bolachas doces ou cereal, isso quando comia alguma coisa. Minhas amigas zombavam umas das outras, trocavam alfinetadas. Eu me sentia desorientada, como se Oxford fosse um videogame, e eu, um erro de programação.

A caminho da aula certa manhã, recebi uma mensagem de um primo no Paquistão: *Ligue, por favor.* Liguei imediatamente, mas ninguém atendeu. Quando desliguei, tive uma terrível premonição: minha avó Abai tinha morrido.

Senti o pânico tomar conta de mim, e apertei o pescoço, lutando contra a vontade de chorar ou vomitar. Não consegui me concentrar na tutoria, perdida em pensamentos sombrios, meus olhos fixos no celular, na expectativa de que meu primo ligasse. No segundo em que o professor terminou de falar, saí correndo da sala. Uma menina do grupo de estudo de política, filosofia e economia chamou meu nome, mas fingi não ouvir. *Chegue ao dormitório. Chegue ao dormitório.* Logo que fechei a porta, meus olhos se encheram de lágrimas. Sempre odiei chorar, odiava me sentir fraca. Mas o corpo agia sem minha permissão agora, afundando na tristeza.

Deitada na cama, fechei os olhos inchados, tentando me lembrar de tudo que conseguia sobre Abai: que ela acendia uma fogueira diante de sua casa nas montanhas a cada vez que a visitávamos, porque eu estaria com frio quando chegasse. Que ela cheirava a fumaça de lenha e rosas. Que ela nunca tratou minha mãe como uma serva, diferentemente de várias mulheres mais velhas no Paquistão, e sempre reservava para ela o melhor pedaço de carne no jantar. No dia em que fui atacada, quando pôs a mão na minha cabeça e pediu a Deus que me desse uma vida longa. Chorei também por todas as coisas que não sabia a seu respeito. Quem era sua melhor amiga? Quais eram seus sonhos de criança? Já tinha visto o oceano?

Devia ter percebido que nada daquilo fazia sentido. Se alguma coisa acontecesse com Abai, nossos parentes no Paquistão avisariam o meu pai, não eu. Receberia a notícia por intermédio dele. Mas não fui capaz de ter esse pensamento racional, estava desligada da realidade. *Quem rezaria por mim, agora que Abai já não existia?* As horas passavam. Eu deveria estar tentando resolver uma série de problemas matemáticos, mas não conseguia pensar em nada que não fosse minha tristeza e meu medo.

Meu primo finalmente me ligou de volta naquela tarde. Atendi quase sem conseguir respirar. "Alô, o que houve? Por que você ligou?" E me preparei para a notícia que sabia que viria.

"Queria te contar que dei uma passada na escola para meninas em Shangla", ele disse. "A construção do novo prédio está indo bem, e o número de matrículas para o ano que vem deve dobrar." Mencionou algumas outras coisas, como encanamentos e a aparelhagem do playground, mas eu o interrompi.

"Abai está bem?"

"Sim, tudo bem com ela. Passei lá para vê-la esta tarde e ela estava sentadinha do lado de fora, vendo o pôr do sol, como sempre. Anda bem esquecida ultimamente, mas parece bem de saúde."

Essas palavras deviam ter sido um grande alívio; deviam ter acabado com a maldição que tinha invadido o meu coração e a minha cabeça o dia inteiro. Mas eu ainda estava meio zonza, tentando entender o que tinha acontecido. Por que não consegui controlar meus pensamentos, me acalmar; por que não esperei para saber a razão de ele estar ligando, antes de desabar? Eu não sabia responder, e isso me assustava e me inquietava.

As vozes das minhas amigas ecoavam pelo corredor, e tranquei a porta por dentro. Não conseguiria vê-las naquele momento — embora também estivesse com medo de ficar sozinha, como se não confiasse em mim mesma. Joguei água fria no rosto e dei uma olhada no quarto, tentando encontrar algum conforto em coisas familiares — nas fotos da minha família, no meu cachecol preferido, no taco de críquete que Raja tinha me dado quando se formou. Mas era como se eu visse tudo pelos olhos de outra pessoa.

Mais ou menos uma semana depois, eu estava escrevendo um ensaio quando Hen invadiu meu quarto. Passava da uma da manhã, e ela estava meio bêbada. Eu precisava estudar e pensei em dizer isso a ela; mas fazia um tempo que não nos encontrávamos, e achei que poderia parar por uns minutinhos.

"Por onde andou?", perguntei.

"Ah, acabei de sair com o Brandon", ela respondeu.

"Que Brandon?"

"O americano, você sabe." Ela enrolou o cabelo nos dedos e piscou lentamente para mim.

"O Brandon do meu curso? O que você estava fazendo com ele?" Eu via Hen todos os dias, e Brandon quase com a mesma frequência, na tutoria e nos grupos de estudo. Nos últimos dois anos, não os vi juntos nem sequer uma vez.

"Tipo... estamos nos vendo há alguns meses."

Revirei os olhos e voltei ao meu livro. Minhas amigas gostavam dessa brincadeira irritante de inventar histórias e tentar me convencer de que eram reais — uma espécie de "duas verdades e uma mentira", só que era sempre mentira e eu sempre caía. A piada tinha envelhecido havia muito tempo, e eu não estava com paciência naquela noite.

"Não, estou falando sério!", Hen disse. Bati a caneta no caderno, na esperança de que ela entendesse a indireta e me deixasse em paz.

"É mesmo, não sei como você não percebeu", Hen continuou. "Lembra no último bimestre daquela festa 'Vista-se como uma estação do metrô de Londres' no bar da faculdade?"

"Sim, o que que tem? O Brandon nem estava lá."

"Estava sim. Você até conversou com ele a caminho do banheiro! Depois ele veio e sentou do meu lado, e a gente ficou se pegando ali, tipo, na frente de todo mundo. Não acredito que você não viu!"

Eu me virei de repente, estudando o rosto dela em busca da verdade. Durante os vinte minutos seguintes, eu a interroguei pedindo detalhes desse relacionamento, e ela me contou tudo — o que os atraiu, o primeiro beijo, as ligações até tarde da noite durante o verão. "Não", protestei várias vezes, "não acredito em nada disso." Como era possível que uma das minhas melhores amigas tivesse um namorado sem eu saber? Ela citou eventos e lugares específicos em que estivemos juntas; eu não tinha lembrança nenhuma de Brandon estar presente também. Se aquilo fosse verdade, em que mundo eu vivia? Como confiaria na minha própria memória se tudo aquilo aconteceu e não percebi ou não lembrava de nada?

Meu olho esquerdo começou a pulsar no ritmo do meu coração. Parecia acelerar a cada revelação desnorteante. *Há quanto tempo estávamos conversando?*, me perguntei, percebendo que já não sabia se era de manhã ou de noite. O suor escorria pelas minhas costas e senti as mãos ficarem dormentes.

"Hen, não me sinto bem", murmurei.

"O que foi, amiga? Esqueceu de comer hoje?"

"Não sei, é que... por favor, me fala a verdade. Isso é real?"

Ela pareceu magoada, mas logo irrompeu numa gargalhada. "Claro que não! Nunca nem falei com esse cara. *Não acredito* que achou que eu estivesse falando sério."

Se eu tivesse forças, provavelmente teria jogado um livro ou uma caneca nela. "Sai daqui!", rosnei. Ela ficou paralisada por um momento, depois começou a pedir desculpas, repetindo que era só uma brincadeira. "Por favor", eu disse, a voz desanimada, "vai embora."

Quando ela saiu, foi como se uma febre tomasse conta de mim, até as raízes do meu cabelo pareciam em chamas. A pulsação passou dos olhos para os ouvidos, cada vez mais intensa. Parecia um tumulto, como se eu tivesse mil corações, todos eles correndo num salve-se quem puder.

Fugi correndo do quarto e bati à porta da minha equipe de seguranças. Liam, um dos mais velhos, atendeu, os cabelos grisalhos apontando para todas as direções, mal conseguindo abrir os olhos por causa das luzes do corredor. Eu nunca os tinha acordado antes, e me senti mal por isso, mas estava assustada demais para ser educada.

"Tem alguma coisa errada comigo", eu disse, meio engasgada, lutando para respirar. "Acho que estou tendo um ataque cardíaco."

Ele logo me ajudou a ir até minha cama e checou meus sinais vitais. "Sua frequência cardíaca está alta", disse. "Mas você está consciente, respirando." Sua voz soava como um anúncio num aeroporto movimentado. Eu escutava e reconhecia algumas palavras, mas não conseguia processar o significado.

Durante uma hora, Liam verificou minha temperatura, o pulso, a frequência respiratória. Por fim, meus batimentos voltaram ao normal e ele foi embora. Meu corpo estava pesado de exaustão, e mergulhei num sono profundo.

Quando acordei no dia seguinte, tive medo de sair do quarto, convencida de que o mundo real — o que eu reconhecia, onde me sentia segura — não estaria do outro lado da porta quando a abrisse. O que quer que encontrasse lá fora poderia me lançar novamente numa espiral, por isso não saí, e fiquei sozinha e com medo. *O que estava acontecendo comigo?*

25.

Se você pesquisar meu nome, a palavra que mais aparece é "corajosa". Sempre achei que fosse, que tivesse um coração forte, um peito forte, que era capaz de enfrentar qualquer situação. Quando comecei a desmoronar na faculdade, me senti impotente. Tinha raiva de não poder superar meus medos ou controlar meus pensamentos. Ter medo era como se eu tivesse perdido uma parte essencial de mim mesma.

Meu isolamento ia piorando a cada dia. Depois daquela noite no quarto de Anisa, contei para minhas amigas mais próximas sobre os flashbacks, mas essa nova realidade — o estado constante de medo, as reações físicas, a queda sem fim — era demais para compartilhar. Elas já tinham me ajudado tanto no ano anterior — passando para ver se eu estava bem, dividindo comigo anotações de aula e trabalhos, ficando à noite no meu quarto. Como me apoiar nelas de novo, ainda mais quando andavam tão estressadas com as Finais e a vida pós-faculdade? Eu não queria ser a amiga carente. Tinha que lidar com tudo aquilo sozinha.

Desconfiando de que estava tendo ataques de pânico, busquei conselhos no Google. *A dissociação e a desrealização podem ser deflagradas por esquizofrenia, epilepsia do lobo temporal, enxaquecas, distúrbios de sono, lesões na cabeça...* A lista era longa, e ler tudo aquilo só me deixava mais angustiada. Larguei o celular e estremeci.

Tocar a vida e ter que ficar "ligada" era aflitivo. Nas tutorias, eu dizia aos professores que estava doente, para que pegassem leve comigo. Quando minhas amigas discutiam sobre quem tinha feito uma bagunça na cozinha, eu apenas me afastava. Qualquer interação com outras pessoas parecia perigosa, como se pudesse deixar minha mente ainda mais fragmentada.

Em meu diário, fiz um inventário do meu estado mental.

> *Tem alguma coisa de errado comigo e estou com medo de não conseguir impedir que aconteça de novo.*
>
> *<u>Meus problemas recentes</u>*
> *— flashbacks na primavera passada*
> *— último ano de universidade e Finais se aproximando*
> *— problemas com amigos*
> *— relacionamento com Asser/incerteza*
>
> *<u>Sentimentos e problemas físicos</u>*
> *— coração acelerado, dificuldade para respirar*
> *— medo de que alguém que eu amo morra*
> *— incapaz de dormir*
> *— o tempo todo pensando "o que é que estou pensando?"*
> *— sentindo a cabeça pesada e o corpo fraco*

Ver essas coisas escritas no papel, com minha própria letra, foi chocante. *Pessoas normais não têm listas como esta*, pensei.

Malala, estou há tanto tempo esperando uma resposta sua que meus cabelos ficaram brancos

Tá viva ou não?

Quer dizer que a gente não se fala mais???

Estava dando ghosting na Sofia fazia semanas, ignorando suas mensagens e DMs. Por fim, concordei em encontrá-la para uma sobremesa fora do campus numa noite no começo de novembro. No caminho, eu já estava planejando como iria embora — daria um oi rapidinho, depois inventaria uma desculpa e voltaria para o meu quarto. Do outro lado da rua, vi grupos de amigos passeando, sorrindo ou dando gargalhadas, bebendo chocolate quente. *Eles não têm ideia de como são felizes*, pensei. Fui uma dessas estudantes alegres quando Oxford era o meu lugar favorito no mundo. Mas não conseguia mais me sentir assim, e achava que esse sentimento jamais voltaria. Essa constatação acabava comigo.

"Oi", eu disse quando me aproximei de Sofia. "Desculpa por isso, mas preciso ir embora, não estou me sentindo bem. Mas fica, por favor. Vou ficar bem." Ela percebeu minha voz falhando, e pareceu preocupada.

"Me deixe pelo menos andar um pouco com você", ela respondeu.

Eu queria ficar sozinha, mas não tinha forças para discutir com ela. Depois de alguns quarteirões em silêncio, Sofia se virou para me encarar: "O que há de errado, Malala?", ela perguntou. "Você não tem sido a mesma ultimamente. É o Asser?"

"Eu... uh", gaguejei. "Não é o Asser." Sofia me olhou, esperando. "Não sei, Sof, não quero te aborrecer com isso."

"Não precisa fingir para mim que está bem", ela disse. "Não vou te pressionar, mas vou ficar preocupada você me contando ou não."

"Sabe... parte do problema é que não sei o que é que está errado." Hesitei por um momento, ainda relutante em dizer em alto e bom som. "Acho que estou tendo ataques de pânico. Uns bem sérios. Sem motivo, assim do nada... É assustador."

Ela pôs o braço em volta dos meus ombros. "Sinto muito, parece sério mesmo. Já pensou em procurar um terapeuta?"

"Não, não sei se ajudaria."

"Eles não conseguem resolver todos os problemas da nossa vida, mas talvez você consiga algumas respostas, entende? Pelo menos você se certifica de que seu autodiagnóstico está certo."

"Acho que ficar falando sobre isso não vai ajudar", respondi. "Provavelmente vai passar, certo?" *Afinal, os flashbacks sumiram por conta própria na primavera passada*, pensei. Só precisava esperar passar, falei para ela.

Ela me olhou com cautela e disse: "Hum... talvez? Mas não custa nada procurar ajuda".

Bem que eu devia ter escutado Sofia. Quatro dias depois, estava estudando na cozinha do dormitório numa manhã cinzenta e chuvosa. Tentava me concentrar nos livros, na esperança de assimilar o suficiente para evitar outra bronca de Lara. Mas não conseguia, por mais que tentasse. *Isso não faz sentido*, pensei. *Você nunca vai passar nas Finais. Por que não consegue fazer nada?*

Quando me levantei para enxaguar a caneca e preparar um chá, fixei o olhar numa faca grande no fundo da pia. Um medo gélido tomou conta de mim, a mesma sensação de assistir ao céu passar para um verde doentio e artificial antes de um ciclone. Por um momento, você fica parada, inquieta, mas impressionada com o espetáculo. Depois se lembra de sentir medo.

Pensamentos violentos invadiram meu cérebro, e minhas mãos ficaram trêmulas. *E se eu pegasse aquela faca? Conseguiria ferir alguém com ela? Conseguiria me ferir? E se eu deixasse a faca ali e alguém entrasse no meu quarto e a usasse contra mim?* Atordoada, larguei a caneca e caí de joelhos, ofegando descontroladamente para recuperar o fôlego.

Quando tive forças para me levantar, voltei para o quarto. *Acabou, acabou*, eu ficava repetindo. Eu devia ser forte, alguém capaz de encarar o medo nos olhos e seguir em frente. Mas não conseguia me convencer de que tudo estava bem. Não lembro quanto tempo fiquei ali sentada gritando com o rosto afundado num travesseiro, enquanto puxava os cabelos e esmurrava o chão — só lembro que, quando passou, tive certeza de que precisava de ajuda.

26.

Em pastó, minha língua materna, não temos uma palavra equivalente para "ansiedade".

Onde fui criada, as pessoas não falavam de saúde mental — eu nunca tinha ouvido essas palavras ou esse conceito antes de ir para a Inglaterra. No Paquistão, qualquer problema psicológico costuma ser ignorado ou visto como "uma maldição de Deus". Quando finalmente reuni coragem para pedir a Maria que marcasse para mim uma consulta com um terapeuta, ela entendeu por que eu não queria que dissesse nada aos meus pais. "Já passei por isso", ela disse. "Passei por um longo período de depressão, aos dezessete anos, e minha mãe me disse para fazer *duas*, a súplica a Alá, e pedir perdão a Ele. Para ela, eu tinha me afastado de Deus e o diabo estava me controlando."

Em comunidades como a de Maria e a minha, transtornos mentais levam ao isolamento social. É melhor sofrer em silêncio do que dar aos vizinhos assunto para fofoca. O estigma contra transtornos mentais é tão forte que até 2022 o suicídio era considerado um ato criminoso. Se alguém tentasse se matar e sobrevivesse, podia acabar na cadeia cumprindo pena de um ano, ou mais. Os que têm coragem de procurar ajuda muito provavelmente não a encontram. O país tem menos de quinhentos psiquiatras para servir a uma população de 235 milhões de pessoas.

Minha única experiência com terapia tinha sido no hospital em Birmingham. No meu primeiro mês de recuperação, uma terapeuta passou a me visitar uma vez por semana para fazer perguntas: *Como se sente sobre o que aconteceu com você? Sente medo com regularidade? O que está te causando mais angústia nesse momento?*

Eu odiava essas visitas. Com quinze anos, estava aprendendo a andar e a falar de novo, como um bebê. Os médicos tinham acabado de colocar uma placa de metal na minha cabeça, onde antes havia um grande pedaço de crânio. Todo mundo tinha que ficar à minha direita para falar comigo, porque a bala havia estilhaçado meu tímpano esquerdo. *O que me causava angústia? Olhe à sua volta, minha senhora!* Meus problemas físicos pareciam bem maiores do que meus sentimentos.

Quando os médicos sugeriram que eu continuasse a fazer terapia depois da alta hospitalar, meu pai declinou. "Só uma pessoa totalmente disfuncional precisa de terapia", ele disse. "Malala está bem." Meus pais foram criados para se perguntar "o que as pessoas vão dizer?" em todas as situações e escolher a opção que provavelmente constrangeria menos a família. Em sua cabeça, ele estava me protegendo.

Eu era uma pessoa funcional àquela altura? Uma faca de cozinha me fez cair de joelhos.

Meu motorista parou diante de uma pequena casa revestida de seixos nos arredores de Oxford. Estávamos a alguns quilômetros do campus, mas olhei pela janela antes de abrir a porta, para ter certeza de que não havia estudantes ou fotógrafos por perto. Ao caminhar entre as fileiras de flores vibrantes que ladeavam o acesso até a entrada, me perguntei se aquela era uma boa ideia.

Pensei em dar meia-volta e entrar no carro quando a porta se abriu. Uma mulher alta, de meia-idade, com os cabelos presos numa caprichada trança francesa disse: "Oi, Malala. Sou Evelyn. Prazer em conhecê-la". Ela me conduziu ao seu consultório, um lugar aconchegante com lareira e muitos abajures — bem mais acolhedor do que o ambiente clínico do hospital. "Como posso te ajudar?", ela perguntou, com um sorriso.

Mais cedo naquele dia, eu tinha feito uma pesquisa online sobre o que esperar da primeira consulta. O principal conselho era: *Explique à terapeuta por que a procurou. Não seja vaga.* Parte de mim estava receosa em confiar numa desconhecida e contar coisas que mantinha em segredo da minha família e dos amigos. Mas eu estava tão desesperada para melhorar que deixei as dúvidas de lado e comecei.

"Estou com medo de não passar nas provas", falei. Isso era, sem dúvida, a verdade, mas estava longe de ser a única razão para eu estar ali sentada no consultório de Evelyn. *Ok*, pensei comigo mesma, *talvez eu ainda não esteja pronta*.

"Mais alguma coisa?", ela perguntou, em tom gentil, calmo.

Respirei fundo e olhei para cima. Com os olhos fixos no teto, passei a contar tudo, como se, ao não ver a sala onde estava sentada ou o mundo à minha volta, o problema fosse menos real. Por um momento, me perguntei se Evelyn achava grosseiro da minha parte não olhar para ela enquanto falava. Mas, me concentrar no teto estava funcionando, por isso segui em frente.

Comecei pelo que achava que fosse o começo — quando fiquei chapada na primavera anterior. Descrevi os flashbacks do tiro e a noite no quarto da Anisa. Depois falei do meu relacionamento com Asser, da cirurgia daquele verão, do conflito com meus pais. Passei para os ataques de pânico mais recentes — Abai e Hen, as dores no peito, os pensamentos indesejáveis, o medo avassalador que pairava sobre mim quase todos os dias. Minha lista de preocupações era longa: que não podia confiar nos meus amigos; que Asser seguiria em frente com outra pessoa; que eu não tinha planos para depois da faculdade.

Quando terminei, baixei os olhos, receosa de encarar Evelyn. Mas ela estava calma e quieta, e não parecia impressionada ou alarmada com minhas confissões. "Vamos começar pela primavera passada", ela disse. "Os flashbacks tiveram início depois da maconha, entendi direito?"

"Sim, mas não acontecem mais. Agora é uma coisa diferente", respondi.

"Pode descrever um pouco mais o que você vivenciou com esses flashbacks?", ela perguntou.

Puxei as mangas do suéter e a encarei, na esperança de que ela visse meu desconforto e me dissesse que eu não precisava responder. Como ela continuou calada, comecei, aos poucos: "Era como se eu não tivesse onde me esconder. Mesmo fechando os olhos, essas imagens estavam lá". Olhei para o teto de novo, antes de continuar: "Sempre achei que o meu cérebro tivesse apagado o tiro. Que minha mente simplesmente tivesse... desligado. Mas eu vi coisas, e agora quero esquecer de novo".

"Malala, acho que o que você teve foi transtorno de estresse pós-traumático."

Não era a primeira vez que eu ouvia falar de TEPT ou considerava que poderia ser isso. Mas não gostava do termo ou do seu uso excessivo. As pessoas na faculdade diziam que tiveram TEPT por causa de trabalhos em grupo, ou por terem esperado demais na fila do refeitório. O que eu estava passando era tão horrível e diferente que não conseguia imaginar as mesmas quatro letras servindo para descrever o meu caso também.

"Lembranças intrusivas e flashbacks são sintomas comuns", Evelyn explicou. "E o estresse pode exacerbar o TEPT. Por exemplo, sua preocupação com o desempenho acadêmico e as pressões do trabalho, da família, do seu relacionamento... nada disso está diretamente relacionado ao tiro, mas podem provocar a mesma resposta traumática. Pense nisso como se o sistema de alarme do seu corpo estivesse travado na posição 'ligado'."

"Interessante", respondi. "Mas, como já disse, os flashbacks desapareceram e não voltaram. Os ataques de pânico que acontecem agora são outra coisa."

Evelyn concordou com a cabeça e se inclinou um pouco na minha direção. "Entendo. Em algum momento, porém, quando você estiver disposta, eu gostaria de voltar a falar sobre o TEPT, pois não podemos separar os flashbacks do contexto geral da sua saúde mental só porque eles não estão acontecendo mais."

Desviei o olhar. Já tinha sido muito difícil aparecer para essa primeira consulta. Eu não queria pensar em ter que voltar.

"Agora, no que diz respeito às suas experiências mais recentes", ela prosseguiu, "a primeira coisa que você precisa saber é que se sentir em desespero ou ser incapaz de controlar seus pensamentos é muito assustador, mas não incomum. Muitos colegas seus estão tendo dificuldades parecidas, sobretudo no último ano da faculdade. Para você, isso pode ser intensificado pelo TEPT, e pelo fato de ser uma pessoa conhecida que está sempre sob os holofotes. Não há exames de sangue para transtornos mentais, mas acho que a maior parte do que você descreve é ansiedade. E podemos desenvolver estratégias para ajudá-la a administrar esses episódios."

"Ansiedade" não parecia tão ruim. Eu sabia que era uma coisa que afetava muita gente, tão comum quanto alergias ou cortezinhos de papel. Talvez o meu caso fosse particularmente ruim — mas quando Evelyn disse que podia me ensinar a controlá-la, comecei a me tranquilizar. Era o que eu esperava daquela consulta, uma saída.

Ela em seguida explicou o conceito de "janela de tolerância". Se a pessoa funciona no dia a dia lidando com situações estressantes e regulando as próprias emoções, está "dentro da sua janela". Algumas janelas são mais largas, outras mais estreitas — mas todo mundo pode ser empurrado para fora da moldura se o estresse crescer demais. Do lado de fora da janela, ficavam o pânico, o medo, a desorientação, todas as coisas pelas quais eu estava passando.

Enquanto Evelyn falava, os padrões se tornavam mais claros. Com tudo que acontecia na minha vida, eu estava o tempo todo entrando e saindo pela minha janela. Noites de insônia, má nutrição e estresse estreitavam a moldura, diminuindo seu tamanho. Retornar à segurança foi ficando mais difícil, o que explicava em parte minhas reações extremas.

Essa contextualização foi útil — entender como as peças se encaixavam, como as partes difíceis da minha vida se interligavam para iniciar um incêndio. Não diria que me sentia melhor, necessariamente, mas pela primeira vez em semanas eu tinha esperança de melhorar.

Evelyn encerrou a nossa primeira sessão me pedindo que mantivesse um registro de quando entrasse em pânico, de quando me sentisse sobrecarregada, "do lado de fora da janela". A última coisa que eu queria na vida era mais um trabalho, mas, se ajudasse, estava disposta a tentar.

27.

Não demorou para que eu começasse a notar os altos e baixos. Uma visita dos meus pais aumentava os níveis de ansiedade, ouvir música os reduzia. Ao longo da semana, também identifiquei uma sensibilidade para certas palavras — "morte", "assassinado", "morto"; palavras violentas às quais damos novos sentidos o tempo todo, mas que antes nunca me incomodaram. A mesma coisa acontecia quando eu era tocada; abraços me davam a sensação de estar presa. Um dia, fui invadida pelo medo sem nenhum motivo aparente. Dava para ouvir de novo minha pulsação latejando nos ouvidos. *Os pensamentos estranhos continuam*, escrevi em meu diário.

"Sabia que somos a única espécie capaz de pensar sobre os próprios pensamentos?", Evelyn perguntou na sessão seguinte. Ela me aconselhou a ver os pensamentos indesejados como ondas numa praia. Eles vêm e vão. Você pode observá-los e sentir curiosidade sobre eles. Mas não são, por si, uma coisa temível. Todo mundo tem pensamentos estranhos, inquietantes, cruéis. Todos temos sentimentos que nos pegam de surpresa. Mas somos julgados por nossas ações, não pelo que se insinua em nossa cabeça.

"Quando estamos ansiosos, às vezes criamos cenários na cabeça do tipo 'e se', que é quando o cérebro pode nos mostrar a pior versão do que poderia acontecer, para nos preparar e nos proteger. Deve ser por isso que você achava que entraria em coma de novo se dormisse, ou por que sentiu medo quando viu a faca de cozinha."

Era reconfortante pensar no cérebro como superprotetor, e não confuso ou problemático. Da próxima vez que ocorresse, diria a mim mesma: "É só um pensamento. Não é uma coisa que vá acontecer". Se não funcionasse, se os sentimentos ainda criassem uma resposta física em mim, Evelyn me ensinou a "assumir o controle manual do sistema límbico". Quando meu coração acelerasse, e a tontura me atingisse, eu tentaria a respiração sete por onze — inspirar contando até sete e expirar contando até onze — por pelo menos cinco minutos. A expiração longa acalma o corpo.

Poucos dias depois da nossa sessão, voltei a me sentir tensa e assustada, sobrecarregada com as preparações para as Finais. *Está voltando*, pensei, com o coração acelerando. Sentei na beira da cama e fiz o exercício que Evelyn me ensinara. Após alguns minutos, já me sentia mais lúcida, o pulso normalizado e forte.

Fiquei muito grata por aquilo não ter evoluído para um ataque de pânico, mas outra parte de mim estava frustrada por eu ainda não ter vencido a ansiedade. Todos os meus problemas de saúde levavam muito tempo para se resolver — meses de recuperação depois do tiro, anos de cirurgia para restaurar a simetria facial. Aquele era o meu último ano de faculdade, e eu queria já estar me sentindo melhor para retomar minha vida divertida e independente antes que as responsabilidades do mundo real se impusessem.

Algumas sessões depois, Evelyn e eu conversamos sobre a

minha tendência a dividir o mundo em pessoas boas e pessoas más, a entender a razão de eu ter ficado perplexa e desorientada com a brincadeira de Hen. Ela me disse que essa maneira binária de pensar estava me causando mais ansiedade e paranoia, estreitando a minha janela de tolerância. Todo mundo é capaz de atos de bondade. Todo mundo, eu inclusive, já feriu alguém que ama.

Eu vinha evitando Hen desde o incidente sobre Brandon, recusando seus convites para jantar e preferindo estudar na biblioteca a fazê-lo no meu quarto. Levei em conta as palavras de Evelyn. Hen pisou na bola, mas não era má pessoa. Era como se Evelyn estivesse me autorizando a voltar a confiar nos amigos.

"Aquela noite, a brincadeira sobre o Brandon realmente me confundiu, fez com que me sentisse muito desorientada", eu disse a Hen na vez seguinte em que ela passou no meu quarto.

"Ah, amiga! Por que você não me contou?"

"Eu estava *tentando* contar."

Ela olhou para o chão, e eu continuei. "Depois que você saiu, tive um ataque de pânico. Estava apavorada, Hen, achava que ia morrer. Mas não foi a primeira vez, nem a última. Tem acontecido muito, por isso resolvi procurar uma terapeuta."

"Desculpe, Malala, eu não fazia ideia."

"Tudo bem. Normalmente o que você fez só me irritaria *muito*", falei, brincando. "Não é culpa sua que eu tenha reagido tão mal. Só queria que você soubesse que não estou magoada. Mas também que estou trabalhando nisso e tenho me sentido bem fragilizada. Então talvez seja melhor não ficar testando minha ingenuidade por enquanto, pode ser?"

"Nada de namorados de mentirinha, prometo!", ela disse. "A verdade é que nem sei mais a última vez que saí com alguém. Minha vida amorosa está um fracasso. Abro os aplicativos e penso: 'Mas este celular está no modo avião?'. O que está acontecendo? Minhas DMs estão criando teias de aranha..."

Ela continuou nessa ladainha, e ri pela primeira vez em semanas, feliz de conseguir aproveitar o simples prazer de conversar com uma amiga. Aos poucos, eu encontrava o caminho de volta para mim mesma.

Ainda naquela semana, tive uma longa conversa com Asser pelo telefone. Ele sabia da terapia — e que eu não queria tocar nesse assunto toda vez que a gente se falasse. Foi muito bom ouvir sua voz e saber das últimas notícias. Mas, depois que desligamos, fiquei pensando sobre a nossa situação. No dia seguinte escrevi no meu diário: *Preocupada com meus pensamentos sobre meu namorado. Como saber se o que sinto por ele é real ou não? Estou buscando uma resposta...*

"O que faço sobre ele?", perguntei, na minha última sessão de terapia antes do recesso de Natal. "Como ter certeza de que fomos feitos um para o outro? E, se não formos, como deixar de amá-lo?"

Evelyn sorriu. "Bem, Malala, talvez seja melhor fazer essa pergunta a um poeta ou a um músico. A terapia tem suas limitações.

"Uma coisa eu posso te dizer, não apenas sobre relacionamentos, mas sobre todas as grandes decisões da vida. Há vários caminhos que podemos tomar nesta maravilhosa jornada da vida, e qualquer um que você escolha trará problemas e recompensas diversas. Quando decidir sobre alguma coisa, não fique olhando para trás imaginando que havia opções melhores. Tome a melhor decisão que puder com o que sabe na época, depois explore, aproveite e enfrente os desafios."

Naquela noite, fui andando até o rio e pensei em Abai. Ela sempre dormia no meu quarto quando nos visitava. À medida que foi envelhecendo, já não gostava mais de dormir dentro de casa, então meus pais arrumavam camas para nós na varanda.

Abai pegava rápido no sono, mas eu ficava acordada olhando as estrelas, imaginando que um dia ia estudar física, e até mesmo ir para o espaço. Imaginava também os muitos lugares na Terra que gostaria de conhecer, pensando em todas as possibilidades para o meu futuro, em meu próprio universo sempre em expansão.

Ainda naquela noite, pensei em constelações mais próximas — em como elas podem mudar de uma hora para outra. Aos quinze anos, quase morri. Ter sobrevivido e me recuperado não significava ter de volta tudo que perdi. Abai e eu provavelmente nunca mais dormiríamos juntas sob as estrelas. Nunca vou saber que pessoa eu teria sido no Paquistão. E, se não tivesse acontecido o ataque, nunca teria vindo para Oxford e vivido as loucas aventuras com minhas amigas da faculdade. As meninas de Shangla não teriam uma escola. *Diferentes caminhos pela vida, cada qual com seus desafios e suas alegrias.*

Quem sabe o que vai acontecer? Talvez Asser e eu ficássemos juntos, talvez não. Eu podia passar nas Finais e acabar tendo um plano perfeito para depois da faculdade, ou voltar a morar com meus pais. Talvez os ataques de pânico jamais desaparecessem totalmente, e eu tivesse que lutar contra eles um dia de cada vez. Mas agora me sentia mais forte, capaz de enfrentar tudo o que tinha perdido, e todas as incertezas que a vida reservava.

28.

Em 1º de janeiro de 2020, eu estava sentada na minha cama em Birmingham escrevendo uma lista de coisas que queria fazer antes da formatura. Havia semanas que não sofria um ataque de pânico. O alívio que sentia não era do tipo eufórico da mania, mas como um fim de febre — sereno de início, seguido pela animação e a impaciência de retornar ao mundo.

Entrando no último bimestre, eu estava decidida a compensar o tempo perdido. Queria tomar chá no meu café preferido, passar tardes preguiçosas à beira do rio e viver todas as clássicas aventuras oxfordianas que não experienciei nos dois primeiros anos — atravessar a Ponte dos Suspiros, assimilar a vista do alto da Radcliffe Camera, ver cavalos vagando por Port Meadow. Em vez de aceitar qualquer convite, pouparia meu tempo para gastá-lo com os amigos mais próximos, as pessoas de quem sentia falta quando não estavam por perto. Mas não deixaria que minha vida social ficasse agitada demais a ponto de atrasar os estudos e ter que ficar acordada a noite inteira tentando pôr tudo em dia. Meu plano era continuar escrevendo no meu diário e praticando os exercícios de respiração que Evelyn tinha me ensinado. Depois de três anos de faculdade, finalmente sentia que tinha ferramentas para manter minha vida equilibrada.

Quando voltei ao meu dormitório no fim do recesso, todos pareciam estar se dando melhor. Não havia mais discussões acaloradas, e as reclamações sobre a cozinha e o barulho tinham sido reduzidas à metade no grupo de mensagens. Eu sorria ao ouvir minhas amigas rindo juntas na cozinha ou quando nos reuníamos para jantar. Os problemas iniciais da transição de amigas para colegas de quarto ficaram para trás, e eu estava contente de ver o meu grupo de meninas novamente unido.

Também estava feliz por termos nos reconciliado a tempo de celebrar nosso brunch anual do Galentine's Day, nosso dia das amigas, evento que eu aguardava com ansiedade todo mês de fevereiro. A tradição começou no nosso primeiro ano, como um esforço para animar Cora depois de um término. Com o tempo, se transformou numa celebração geral e numa desculpa para nos reunirmos.

Eu não me levantava cedo por nada no mundo que não fossem as aulas expositivas, mas, no Galentine's Day, eu acordava com o sol. Depois de enviar um lembrete sobre o brunch no nosso grupo, fui até o quarto de Yasmin para montar uma playlist, acrescentando músicas dos artistas favoritos de cada uma de nós — uma mistura peculiar de Stevie Wonder, M83, Stormzy e Billie Eilish, entre outros.

Enquanto me vestia no meu quarto, ouvi batidas abafadas na porta e, ao abri-la, encontrei Cora batendo suavemente com o pé, as duas mãos ocupadas com um arranjo de flores. "Para você", ela disse, piscando. Abri o cartão — de Asser, claro. Ele nunca esquecia um feriado ou uma ocasião especial. Mandei uma mensagem para ele agradecendo e deixei o cartão na escrivaninha. *Vai ficar perfeito como centro de mesa para o brunch*, pensei. Gostei do gesto atencioso de Asser, mas o dia de hoje era das meninas.

Na cozinha, Hen enchia balões, que pendurei na parede ao lado de umas bandeirinhas coloridas decorativas. "O que acha?", perguntei, já na metade do serviço.

"Bem…", ela disse, tentando conter o riso. "Você colocou tudo na altura dos olhos. Na altura dos *seus* olhos. A parede acima da sua cabeça está vazia, tampinha. Deixa eu te ajudar."

"É, assim tá melhor", falei quando ela rearranjou a decoração. "Mas ainda parece meio triste, e não tenho mais nada para pôr aí. A não ser…" Peguei a fita adesiva e colei um prato de papel de coração na parede.

Hen deu risada. "Ninguém vai postar isso no Pinterest, mas… sem dúvida, funciona!"

Meu plano era servir waffles em formato de coração também, mas a inovadora máquina de fazer waffles que encomendei não tinha chegado até a manhã do brunch. Anisa, que se oferecera para cozinhar, me encontrou em pé na cozinha, furiosamente pesquisando delivery no celular para pedir. Depois de vasculhar minha despensa, ela disse: "Tudo bem, relaxa, temos mistura para waffles, que é basicamente a mesma coisa que uma mistura para panquecas. Dá licencinha, por favor". Prendeu o cabelo num rabo de cavalo, pegou uma frigideira e óleo de cozinha e começou a preparar montes de panquecas superfofinhas.

Quando todas chegaram, nos sentamos e brindamos com nossas diferentes canecas à amizade. "Ao nosso último Galentine's Day!", disse Hen.

"Argh, não, nem me lembre", Yasmin se lamentou. "Isso significa que só faltam quatro meses para as Finais."

"Que tal umas regrinhas para este brunch?", Anisa disse. "Não vamos falar de exames, ensaios ou tutorias."

"E não vamos falar dos nossos interesses amorosos", Hen acrescentou. "Ou da falta deles."

Quando coloquei a playlist, Cora revirou os olhos. "Por favor, me diga que você vai nos poupar daquela música do Future que Hen fez a gente ouvir durante o primeiro ano inteiro!"

"Ah, está aqui, sim!", eu disse, rindo. "Não seria o nosso último Galentine's Day se não revivêssemos nossas escolhas duvidosas."

Isso fez minhas amigas começarem a listar todas as coisas constrangedoras que tinham feito: *Acordar sozinha na mesa da biblioteca às duas da manhã. Tentar preparar um sanduíche de queijo grelhado com ferro de passar roupa. Pegar mononucleose de tanto beijar na Semana dos Calouros.*

"Shots de gelatina", Hen lembrou.

"Ah, lembro desses shots!", eu disse. "Você e Cora invadiram meu quarto cantando músicas do One Direction. Ou melhor, o que parecia ser One Direction. Eu nunca tinha visto uma pessoa bêbada!"

"A cara que você fez!", Cora disse, aos risos.

"É, fazia uma semana que a gente se conhecia, e, naquela noite, Hen ficava dizendo o tempo todo que me amava", acrescentei. "Fiquei tão confusa! Tipo, será que era para eu dizer 'eu te amo também'? Era grosseria não dizer? Eu não fazia ideia!"

"Não foi a primeira nem a última vez que ela ajudou uma de nós a ir deitar depois de uma noitada", Yasmin completou.

Anisa cobriu o rosto com as mãos e disse: "Lembrei agora daquela vez que mandei a Malala ir buscar bagels para mim numa manhã. Credo, desculpa, amiga".

"Um brinde para nossa Assessora de Ressaca!", Hen celebrou.

A porta da cozinha se abriu e um rosto assustado nos encarou. "ALAN!", todo mundo exclamou.

"Desculpa, pessoal, eu não queria interromper a festa", ele respondeu. "Acabei de sair da biblioteca e vim pegar um lanche antes do grupo de estudos de econometria."

"Não é hoje à tarde?", Anisa perguntou.

"Hum, são duas e meia. É daqui a meia hora."

A gente pegou o celular para checar as horas e se surpreendeu ao ver que estávamos conversando havia tanto tempo. "Espera um pouco, Alan", falei. "Você pode tirar uma foto nossa antes de ir embora?" A foto que ele tirou aquela tarde continua a ser uma das minhas favoritas da época da faculdade — panquecas comidas pela metade, pratos na parede e todas as minhas amigas rindo de orelha a orelha.

Depois, enquanto limpava a cozinha, fiquei pensando na lista de textos de filosofia que precisaria reler antes das Finais. Naquela noite, abri *Ética a Nicômaco*, de Aristóteles, boa parte do qual é dedicada a reflexões sobre amizade. Três anos antes, fiquei triste ao ler "O desejo de ser amigo de alguém pode surgir rapidamente, mas a amizade não". Eu não gostava da ideia de ter que esperar tanto tempo para me sentir íntima de alguém, como se fosse uma habilidade que precisasse ser aprendida ao longo de muitos anos.

Agora compreendia melhor aquela frase. Era preciso esforço para ver além das diferenças na criação, nas crenças ou na personalidade de alguém. Era preciso coragem para ser vulnerável, para compartilhar com amigos nossas partes constrangedoras e assustadoras — partes que nem sequer entendemos direito. Era preciso humildade para consertar nossas relações, para perdoar e ser perdoada.

A amizade é o único tipo de amor disponível a todos nós, a qualquer momento da vida; é comum e muitas vezes negligenciada, e não é celebrada por feriados importantes. Para mim, a amizade deveria ter o mesmo grau de admiração e cuidado que dedicamos à família e ao romance. Quando comecei a faculdade, eu só queria me sentir menos solitária. Três anos depois, sentia que pertencia — não era apenas incluída, mas amada.

Cumpri a promessa que fiz a mim mesma de aproveitar Oxford ao máximo naquele bimestre. Minhas lembranças daqueles meses estão entre as mais felizes dos meus anos universitários — dançar com Zayan no Bollywood Boop, maratonar *Sex Education* com Hen, fofocar na cozinha até as quatro da manhã com Cora e Yasmin. No baile do clube de polo fiquei do lado de fora perto de um aquecedor, rindo quando Anisa chegou a cavalo — uma vaqueira de vestido de gala.

Na última noite antes das férias de primavera, Sofia deu uma festa de aniversário num bar que estava em alta. Ela e eu nos sentamos lado a lado numa cabine em forma de meia-lua, como rainhas concedendo audiência ao público. Uma procissão de amigos entrava e saía, em uma das muitas paradas no circuito de festas de fim de período; outros estavam de passagem para pegar o trem noturno para sair da cidade. "Boas férias! Nos vemos em abril!", dizíamos.

No dia seguinte, ajeitei minha mala no carro e me acomodei para a viagem a Birmingham, pronta para relaxar antes das Finais. Enquanto nos afastávamos, me virei e olhei para a Lady Margaret Hall, grata pela abundância de experiências que tive naquele inverno — sem saber que aquela era uma despedida, e que meus dias como estudante de Oxford já tinham acabado.

29.

Li e reli o e-mail sentada na cama: *Todo o ensino e todas as avaliações no próximo bimestre serão feitos remotamente*. Mandei mensagem para todos os meus amigos para ter certeza de que tinha entendido certo. Eles confirmaram as más notícias: Oxford ia fechar no bimestre de primavera; tutorias, ensaios e, provavelmente, a formatura seriam online.

A covid era uma novidade assustadora — não tínhamos escolha. Mas não pude deixar de me sentir atordoada e desolada com a perda. Eu ia perder os meses quentes com meus amigos, a caminhada até o rio de pijama ao nascer do sol, a escalada até a torre do sino à noite, as festas depois das avaliações e as despedidas chorosas. Pela terceira vez em meus 22 anos, era obrigada a deixar um lugar que amava e uma vida que tinha construído para mim.

Mas faltam meses para a formatura, pensei. *Até lá isso com certeza já vai ter acabado, e vamos poder voltar*. Muitos estudantes tinham retornado para seus países de origem no recesso de cinco semanas. Agora estávamos todos presos, já que as fronteiras haviam sido fechadas e os voos cancelados. Eu não queria acreditar que nunca mais voltaria a ver meus amigos, e dizia a mim mesma que isso não ia acontecer, que tudo seria resolvido e estaríamos de volta depois de algumas semanas, no máximo um mês.

Enquanto eu tentava manter a esperança de um retorno à faculdade, minha mãe não escondia a felicidade de ter todos os filhos novamente debaixo do mesmo teto, sem lugar nenhum para ir, sem ninguém para ver a não ser uns aos outros. Ela passava as tardes cozinhando — frango *pilau*, quiabo ao curry, *paratha* — e fazia questão de que meus irmãos e eu nos sentássemos à mesa para comer juntos todas as noites.

Notei que meu pai me observava durante o jantar. "Você precisa comer mais frango", dizia, enchendo meu prato de comida antes que eu pudesse protestar. Durante o dia, ele invadia meu quarto com tigelas de frutas cortadas em cubos perfeitos. "Por favor, coma", insistia, e ficava ali parado para ter certeza de que eu o faria.

Depois de algumas semanas disso, minha paciência se esgotou. "Chega, pai! Você não pode ficar encarando o meu prato ou monitorando a minha dieta. Eu como o que quero e quando quero. Às vezes, gosto de comer um pedaço extra de frango. Às vezes, não. Mas quando você se mete, eu me sinto uma criança que não sabe se alimentar. Se o seu objetivo é me fazer comer mais, me deixe em paz."

Ele mudou de tática. Quando eu estava na sala de estar, uma tigela de frutas aparecia magicamente sobre a mesa de centro. "Não estou pedindo a ninguém para comer isso", ele anunciava, mesmo que estivéssemos só nós dois na sala. "Estou só mostrando que está aí, caso alguém queira." Ou então se sentava no sofá perto de mim, descascando uma laranja. "Uau, esta é a melhor laranja que já comi na vida! Se não provar, não vai saber o que está perdendo." Na maior parte das vezes, eu revirava os olhos e continuava na minha, mas de vez em quando eu pegava e comia a laranja, assim, talvez, ele não precisasse recorrer a esforços mais agressivos de marketing de frutas.

Minha mãe, por outro lado, tentava dar uma repaginada no meu visual. "Por que você insiste em usar essas roupas cinzentas, Malala?", perguntava, referindo-se às minhas leggings e ao meu moletom fofinho. "Vá vestir uma coisa mais colorida. Ponha uns brincos, para variar."

"Não faz sentido me arrumar só para ficar dentro de casa o dia todo. Não tem ninguém me olhando."

"Não te entendo. Você usa roupas tristes, não se interessa por moda, nunca sai para fazer compras. Você é jovem demais para deixar de aproveitar a vida." Se as lojas de roupa paquistanesas favoritas dela não estivessem fechadas por causa do lockdown, ela com certeza me levaria para fazer compras durante horas a fio e me obrigaria a "aproveitar a vida". Eu subia as escadas a contragosto e voltava de *shalwar kamiz* rosa, só para que ela parasse de reclamar.

Estar em casa era um retrocesso. Assim que passava pela porta dos meus pais, eles voltavam a me ver como uma criança, a garotinha que precisava de supervisão e orientação. Será que não percebiam que nos últimos dois anos e meio eu vinha administrando minha vida? Em Oxford, superei tanta coisa — a ânsia de fazer amigos, de não saber estudar direito, desilusões amorosas, problemas de saúde mental —, e sozinha. Parte de mim queria contar tudo para eles, mostrar que eu sabia cuidar de mim mesma, mas outra, muito maior, queria preservar a pouca privacidade que tinha naquele lugar.

Embora ainda me vissem como uma menininha, percebi o quanto meus pais tinham mudado na minha ausência. Como meu pai não viajava mais comigo para meus discursos ou ações de ativismo, eles estabeleceram uma nova rotina: ele havia assumido algumas tarefas domésticas, e também cuidava dos meus irmãos, enquanto minha mãe tinha mais tempo para si mesma e suas aulas de inglês. No passado, eu raramente via meu pai na cozinha; agora ele fritava ovos para o café da manhã e passava o aspirador debaixo da mesa depois do jantar. A casa inteira sabia quando ele estava lavando a louça, pois batia panelas e frigideiras como uma banda de um homem só, deixando um rastro de água e sabão no piso e uma pilha instável de louça limpa no escorredor. Minha mãe se divertia com aquela transformação. "Quando temos convidados e eles o veem junto à pia, de avental, comentam: 'Impressionante, que homem bom'", ela dizia, rindo. "Fiz essas coisas a vida toda e ninguém batia palminhas para mim!"

Durante o lockdown, meu pai era quem fazia as compras, o que dava a ele um pretexto para sair de casa e conversar com desconhecidos, um dos seus passatempos prediletos. Ele ficava aturdido e triste, no começo da pandemia, quando pessoas atravessavam a rua para evitar chegar perto demais dele. Distanciamento social era um conceito que ele nunca entenderia.

Minha mãe tentava inutilmente segurá-lo em casa. Uma tarde, ela estava sentada no sofá lamentando os cabelos grisalhos que apareciam em suas têmporas e dizendo que gostaria de poder ir ao salão. "Toor Pekai, você se lembra da lenda pastó sobre a mulher que não tinha o que comer no jantar e o homem saiu numa caçada épica pela floresta para provar o seu amor?", meu pai perguntou. "Pois eu aceitarei a missão de ir buscar sua tinta de cabelo!"

"Você até pode trazer a caça, Ziauddin, mas o coronavírus vem junto!", ela gritou, mas ele já estava quase chegando à porta. Três dias depois, meu pai se isolou no quarto de hóspedes, com febre e dores nas articulações.

À medida que as semanas passavam, a irritação por estar presa dentro de casa e a esperança de que as coisas mudassem se transformaram numa monotonia letárgica. Meu quarto parecia cada vez menor depois que eu voltava da cozinha para preparar um chá. Tentava fazer o dia passar com jogos de computador, como *Among Us*, maratonando Netflix e comparecendo a festas de aniversário constrangedoras no Zoom. Quando a criatividade acabou, peguei uma tesoura cega na escrivaninha e fiz uma franja em mim mesma.

Um pouco antes da pandemia, Asser conseguiu um excelente emprego como gerente de desempenho no Conselho de Críquete paquistanês. Nosso país é tão obcecado pelo esporte que o escritório dele nunca trabalhou remotamente durante os lockdowns, e o time foi um dos primeiros a receber a vacina. Ele trabalhava o dia inteiro, e eu tentava segurá-lo no telefone a noite toda. Depois de algumas horas de conversa comigo, ele bocejava e dizia: "Ok, preciso fazer minhas orações e ir dormir".

"Reze pelas minhas Finais!", eu dizia.

"Pode deixar, mas talvez seja bom você estudar também para elas, não?"

"Reze para que isso acabe logo e possamos voltar a nos ver."

"*Inshallah.*"

"E reze por todas as pessoas que estão doentes, claro."

"Sempre rezo. *Boa noite*, Malala."

Meus irmãos poderiam ter garantido alguma distração, se não estivessem perdidos no próprio mundo. Atal, o mais novo, sempre foi capaz de melhorar o meu humor. Em meus solitários anos de ensino médio, ele me oferecia horas de entretenimento. Eu morria de rir da sua frustração ao tentar explicar o desconhecido conceito de uma festa do pijama para meus pais ou quando ensinava a eles novas palavras, como "burrito".

Mas ele era um adolescente agora, e eu o via cada vez menos. Durante a quarentena, ele passava o dia inteiro no quarto, escrevendo letras de rap ou códigos de computador. Mais de uma vez, fingia estar com tosse para se livrar dos jantares compulsórios de minha mãe. E, às vezes, quando meus pais iam dormir, ele saía pela porta dos fundos e desaparecia durante horas. Meu irmão acabou se tornando um holograma na casa, apenas uma versão borrada de si mesmo, enquanto o verdadeiro Atal existia em algum lugar que não conseguíamos alcançar.

Já o meu irmão do meio, Khushal, vivia sua própria crise acadêmica. No ensino médio, havia passado mais tempo jogando videogame e fumando maconha do que estudando. Apenas ele mesmo se surpreendeu ao ser reprovado nos exames de admissão das faculdades.

Quando decidiu refazer as provas durante a pandemia, Khushal enfiou a cara nos estudos. Sequestrou nossa sala de estar, empilhando livros, resumos de matéria e esboços de redação em todas as superfícies disponíveis. Meu pai achou o máximo, acreditando que o filho rebelde finalmente tinha se tornado um estudante sério. Como a única pessoa na casa que entendia o nível de concentração exigido pelos exames, eu tinha minhas dúvidas. Mas, de qualquer forma, Khushal estava preocupado demais em salvar a si mesmo para passar um tempo comigo.

Nosso grupo de mensagens foi se calando com o passar das semanas. Talvez minhas amigas de Oxford estivessem concentradas na preparação para as Finais, ou aproveitando o tempo em casa, mantendo reuniões socialmente distantes com colegas de ensino médio. Ou talvez estivessem se sentindo exatamente como eu — despojadas da vida criada na faculdade e percebendo que, sem essas amizades, sem as piadas no grupo e as escapadas para comer à meia-noite, sem os nossos restaurantes favoritos ou os lugares escondidos do campus, sem as noites de balada e os prazos de ensaios, havia pouca coisa a dizer.

30.

Na casa dos meus pais, eu me tornei notívaga, fechando as cortinas e indo para a cama aos primeiros indícios da luz do dia. *Os dias não estão passando se você não os vê*, decidi. Eu me sentia vazia e apática, um tanto deprimida. Se fosse capaz de rir, teria achado graça do fato de Evelyn e eu não termos abordado esse tipo de transtorno mental. Minha ansiedade na faculdade era imprevisível, explosiva e violenta. Tinha aprendido a interromper um ataque de pânico, mas não a deter esse vazio que vai se insinuando aos poucos.

Desde o dia em que cheguei, minha mãe e meu pai insistiam que eu os acompanhasse em seus passeios noturnos pelo bairro. Depois de ler um artigo sobre "baixo-astral" sugerindo que exercícios, principalmente caminhar ao ar livre, poderiam ajudar, cedi e concordei em ir com eles. Mas só uma vez.

Minha mãe saiu na frente e caminhou dois quarteirões, onde a calçada nos guiou até o topo de uma íngreme escadaria de concreto. "Para onde estamos indo?", perguntei.

"Para os canais!", ela exclamou. Apesar de ter vivido ali por quatro anos durante o ensino médio, eu nunca tinha ido a nenhuma parte do vasto sistema de hidrovias de Birmingham. Construídos durante a Revolução Industrial para abastecer Londres de ferro e carvão, os canais acabaram sendo reaproveitados para atividades de lazer, como correr e andar de caiaque. Minha mãe nos levou por um caminho de cascalho às margens da água, sob as copas das árvores e velhas pontes. Como é que eu tinha passado tanto tempo trancada no quarto quando esse refúgio existia a apenas dois quarteirões da nossa casa? Àquela altura, eu já deveria ter entendido que ambientes ao ar livre sempre me animavam.

Saímos dos canais por outro longo lance de escadas. Quando chegamos ao topo, vimos que estávamos perto de um campo de futebol. Minha mãe apontou para um prédio de tijolos do outro lado. "Vê onde a grama termina?", perguntou. "Ali é minha academia."

"Sua... academia?" Demorei para assimilar essa nova informação. A mãe que eu conhecia nunca tinha demonstrado o menor sinal de interesse por esportes ou pela vida fitness. Olhei para o meu pai, que sorria para ela, cheio de orgulho.

"Eu tinha começado a fazer musculação quando tudo fechou", ela disse, com um suspiro.

Arregalei os olhos e cheguei a ficar tonta. A mãe de quem eu me lembrava definitivamente não era uma rata de academia. Antes de mudarmos para o Reino Unido, ela não tinha viajado para muito além de Mingora, e jamais saíra do Paquistão. No início, ela sentia medo dos elevadores e escadas rolantes de Birmingham. E tudo a assustava, de músicos de rua a arranha-céus. Depois que tive alta do hospital, ela raramente saía de casa.

Meu pai, meus irmãos e eu sabíamos falar pastó, urdu e inglês. Como não frequentou a escola, minha mãe só falava pastó, a língua de sua infância. Em Mingora, ela conversava o dia inteiro com vizinhos enquanto cozinhavam em fogões à lenha e penduravam a roupa para secar no quintal. Em Birmingham, como dizia meu pai, ela não conseguia "comunicar a ninguém, além de nós, os pensamentos da sua cabeça ou as emoções do seu coração". Enquanto a filha mais velha oscilava entre a vida e a morte no hospital, ela não tinha uma amiga com quem pudesse rezar.

Durante os nossos primeiros três anos em Birmingham, minha mãe chorava todos os dias. Ligava para nossos parentes no Paquistão e conversava com eles por seis, sete horas seguidas. A primeira frase que aprendeu em inglês foi "pode completar", quando recarregava os minutos de créditos do celular na loja da esquina.

Por fim, ela começou a se estabelecer na nova casa. Fez algumas amizades. Aprendeu o trajeto de ônibus para Ladypool Road, onde há lojas que vendem *shalwar kamiz* e carne halal. Quando não estava com vontade de cozinhar, mandava meu pai ir buscar *roti* e kebabs num restaurante. Já não chorava tanto, mas eu sempre tinha a sensação de que ela estava se mantendo à tona, esperando que sua "vida real" recomeçasse no Paquistão.

Na nossa primeira caminhada noturna, minha mãe mostrou o quanto tinha progredido. Falou sobre Janet, sua ex-professora de inglês e agora amiga próxima. "Vemos filmes juntas porque ela acha que isso vai me ajudar a aprender a língua", ela disse. "Mas os filmes que ela escolhe são tão chatos que eu sempre pego no sono!" Minha mãe preferia filmes com o Mr. Bean, cujo humor físico dispensava traduções. Certas noites eu a ouvia conversando ao telefone com Janet enquanto preparava o jantar e me surpreendia com a evolução do seu inglês. Ficou evidente que minha mãe tinha se dedicado mais aos estudos do que eu aos meus nos últimos três anos.

Na noite seguinte, andamos para o outro lado, em direção ao Hospital Queen Elizabeth II, onde minha mãe foi me ver todos os dias durante os meses da minha recuperação. Antes da pandemia, ela visitava pacientes algumas vezes por semana. Meus pais, sem alarde, ajudaram a cobrir gastos de outras crianças paquistanesas, vítimas de violência como eu, para vir a Birmingham fazer cirurgias de reparação de membros, rosto e dentes. Quando as famílias não podiam acompanhar as filhas, ela levava comida caseira e usava o conhecimento que adquirira no meu tempo de hospital para garantir que recebessem os melhores cuidados possíveis.

Ela estava até planejando viajar sozinha, para levar suas irmãs numa viagem "só de meninas" a Dubai logo que fosse seguro viajar novamente. Em Mingora, ela não saía de casa sem meu pai ou um dos meus irmãos; poucas mulheres pastó enfrentariam as críticas e a vergonha de violar as regras da nossa sociedade. Eu ficava muito feliz de vê-la construindo uma vida para si mesma. E, enquanto ela reivindicava sua independência, eu esperava que ela estendesse um pouco dessa independência para mim também.

Minha mãe e eu nunca tivemos uma relação fácil e calorosa como a que eu tinha com meu pai. Quando criança, eu morria de medo de provocar a sua raiva, o que, pelo visto, conseguia fazer todos os dias. Ela era rigorosa e não hesitava em me castigar, muitas vezes fisicamente, quando eu não correspondia aos seus padrões. Eu não me sentia à vontade para conversar com ela. Quando menstruei pela primeira vez, aos onze anos, contei ao meu pai e pedi que ele comprasse absorventes para mim.

Mesmo depois de mudarmos para o Reino Unido, ela nunca afrouxou as regras sociais com as quais cresci. Meus irmãos podiam fazer o que bem entendessem, mas no ensino médio fui proibida de usar roupas ocidentais ou de ir a festas. Ela gritava comigo se eu deixasse o lenço escorregar da cabeça em público, ou se posasse muito perto de um homem numa foto. Eu já era uma adulta, mas suas repreensões ainda me magoavam, e eu cedia a praticamente todas as suas demandas.

No verão anterior, quando eu ia me encontrar com Asser, ela chamava a minha atenção toda vez que eu saía de casa: não tínhamos permissão para ficar sozinhos, não podíamos tirar fotos juntos, tínhamos que ficar a três metros de distância o tempo todo. Claro que violei todas essas regras — mas desobedecer à minha mãe me causava desconforto. Eu sabia que ela estava apenas tentando me proteger.

Ela entendia o quanto uma reputação ruim podia ser perigosa para uma mulher pastó. Minha mãe lamentava mulheres e meninas que conhecíamos — uma adolescente de quinze anos envenenada pela família por olhar por muito tempo para um menino na rua, uma mulher estrangulada por fugir do marido abusivo. Ela ouviu falar de uma estudante enforcada por conversar com um homem na faculdade, de uma mulher morta à bala porque o pai viu uma foto dela no Facebook, de quatro mulheres assassinadas por dançarem num casamento. Estávamos a milhares de quilômetros, mas minha mãe ainda vivia com medo de que eu perdesse minha "honra". Eu era capaz de relacionar cada uma de suas preocupações com aquelas que tínhamos sepultado.

Quando eu tinha treze anos, minha mãe trouxe uma menina chamada Apana para morar na nossa casa. Ela tinha a minha idade, e o pai havia morrido quando ela era bebê, o que obrigava a mãe a fazer faxina por algumas rupias semanais para sustentar os filhos. Minha mãe decidiu que Apana dormiria no meu quarto e frequentaria a escola do meu pai de graça. Ele e eu não fomos sequer consultados.

Logo depois de sua chegada, notei que Apana vivia doente. Ela empalidecia e saía correndo para vomitar lá fora. "Você está sempre doente, deve estar grávida!", brinquei. A única coisa que eu sabia sobre uma gravidez era o que via nas novelas indianas. Um homem e uma mulher se olhavam com desejo; na cena seguinte, ela estava vomitando. Depois vinha a barrigona e, por fim, um bebê.

Um dia, minha mãe saiu de casa com Apana sem dizer para

onde iam. Quando voltaram, a menina passou horas dormindo. Após aquele dia, ela não adoeceu mais. Anos depois, me contaram a história: Apana estava sozinha num parque certa tarde quando um homem se aproximou. Ele disse que era de Dubai e estava visitando o país, parecia amigável, e até a convidou para ver seu quarto de hotel. Ela nunca tinha entrado num hotel, por isso aceitou. Logo que a porta se fechou, ela foi estuprada.

O aborto é ilegal no Paquistão, exceto se a vida da mãe estiver em risco, e a pena é de três a dez anos de prisão, dependendo do desenvolvimento do feto. Eu tinha perguntado à minha mãe se ela apoiava os direitos reprodutivos, e ela respondeu que não. Poderia ter acrescentado que nada disso teria acontecido se Apana tivesse obedecido às regras, ficado dentro de casa e nunca tivesse falado com um homem. Mas ela sabia qual era o destino de uma menina grávida de treze anos, solteira, em nossa sociedade, e arriscou a pouca liberdade que tinha para salvar a vida dela.

Minha mãe era uma heroína, destemida e generosa. Era também muito crítica, implacável e rigorosa, principalmente comigo. Eu ansiava pelo dia em que poderia contar a ela todos os meus segredos, e chamá-la de amiga. Enquanto isso, calçava meus tênis e a acompanhava em suas caminhadas todas as noites.

31.

No mês anterior às Finais, eu nem precisava programar o despertador para acordar cedo; levantava ao raiar do dia, com a cabeça a mil, pensando em ensaios e problemas de matemática. Durante o dia, repassava minhas anotações e participava de grupos de estudos pelo Zoom com Cora e outros estudantes do curso. Foi uma alegria descobrir que eu retinha mais conteúdo do que imaginava, e comecei até a sentir certo entusiasmo com a aproximação da reta final.

"Você está se dedicando tanto que me preocupo com um possível burnout", Valerie disse numa das nossas sessões remotas de técnicas de estudo. "Você não tem mais distrações como acontecia na faculdade, mas tente fazer uma pausa e se recompensar de vez em quando."

Assim que ela falou isso, percebi a falta que sentia das noites em que pedíamos delivery para jantar, quando minhas amigas e eu escolhíamos comidas de lugares diferentes e comíamos sentadas no chão do meu quarto, beliscando os pratos umas das outras. Eu disse à minha mãe que tirasse uma folga da cozinha e comprei hambúrgueres do Five Guys e *mochi* de manga do Kyoto Grill de sobremesa. Na noite seguinte, pedi falafel e saladas do Shawarma City. Poucos dias depois, comparamos os frangos apimentados do Nandos e do Pepe's Piri Piri.

Hen me disse que ela e a irmã gostavam muito de um lugar chamado TGI Fridays. Eu nunca tinha ouvido falar, mas, ao ler o cardápio, vi que a costela no churrasco era o prato mais popular, e pedi. Minha família ficou obcecada, me implorando para repetir exatamente a mesma refeição quase todas as noites, por duas semanas. Quando voltei a falar com Hen, agradeci a indicação. "Parece que a gente nunca enjoa!", comentei, rindo.

"Hum, antes de dizer o que vou dizer, quero que fique claro que recomendei o *restaurante*, não as *costelas*", ela respondeu. "Malala... vocês comeram porco!"

Soltei um ofego e imediatamente dei um Google para me certificar de que ela não estava rindo da minha cara de novo. Carne de porco é *haram*, proibida para os muçulmanos em vários versículos da escritura. Tecnicamente não era um pecado, se fosse ingerida sem querer, mas meu palpite é que, mesmo se Deus perdoasse, minha mãe não perdoaria. Mas, quando confessei o erro para minha família, ninguém ficou bravo comigo nem me acusou de ter sido negligente. Estavam todos decepcionados demais com a descoberta de que os nossos dias de comer costelas tinham acabado.

Asser era a minha outra "recompensa" no fim de cada dia. Mais ou menos à uma e meia da manhã, quando minha cabeça estava pesada de tanto estudar, eu me sentava perto da janela do quarto, olhava para as estrelas e ligava para ele. "Andei lendo um pouco de astronomia para me distrair", contei, certa noite. "Pelo visto, Júpiter e Saturno estão numa espécie de grande conjunção. São os dois planetas mais brilhantes, por isso achei que conseguiria enxergar. Mas talvez precise de um telescópio, porque a única coisa que estou vendo é a Lua."

Por algumas semanas, nossas conversas incluíam meu relatório noturno de astronomia. Ele escutava minhas divagações sonolentas sobre estrelas e planetas, e minha vontade de conseguir enxergá-los melhor. Enquanto isso, eram cinco da manhã em Lahore e ele tinha acabado de acordar para se vestir e ir trabalhar no escritório do Conselho de Críquete. Eu suspeitava que ele mal prestava atenção no que eu dizia, e não o culpava por isso. Mesmo assim, adorava o fato de ele ser a última pessoa com quem eu falava antes de ir dormir.

Na manhã do meu primeiro exame — macroeconomia, a matéria mais difícil — acordei cedo e vesti a beca preta. Ela não era exigida em casa como seria se eu estivesse fazendo a prova em Oxford, mas eu queria honrar a tradição, dar ao momento a devida solenidade.

Meu pai preparou ovos e torradas, mas eu estava nervosa demais para comer mais do que dois ou três pedaços. "Não se preocupe", ele disse. "Tenho certeza de que vai tirar só nota alta!" Ele exagerava minhas habilidades acadêmicas desde o dia em que nasci, mas eu não estava com tempo para administrar suas expectativas naquela manhã.

"Promete que vai manter a casa em silêncio. Não deixe *ninguém* bater à minha porta." Ele fez um aceno solene, como um cavaleiro que vira o cavalo em direção à batalha.

O exame começou às nove e meia. Eu tinha quatro horas para resolver três problemas de matemática complexos, escrever dois ensaios e enviar minhas respostas. Usei cinquenta minutos na primeira questão. Enquanto lia o segundo problema, a porta do quarto se abriu de repente. Meu pai estava ali, seus olhos bem abertos, sorrindo com uma xícara de chá e um prato de biscoitos nas mãos. Antes que ele pudesse falar, lhe lancei um olhar raivoso e voltei a me concentrar. Ele deixou a caneca na mesa e saiu na ponta dos pés.

Ao fim da prova, desci as escadas pisando duro. "O que foi que eu te disse? Nada de interrupções! Não tenho tempo nem para tomar um gole de chá durante um exame."

"Você disse para não bater!", ele respondeu, confuso.

Ter terminado aquela prova não me trazia alívio nenhum; ainda não estava livre da macroeconomia pelo resto da vida, já que aquele havia sido apenas o primeiro de uma série de oito exames ao longo de três semanas. Assim que terminava um teste, eu entrava numa chamada em grupo com outros alunos do curso para dissecarmos a prova. Era um alívio saber que todos tinham tido dificuldade nas mesmas perguntas, o que comprovava que eu não era a única mal preparada para um tópico ou problema específico. Quando desligávamos, eu já começava a estudar para o próximo teste. Estudava em blocos de cinco horas, fazia uma breve pausa para comer e enfiava de novo a cara nos livros.

Como se não bastasse, as pessoas continuavam entrando em contato pedindo que eu participasse de programas na TV e eventos online com o objetivo de incentivar outros estudantes que estavam perdendo o último mês do ensino médio ou da faculdade por causa da covid. Eu me sentia exausta e não queria participar de nada. "Será que ninguém percebe que eu também estou tentando me formar?", disse, irritada, a Maria. Mas eu ainda não tinha aprendido a dizer não, sobretudo quando quem estava pedindo era Lebron James, que organizava uma cerimônia de formatura virtual repleta de estrelas. Por isso, no meio da segunda semana de exames, produtores e operadores de câmera entraram em casa carregando equipamentos, que montaram no quintal. Passei uma tarde tremendo na chuva enquanto eles me filmavam sorrindo e dando parabéns à turma de 2020. O tempo todo minha maior preocupação eram as horas de estudo para os exames que eu estava perdendo. *Não conseguir me formar por estar participando de formaturas virtuais de outras pessoas vai ser a razão de eu ter surtado*, pensava.

Quando eu lembrava de todas as tradições do terceiro ano que estava perdendo em Oxford, minha decepção parecia se intensificar. Se ainda estivesse no campus, sairia das salas de exames depois da última prova da minha vida para a luz do sol do lado de fora e participaria da sagrada tradição oxfordiana de trote de final de curso, em que amigos se juntam para jogar espuma de barbear, confetes, tortas de creme, feijão enlatado — qualquer coisa grudenta e suja — num recém-liberado. O caos termina com todos se jogando no rio Cherwell para se lavar.

Era uma coisa banal para ficar obcecada, mas eu tinha expectativas sobre esse momento desde que havia assistido a um trote daqueles três anos antes. Decidida a passar por essa experiência, comprei o que era necessário para um trote e entreguei a meu pai para que distribuísse no grande dia. Não seria a mesma coisa sem meus amigos, mas qualquer comemoração era melhor do que o anticlímax de fechar o laptop e anunciar "terminei a faculdade" para um quarto vazio.

Se o primeiro exame foi o mais difícil, o último, política no Sul da Ásia, foi moleza. Quando terminou, pulei da cadeira e desci para me reunir com a minha família, que estava na sala de estar segurando latas de chantilly e sacolas de glitter. Eles se entreolharam, esperando que alguém começasse.

"Não, aqui não! Vocês vão estragar os móveis!", gritei. "Lá fora!"

Meus irmãos soltaram seus vândalos internos no quintal, esvaziando latas de spray de espuma colorida no meu cabelo. Eu cobria o rosto com as mãos para proteger os olhos e me alternava entre gritar, rir e xingar em pastó. *Devíamos ter avisado os vizinhos*, pensei. Eles corriam atrás de mim no jardim com pacotes de pó colorido e confete, até que tudo que eu tinha comprado acabou.

Numa foto daquele dia, eu pareço uma figura saída de um livro infantil — um monstro mais bobo do que assustador, com uma barba de espuma branca malfeita e penas de papel colorido na cabeça. Os meninos estão de camiseta, os antebraços cobertos de fios de espuma colorida e cabelos brilhantes como fadas de desenho animado. Minha mãe, que foi atingida por uma nuvem de pó amarelo neon, parecia ter passado um marca-texto gigante no rosto. Já meu pai, de elegante blazer azul-marinho e sapatos de couro, de alguma forma escapou ileso.

Nos anos transcorridos desde minha saída de Oxford e a volta às aulas presenciais, os funcionários da universidade vêm tentando acabar de vez com o trote, alegando que, além de ser um desperdício, a limpeza custa caro. Mas acho improvável que acabem com a tradição. Para mim, é uma coisa tão ridícula, tão sem propósito, além de ser uma baguncinha alegre, que consegue nos trazer de volta do submundo dos exames para a vida normal. Eu particularmente adorei participar da longa linhagem de estudantes que aproveitam um último momento de despreocupação antes de entrar na vida adulta.

As Finais tinham terminado, mas eu não conseguia ficar totalmente tranquila enquanto Oxford não divulgasse os resultados, embora tivesse certeza de que tinha passado. Enquanto aguardava, minha família recebeu a notícia de que Atal se saíra bem nos testes padronizados do décimo ano. Melhor ainda, as notas de Khushal nos exames de admissão para a faculdade foram suficientes para garantir sua vaga.

Meu pai estava muito feliz com os meninos. Tentei conter suas expectativas, avisando que os meus resultados poderiam decepcioná-lo. Ao longo dos anos, Lara me disse várias vezes que, pelo andar da carruagem, eu ia acabar com um diploma de Segunda Classe Inferior — o selo de mediocridade atribuído aos alunos cujo desempenho, de modo geral, não denotava esforço ou excelência —, e eu não acreditava muito que tivesse me esforçado o bastante no ano anterior para ter subido desse nível.

"Escuta, não sou nenhum gênio", expliquei ao meu pai. Ele abriu a boca para protestar, mas prossegui. "Eu teria que ter feito um esforço realmente grande para obter um diploma de Primeira Classe. Não dá para ser feliz e tirar boas notas em Oxford. Por isso, se eu conseguir uma nota mediana, não é melhor saber que me diverti na faculdade?" Ele respondeu "Claro que sim, Malala", e torci para que estivesse sendo sincero.

Minhas amigas de outros cursos começaram a receber os resultados — Honras de Primeira Classe para Zayan! Segunda Classe Superior para Sofia, Yasmin e Hen! E Anisa, como já tinha emprego garantido, aceitou as notas previstas pelos professores e não fez os exames.

Recebi uma mensagem de Cora: *Segunda Classe Superior! Já viu seus resultados?*

Digitei meu nome e a senha no portal, fechei os olhos e pressionei "Enter". *Você só precisa passar*, disse a mim mesma, como se àquela altura eu pudesse mudar o resultado. Quando enfim olhei para a tela, vi o seguinte:

Malala Yousafzai
Bacharelado em Filosofia, Política e Economia
Classificação Final: Segunda Classe, Primeira Divisão

Fiquei atônita. Levei um minuto para entender que eu também tinha conseguido um diploma de Segunda Classe Superior. Investigando melhor, vi que tinha conseguido por apenas um ponto percentual acima da nota de corte. Mas quem se importa? Consegui! Desci as escadas correndo para contar aos meus pais, depois subi correndo para mandar mensagens para minhas amigas e ligar para Asser.

Depois de contar a boa notícia para todos os meus conhecidos, desabei de costas na cama, ainda vibrando de felicidade. Foi então que caiu a ficha: venci. Desde menina, eu carregava comigo esse sonho de me formar na universidade, mesmo sem conhecer uma única mulher que tivesse conseguido. *Não vou ser uma noiva adolescente que passa a vida inteira se perguntando que contribuição poderia ter dado ao mundo*, dizia para mim mesma. *Vou fazer faculdade*. O Talibã me tirou da escola quando eu tinha onze anos, e tentou me matar aos quinze. Com bombas e armas, eles lutaram contra meninas que só queriam aprender e entender o mundo à sua volta. Houve longos períodos, na infância e na adolescência, em que até mesmo terminar o ensino médio parecia impossível.

Não sou do tipo que acha que todo mundo deveria fazer faculdade; conheço muita gente brilhante que não tem diploma. Mas, para mim, a instrução era um farol, a única maneira de me salvar da vida que eu não queria para mim mesma.

Agora, não importava a direção que minha vida tomasse, eu tinha ensino superior, e sempre teria. Não significava, claro, o fim da misoginia ou o triunfo definitivo do direito à educação. Era uma vitória pessoal. Entre mim e os homens que tentaram impedir o meu avanço, a luta tinha acabado. Eu venci.

32.

Duas semanas depois de receber os resultados dos exames, minha equipe de seguranças me levou até a Lady Margaret Hall para pegar as coisas que eu tinha deixado no dormitório antes das férias de primavera.

Parada junto ao portão enquanto esperava que o porteiro liberasse minha entrada, o silêncio me perturbou — não havia alunos chamando uns aos outros no gramado, música saindo das janelas abertas ou entregadores de comida tocando a campainha das bicicletas no meio dos carros. As sebes normalmente aparadas estavam cobertas de mato, e ervas daninhas brotavam nos canteiros de flores. Era como se alguém tivesse lançado um feitiço sobre o campus, fazendo o tempo parar e transformando-o num lugar mal-assombrado.

Parecia tão diferente da primeira vez que vi esse lindo campus, como aluna do ensino médio num tour pelas faculdades. Depois de conhecer a biblioteca, o refeitório e os dormitórios naquele dia, diminuí o passo e deixei meu orientador conversar com o guia; buscava um momento de silêncio para sentir melhor o lugar.

Andamos por um caminho tortuoso, passando por jardins, florestas e prados floridos. A paisagem me parecia familiar, apesar de nunca ter estado ali. Quando o caminho terminou nas margens do rio pontilhadas de narcisos, fiquei parada vendo o sol do fim de tarde brilhar na superfície do Cherwell. Era um ambiente de sonho, e me imaginei passando horas naquele lugar, sentada perto da água até as estrelas aparecerem.

Algumas pessoas acham que escolhi a Lady Margaret Hall porque foi a faculdade feminina pioneira de Oxford. Ou porque Benazir Bhutto, a primeira mulher a ocupar o cargo de primeira-ministra do Paquistão, estudou filosofia, política e economia ali. Presumem que meu grande plano era seguir os passos dela e um dia vir a liderar o meu país.

A verdade é que as flores no campus me lembravam o vale do Swat na primavera, e os preguiçosos redemoinhos do Cherwell me traziam lembranças dos riachos e rios de Mingora. Pela primeira vez desde que tinha ido morar no Reino Unido, encontrei um lugar que me passava a sensação de estar em casa.

Mas tinha chegado a hora de dizer adeus.

Fazer as malas, ainda que apenas para uma noite, sempre me deixa melancólica. Tenho a tendência a esperar até o último minuto, jogar algumas coisas na bagagem e, infalivelmente, chegar ao meu destino sem ter levado escova de dentes ou meias. Ficar muito tempo no dormitório — para guardar com cuidado meu vestido de baile do Diwali, ou tentando lembrar por que a página de um livro estava dobrada — serviria apenas para trazer à tona lembranças de todas as casas e de todas as pessoas que precisei deixar para trás.

Encontrei o quarto exatamente como o tinha deixado, só que mais empoeirado. Juntei minhas coisas o mais rápido possível, sem perder tempo nem mesmo para rotular as caixas. Terminada essa parte, segui pelo longo corredor até o espaço comum, passando a mão pela porta do quarto vazio de cada amiga. A cozinha estava no escuro, silenciosa, e mais limpa do que eu jamais a tinha visto, livre das bagunças físicas e emocionais que fazíamos enquanto aprendíamos a ser adultas.

Fui até a pequena sacada da cozinha e observei o horizonte, meu olhar pousando na torre do sino. Escalei aquela torre tantas vezes, mas não conseguia me lembrar quando fora a última. *Deve ter sido em fevereiro ou março*, pensei. *Quem estava comigo?* Me incomodava um pouco não conseguir lembrar — pois sabia que nunca mais voltaria a fazê-lo, nunca mais voltaria a ser a pessoa que era quando voava pelos telhados.

Alguma coisa se moveu e chamou a minha atenção lá embaixo — *Yasmin!* Lá estava ela, lendo um livro no banco onde conheci Tarik. Meu coração deu um salto, mas não chamei seu nome — em algum lugar dentro de mim sabia que aquilo só podia ser uma espécie de devaneio, que ela não estava ali em carne e osso. Então escutei uma risada e vi Hen dobrando a esquina, falando a mil no celular. Ao longe, Cora e Anisa carregavam suas mochilas para o University Park, rumo às salas de aula.

O pátio se encheu de amigos e conhecidos, professores e bibliotecários. Raja, Parveen e todo o pessoal da Observatory Street estavam ali dançando ao som de uma música. Zayan pulava animadamente de um pé para outro, enquanto Sofia dava risada. Encontrei Lara, Valerie e o professor que sempre me dava uma piscadinha ao perceber que eu não tinha feito toda a leitura. Havia o cara que ia de pijama tomar café todas as manhãs, e a menina do clube de remo. Também vi rostos que não pude identificar — grupos de amigos fazendo piqueniques e batendo papo, pessoas que não cheguei a conhecer. A certa altura, percebi que esses estranhos eram nossos herdeiros, o próximo grupo de estudantes que preencheria esse lugar de curiosidade, risadas e anseios. Minha faculdade logo seria deles.

Algumas religiões acreditam no conceito do "plano astral", um espaço entre o céu e a Terra onde as almas das pessoas que já morreram se misturam com as das que ainda vão nascer. É a descrição mais parecida com o que vivi aquele dia, enxergando para trás e para a frente, passado e futuro, tudo ao mesmo tempo. Durou só alguns instantes. O sol apareceu por trás de uma nuvem, eu pisquei, e todos sumiram.

Saí da sacada e voltei para a cozinha, o coração transbordando de amor e gratidão. Pensei ter entendido o ensinamento daquela visão, a última lição da Lady Margaret Hall: eu não estava ali para me prender a fantasmas, para parar o tempo ou mesmo para lamentar minha perda. Na faculdade, fui cercada de amigos, livre para explorar, feliz. Claro, não queria que aquilo acabasse. Mas essa não era outra casa que eu seria obrigada a deixar — era um portão que atravessei para me tornar uma coisa nova.

33.

Asser me deu um telescópio de aniversário. *Que presente estranho*, pensei, olhando para a caixa comprida e fina no meio da sala de estar. Então me lembrei da minha breve obsessão por astronomia durante o período de exames, quando comentei que um dia gostaria de ter um. Naquele mês, eu ligava para Asser todas as noites e tagarelava incessantemente, meio delirando de tanto estudar para os exames, meio dormindo. Então ele prestava atenção no que eu dizia, afinal de contas! Estava juntando meus pensamentos fugidios, as coisas que eu já tinha esquecido que dissera, guardando tudo.

Sabia o quanto ele me amava — e isso às vezes era um pouco pesado, como um cronômetro sempre tiquetaqueando na minha cabeça. Havia prometido a ele quase um ano antes que decidiríamos nosso futuro assim que eu terminasse a faculdade. Não é que ele estivesse me pressionando por uma resposta, mas senti uma espécie de névoa entre nós, uma distância que não estava ali anteriormente.

Eu amava Asser, mas não queria me casar. Falei isso para ele no mês seguinte aos exames, e Asser respondeu que tudo bem. Ele não se importava com o nome que déssemos à nossa relação — casamento, parceria, coabitação —, desde que estivéssemos juntos. Por algumas semanas, vivi essa ilusão, procurando apartamentos em Londres e pesquisando opções de visto que permitissem sua residência no Reino Unido. Quando amigos perguntavam em que pé estava a nossa situação, eu respondia que íamos morar juntos. Todos pareciam empolgados por mim, mas dava para perceber que eles sabiam que isso nunca aconteceria.

Asser também sabia, mas acho que esperava que no fim eu fosse criar coragem para seguir meu coração. Mas não consegui. Se fôssemos viver juntos sem casar, meus pais não falariam mais comigo, pelo menos por um tempo. As pessoas acabariam descobrindo, e todo o meu trabalho no Paquistão iria por água abaixo. Era arriscado demais.

Só havia duas opções: casar ou terminar com ele. Eu odiava ambas.

Sempre soube que casamento não era para mim. Aos nove anos, jurei que nunca aprenderia a cozinhar. Tinha compreendido que nenhum homem em Mingora se casaria com uma mulher que não cozinhasse. Com um pouco mais de idade, passei a dizer: "Só vou pensar em casamento quando tiver 35 anos", mas isso era só um tapa-buraco, um jeito de acalmar minha mãe e evitar levar sermão. "Você vai casar", ela dizia. "Tem que casar. Casamento é uma coisa linda."

Imagino que, para minha mãe e para quase todas as mulheres no Paquistão, era uma questão de autopreservação achar o casamento "lindo", uma vez que era também compulsório. Durante minha infância e adolescência, eu passava horas na cozinha das minhas tias, vendo-as preparar refeições e mais refeições, enquanto cuidavam de oito ou nove filhos e serviam com dedicação maridos que não tinham escolhido e que, desconfiava eu, nunca amariam. Os meninos pequenos, que mal tinham idade para falar, vinham lentamente ordenar às mães que fizessem mais chá para os convidados dos pais. Isso sem contar em como um casamento podia ser perigoso. Ainda menina, me lembro de estar andando na rua e ouvir, dentro de uma casa, uma mulher apanhando. Nada disso me parecia lindo.

Naquela época, eu achava que a vida seria diferente para mim e minhas amigas. Éramos uma força que não se podia parar, que lutava pelo direito à educação e a ter uma carreira como pilotas de avião e engenheiras. Minha prima Nazneen queria ser médica, além de poeta. Conversávamos horas a fio sobre as mudanças que queríamos ver em nossa comunidade, convencidas de que as coisas seriam melhores quando fôssemos adultas. Quando eu estava no hospital em Birmingham, ela me mandou um pacote com páginas e páginas de poemas escritos à mão. Enquanto os lia, soube que o pai a obrigara a casar. Ela estava com dezesseis anos e arrasada.

Em nossas conversas telefônicas atualmente, ela diz que está bem. O marido é bom o suficiente. Ela ama os filhos. Mas não consigo esquecer a menina que ela era, as aspirações que alimentava, e tudo que perdeu ao se casar. Pensava bastante nela em Oxford — no quanto teria se desenvolvido na universidade, na injustiça de eu ser a única a viver a vida que sonhávamos quando pequenas.

Minhas amigas da faculdade, claro, viviam num mundo muito diferente, onde podiam escolher seus parceiros. Ainda assim, a maioria não tinha certeza se queria mesmo casar. Suas paixões eram intensas e dignas de heroínas de romance. Mas elas falavam de casamento como um conceito abstrato e político, em termos de concessões, do quanto as mulheres tinham a perder — a expectativa de ter que priorizar as necessidades dos maridos sobre as próprias, deixar de lado a vida profissional para ter filhos, o esforço emocional e a divisão desigual de tarefas domésticas, o custo do divórcio quando não dava certo. Numa sociedade em que havia escolha entre casar ou não, parecia para mim que muitas mulheres preferiam ficar solteiras.

O único argumento a favor de casar com Asser era sentimental. Eu o amava e adorava a perspectiva de ter a sua companhia pelo resto da vida. Não conseguia imaginá-lo me magoando de propósito ou me impondo regras estritas depois do casamento, mas conheci mulheres que também não imaginavam que isso pudesse acontecer. Se eu ia considerar as opções, precisava de algumas garantias.

"Você tentaria me dizer o que posso ou não vestir?", perguntei a Asser pelo FaceTime no começo do verão. Eu pensava numa estudante paquistanesa de Oxford que ficou noiva de um homem supostamente instruído e "feminista". Pois ele a impediu de ir a festas e bailes, e a obrigou a deletar do Instagram todas as fotos que não tivesse aprovado antes, incluindo uma, perfeitamente normal, em que ela vestia uma regata.

"Hum, no verão passado, você usou salto alto para fazer uma trilha comigo", respondeu Asser. "Gostaria que não fizesse mais isso. De resto, se vista como quiser."

Ignorei a piada e prossegui. "Ok, e filhos? Não quero ter. Posso até mudar de ideia no futuro, mas não conte com isso. Você ia aceitar isso?"

Ele ficou calado por um momento. "Para ser sincero, não pensei muito sobre isso de ter filhos." O que, para mim, era o xis da questão. As mulheres tinham que levar em conta todos os aspectos de um relacionamento, como seriam afetadas, o que poderiam perder — enquanto os homens se davam ao luxo de pensar apenas em si mesmos e em seus desejos.

"Mas acho que não ter pensado nisso já é uma resposta", continuou Asser. "Filhos não são importantes para mim como estar com a mulher que amo. Quando penso no futuro, a pessoa que vejo é você. E, se você mudar de ideia algum dia, a gente sempre pode conversar, certo?"

A resposta por enquanto era satisfatória, e continuei. "Você já pensou em ter mais de uma esposa?"

Algumas pessoas interpretam que o Corão permite a um homem ter até quatro esposas, desde que tenha condições de cuidar de todas da mesma forma. Mas, na minha opinião, é impossível tratar várias parceiras com equivalência, e já é bem difícil ter um casamento feliz com apenas uma.

Asser revirou os olhos e disse: "Você é quatro esposas em uma, Malala".

"Não estou brincando!", respondi. "Preciso de garantias. Preciso saber suas respostas para todas as minhas perguntas antes de sequer pensar em me casar. Você vai ser um marido fiel? Vai ficar irritado e gritar comigo? Mentiria para mim?"

"A única coisa que posso dizer é que amo você, e que nunca te machucaria de propósito", ele respondeu. "Não há promessas ou palavras mágicas capazes de tirar todas as suas dúvidas. Não há como prever o futuro."

Ignorei a resposta evasiva e insisti na minha lista de perguntas, como um interrogador a um passo de arrancar a verdade de um suspeito. "Você sabe que a educação de meninas é o trabalho mais importante para mim. E sempre vai ser. Você tentaria me impedir de trabalhar?"

"E você sabe que fui criado por três mulheres que trabalhavam." A voz dele passou de leve para irritada. "Sinceramente, Malala, a gente se conhece há tempo demais para você ainda ter dúvidas sobre o tipo de homem que eu sou. Você está buscando certezas, um sinal que vai te dar um sim ou não definitivo. Mas qualquer coisa pode ser um sinal se você quiser que seja. Então, minha pergunta é: o que você quer?"

Naquela noite escrevi uma carta para ele.

Asser,

Morro de medo de casamento. Não quero uma cerimônia e não quero assinar papéis. Não quero adotar o sobrenome de nenhum homem (embora ofereça o meu com o maior prazer).

Só quero um parceiro em quem possa confiar. Quero apoiar seus sonhos e que você me apoie no meu trabalho. Quero um amigo que ouça meus pensamentos, por mais idiotas, por mais bobos que sejam. Quero um homem que fique sexy jogando críquete!

Também devo ser de confiança para você. Há coisas em mim que já aceitei, mas entendo se outras pessoas não aceitarem: a assimetria do meu rosto e do meu sorriso, os problemas de audição, as cicatrizes. Prefiro morrer sozinha a achar que você teve pena de mim porque ninguém mais me queria.

Minha vida não tem sido fácil, nem vai ser. Já passei por coisas horríveis, por isso não me incomodo com fofocas e mentiras, as crueldades que dizem de mim online, nem mesmo as ameaças de morte. Mas pode ser que você não queira nada disso na sua vida. Tem certeza de que consegue viver assim?

Estou me obrigando a refletir no que significaria me casar. Neste momento, sinto que ainda estou descobrindo quem sou. Nosso cérebro não está completamente desenvolvido antes dos 25! Fico pensando se posso confiar no meu próprio julgamento aos 23. Preciso de mais tempo.

Com tudo isso, amo você e não quero te perder. Mas também não quero te magoar. É errado continuar nosso relacionamento com tantas incertezas dentro de mim?

Não mandei a carta, mas colocar os pensamentos no papel me trouxe um alívio temporário. Parei de interrogar Asser pelo telefone. Era melhor ter esse tipo de conversa pessoalmente, olhando nos olhos dele em busca da verdade. Esperava que isso fosse acontecer logo; mas era provável que eu teria que esperar bastante. Asser pedira visto de visitante para o Reino Unido, mas, no quinto mês da pandemia, a aprovação para viajar não chegara. Tentei não pensar no fato de que não nos víamos havia quase um ano.

Enquanto eu refletia sobre o casamento com Asser, Sofia vivia seu próprio drama amoroso. Passávamos horas falando sobre nossos problemas, sem chegar a lugar nenhum. Então ela teve a ideia de buscarmos um melhor entendimento do assunto — ler e consultar especialistas em questões de amor e feminismo. Comentei brincando que fomos bem ensinadas em Oxford a analisar um texto e desenvolver um argumento, e valia a pena tentar.

Naquele verão, desenvolvemos nossa lista de leitura, de bell hooks a Dolly Alderton, obras de psicólogas americanas, poetas libanesas e romancistas da era vitoriana. Não tardou para que estivéssemos discutindo *O direito ao sexo*, de Amia Srinivasan, com a mesma regularidade com que falávamos sobre nossos namorados, o que, em si, já era um progresso. A lista não parava de crescer — Chimamanda Ngozi Adichie, Virginia Woolf, artigos de revistas cujos títulos eram "Os cinco sinais de alerta a observar num homem". Como ela estava em Islamabad e eu em Birmingham, nosso clube do livro funcionava principalmente por mensagens, nós duas acordando em fusos horários diferentes para ler mensagens recheadas de citações e fotos de trechos destacados.

Vários livros ofereceram provas concretas de que o casamento apoia o patriarcado. Compilei estatísticas e argumentos, sempre empolgada em acrescentar mais nuances à minha compreensão das dinâmicas de gênero e poder. Mas também me comoviam histórias de casamento que correspondiam à descrição de Chimamanda — "uma fonte de felicidade, amor e apoio mútuo". O trecho já parecia descrever meu relacionamento com Asser, mas não o que eu tinha visto acontecer com a maioria dos casais. E, por mais que eu gostasse do que lia, não achei resposta para a minha pergunta específica: como escolher entre uma instituição na qual não acreditava e uma vida sem a pessoa que eu amava?

Resolvi consultar minhas amigas mais velhas e casadas, supondo que quem sabia da minha situação poderia me orientar melhor. As britânicas e americanas diziam coisas como: "Você não *pode* se casar com seu primeiro namorado!" e "Pense nisso como uma política de compras corporativas: é preciso avaliar pelo menos três orçamentos de fornecedores antes de assinar um contrato". Eu me perguntava se Tarik ou minhas paixões adolescentes por astros de Bollywood e jogadores de críquete contavam como experiência romântica. Como é que outras mulheres passavam por essa provação — o interesse por alguém, o flerte, a preocupação com o status ambíguo do relacionamento, o amor, a tomada de decisão por um futuro — várias vezes?

Quando falava com mulheres casadas do Paquistão, o ponto central era segurança e estabilidade. Uma delas disse que era melhor eu pesar bem minha decisão, porque "ficar solteira não é bom, mas é melhor do que um casamento ruim". Eu sabia que ela tinha razão, pelo menos quanto à última parte.

Essas conversas me fizeram pensar em minha mãe. Ao se casar, ela era mais nova do que eu quando terminei a faculdade, e sabia muito menos sobre o futuro marido do que eu sabia sobre Asser. Embora viessem de vilarejos vizinhos em Shangla, meus pais nunca tinham ficado sozinhos juntos, nem trocado mais do que meia dúzia de palavras antes do casamento. Senti vergonha de nunca ter pensado na minha mãe jovem, no medo que deve ter sentido, nos sonhos de que abriu mão depois que se casou.

Certa noite, estávamos só nós duas na sala e resolvi perguntar. "Como você sabia que podia confiar no meu pai? Quero dizer, antes do casamento você teve medo de ir morar com ele?"

Ela deu um longo suspiro e fechou os olhos. "Malala, me escuta, você *precisa* casar com um pastó, e ele *precisa* saber falar pastó e ter origens na nossa cultura. Seu pai e eu vamos fazer uma lista de opções e você escolhe."

Pelo seu próprio jeito cansado de responder, senti a exaustão de uma vida inteira tentando ser mãe numa restritiva sociedade patriarcal; o constante olhar crítico e a culpa que jogam em cima de você se seus filhos, sobretudo as meninas, saírem da linha. Eu não sabia se ela de fato acreditava no que dizia, ou se apenas repetia as advertências que ouviria se familiares descobrissem sobre Asser. "Mãe, podemos esquecer minha vida agora?", pedi. "Eu realmente quero saber como se sentiu quando casou. Você nunca me contou."

Ela ergueu uma sobrancelha para mim, como se dissesse: *Sei exatamente por que você está perguntando isso. Mas, tudo bem, vou fingir que não.* "Seu pai era um dos únicos homens nos vilarejos próximos que tinham feito faculdade. Eu me considerava sortuda por casar com ele. Por ser um homem instruído, imaginei que talvez um dia pudéssemos ir embora. Era a oportunidade de realizar meu sonho."

"E qual era o seu sonho?", perguntei, meio surpresa. Ela nunca tinha confessado essas coisas, e fiquei imaginando minha mãe como uma cientista, empresária ou diplomata.

"Como você sabe, quase não há estradas ou carros em Shangla. Nem restaurantes. Por isso o que eu queria era uma vida mais agitada. Meu maior desejo era atravessar a cidade sentada no banco de trás de um carro, enquanto comia um kebab para viagem."

Ouvir aquilo foi ao mesmo tempo chocante, engraçado e comovente. Minha mãe merecia mais do que um sonho tão pequeno, tão fácil de realizar. Mas a ela e às outras mulheres com quem ela convivia não eram permitidas grandes aspirações. Viam o casamento como uma aposta, um jogo de azar no qual a vida poderia melhorar um pouco se acabassem com um homem decente. Minha mãe teve sorte; muitas de suas irmãs e amigas não tiveram.

"Se quiser saber qual foi a minha maior bênção", acrescentou, "sempre vou dizer que foi meu marido." Fiquei feliz por minha mãe, que se sentia segura e contente no casamento; mas era profundamente injusto e deprimente o fato de o seu destino estar sempre ligado aos homens.

Eu já tinha pedido conselhos para minha terapeuta, para meus pais e amigos; procurava uma revelação em toda parte, das ciências sociais à astrologia. Apesar disso, não tinha chegado a uma conclusão que parecesse certa. Talvez Asser tivesse razão: ninguém pode garantir o futuro. Mas eu ainda me agarrava ao mito da certeza, à ideia de que um dia encontraria a resposta definitiva.

A única pessoa com quem eu gostaria de conversar — minha querida avó, Abai — já não estava comigo. Morreu durante a pandemia, numa tarde tranquila. Meu luto por sua perda foi bem diferente da tristeza incontrolável que senti em Oxford, quando me convenci de que ela tinha morrido. Fiquei triste, claro, mas passei mais tempo refletindo sobre minha gratidão pelos momentos que passamos juntas, e por sua influência em minha vida. Meus pais, meus irmãos e eu nos sentávamos à mesa da cozinha compartilhando, por horas a fio, nossas histórias favoritas sobre Abai. Lamentávamos sua perda com os presentes que ela nos deixou — família, risos e orações.

Nas semanas seguintes à sua morte, me pegava pensando em uma lembrança específica — uma visita a Shangla quando eu tinha nove ou dez anos. Abai me chamou quando eu estava brincando com meus primos e me levou até o quintal, onde tinha acendido o fogo para aquecer o seu forno de barro. "Sente aí e pique este tomate", disse. "Hoje vou te ensinar a fazer frango *Peshawari karahi*."

"Eu ajudo", respondi. "Mas não quero aprender a cozinhar."

Abai sorriu de canto. "Muitas meninas da sua idade já sabem preparar esse prato."

Se ela pensou em usar minha natureza competitiva contra mim mesma, estava enganada. "É por isso que não vou aprender, porque senão vou passar o resto da vida fazendo isso!"

"Não, você aprende porque um dia vai querer casar."

"Eu *nunca* vou querer isso", jurei.

Abai me olhou com atenção por um momento, sorriu e me passou outro tomate. Não me repreendeu por desrespeitar minha cultura, nem tentou me convencer de que o casamento era lindo — não disse absolutamente nada. Diante dessa lembrança, fiquei pensando no olhar que me lançou. Nunca vou saber exatamente o que significava, mas acho que o que vi em seus olhos foi a experiência de vida de uma avó que sabe que os nossos sonhos quando somos jovens vão se reformulando à medida que crescemos. Enquanto eu me angustiava com a decisão de casar ou não, desejei poder conversar novamente com Abai, ter mais uma chance de perguntar a ela tudo que sabia sobre o amor.

34.

"A... o quê? Não entendi nada, desculpe..."

"As *Cotswolds*, Malala! A Inglaterra dos contos de fadas? Vilas charmosas? Suaves colinas verdes?"

Eu sabia muito bem do que Zayan estava falando, mas me fiz de boba porque queria saber como seria seu discurso exagerado sobre a viagem de fim de semana que ele estava planejando.

"Olha, estou te mandando os detalhes", ele disse. "Somos você, eu e Parveen. Fiz um roteiro completo — trilhas, compras, jantar num pub do século xv. Você só precisa mesmo estar lá na quinta-feira."

"Pode deixar", prometi.

No meio do verão, o Reino Unido suspendeu as restrições de lockdown, e escapei da casa dos meus pais para estar com meus amigos o máximo possível — na celebração de aniversário da Yasmin em Londres, nas festas do pijama com a Hen, em dias de spa com a Alice. Era maravilhoso ver um rosto que você conhecia tão bem não mais preso a um quadradinho digital no Zoom, mas a um corpo de verdade, e andando no mundo real. Adorei ouvir outra vez suas risadas, muito mais vivas e contagiantes pessoalmente do que pelo celular. Não sou muito de abraçar, mas naquelas felizes reuniões não me contive.

Quando cheguei à cabana de pedra que Zayan alugou, ele e Parveen vieram correndo me receber. "Depressa!", ele disse. "Estávamos só te esperando para começar a sessão de cinema." Joguei a mala no quarto que seria meu pelos próximos dias e me instalei no sofá para ver um filme dos anos 90 chamado *O guarda-costas*.

"Então, você achou verossímil?", Zayan me perguntou enquanto os créditos rolavam pela tela.

"Hum, vejamos... nunca me pegaram no colo para me tirar do meio de uma multidão. Nunca me apaixonei por ninguém da força policial. Mas a cena em que o guarda-costas fica irritado porque ela quer ir às compras? Essa é bem fiel à realidade, na minha experiência."

Depois do filme, ficamos na cozinha beliscando chocolate e salgadinhos. "Devíamos fazer isso em todos os nossos recessos", Parveen disse a Zayan. "Quem sabe ir para a Região dos Lagos ou à Escócia depois do bimestre de outono?" Ambos logo voltariam à vida acadêmica — um MBA para ele, um doutorado para ela.

"E você, amiga? O que vai fazer agora?", ela perguntou.

"Queria saber também", respondi, mordendo uma cutícula. "Preciso voltar a trabalhar. Me sinto inútil presa na casa dos meus pais com as escolas todas fechadas por causa da covid. É como se eu tivesse obrigação de fazer alguma coisa sobre isso. Quero muito viajar, mas é impossível com todas as fronteiras fechadas."

"E sobre o..." Eu sabia o que viria a seguir e lancei um olhar para ela que dizia: *Para de falar agora mesmo*. Parveen sabia um pouco sobre Asser, mas Zayan era fofoqueiro demais para lidar com informações sensíveis. Pelo menos era o que eu achava na época. Mais tarde, descobri que ele sempre soube, mas dera um jeito de guardar segredo.

No dia seguinte, Zayan pôs uma reluzente capa de chuva amarela e nos levou para uma ensopada trilha pelo campo. "O clima inglês fortalece o caráter!", gritou ele, por cima do balido das ovelhas.

"Estou atolada em quinze centímetros de lama, cara", Parveen rebateu. "Por favor, me poupa das suas lições de moral."

Meu celular vibrou e tentei ler a mensagem de Asser pela minha tela molhada de chuva.

Consegui o visto!!!

Berrei de alegria e quase deixei o celular cair numa poça. Pedi que meus amigos fossem na frente enquanto eu fazia uma ligação rápida. Asser atendeu logo e me deu os detalhes: viria passar quinze dias em meados de setembro e traria a mãe, que queria ver a filha e os netos.

"Mal posso esperar para te ver", ele disse, muito animado. "Amo você, Malala! E amo você também, Escritório de Vistos de Lahore!"

Eu me dobrava de tanto rir. "Por favor, me diga que não está gritando meu nome na frente do prédio do governo", eu disse.

"Não, não, estou no carro", ele respondeu. "Me desculpe, mas é que estou muito animado."

Mais tarde, ainda naquela noite, lhe enviei uma mensagem:

Eu adoraria conhecer sua mãe. Leve-a para almoçar na casa dos meus pais.

Eu via o texto de Asser aparecer e desaparecer na tela.

Não sei. Ela tem setenta anos e não quero que ela fique esperançosa. Com minhas duas últimas namoradas, ela sempre achava que eu ia casar. Não quero que se decepcione de novo.

Conversamos por telefone depois e concordamos em administrar as expectativas dos nossos pais, deixando bem claro que seria um evento entre amigos, nada mais. Quando voltei das Cotswolds para casa, informei meus pais sobre o nosso plano. "*Não* sejam inconvenientes", falei. "Não perguntem nada sobre casamento. Não perguntem se Asser vai se mudar para o Reino Unido ou o que a mãe dele espera de uma nora. Não perguntem... nada!" Eles pareceram momentaneamente intimidados com as instruções, mas eu sabia que não podia esperar que se comportassem. Eu os lembrei das regras várias vezes nos dias que antecederam a chegada de Asser.

Ali, parada na minha garagem, Farida parecia uma estrela de cinema — cabelos castanhos com reflexos dourados, óculos de sol enormes, brilho labial. Usava um *shalwar* perfeitamente passado e saltos gatinho cinza-claros e acenava para minha família e para mim.

Minha mãe e meu pai a cumprimentaram primeiro. Então Farida me deu um abraço e agradeceu o convite. Em seguida, abracei Ambreena, a irmã dele, e apenas acenei de longe, cautelosa, para Asser. Ele riu.

Meu pai e a mãe de Asser engataram uma conversa muito animada do caminho entre a porta e a sala de estar, discutindo as últimas notícias do Paquistão. Quando meu pai saiu da sala para buscar chá, Farida sentou ao lado da minha mãe. Elas tinham apenas o inglês em comum, e nenhuma das duas era fluente, mas o interesse de ambas pela moda as ajudou a se entenderem. Por uma hora, Farida dominou a conversa, que oscilava entre política paquistanesa e dicas de compras. Felizmente, ninguém sequer olhou para Asser e para mim, calados a um canto.

Saímos para o jardim, onde meus pais tinham servido o almoço. Enquanto nos acomodávamos, meu pai se virou para Farida e perguntou: "Então, o que nos diz sobre seu filho?".

Senti o estômago embrulhar. *O que ele estava fazendo?* Aquela era para ser uma visita amigável, sem expectativas ou conversas sérias. Eu não queria que ninguém pensasse, do lado de Asser ou do meu, que aquilo significava um casamento no horizonte. A fim de ficar longe dos holofotes, assumi a tarefa de ficar traduzindo a conversa para o pastó para minha mãe.

"Eu tinha quarenta anos quando o Asser nasceu", Farida disse. "Ele é muito mais novo que as irmãs, mas eu estava tão animada para tê-lo. O parto seria em novembro, mas ele veio dois meses antes." Fiz uma anotação mental: *Asser deveria ser de Escorpião. Reavaliar a compatibilidade astrológica.*

"Assim que ele nasceu, as enfermeiras disseram: 'Esse bebê não vai sobreviver'. Não quis acreditar nisso e comecei a distribuir a caixa de doces que tinha levado ao hospital para comemorar. Ele era miudinho e fraco, e ficou dias na incubadora. Só me restava rezar por ele."

Ela olhou para Asser e disse: "Ele é muito precioso para mim".

Minha mãe enxugou as lágrimas em silêncio, e me perguntei se ela estaria se lembrando do bebê que perdera antes de eu nascer. Farida deu uma batidinha de leve na mão dela e disse: "Depois de tudo isso era para esperar pelo menos que ele se tornasse médico". Todo mundo riu, e ela me lançou uma piscadela cúmplice. Não é que eu tivesse mudado de ideia sobre casamento, mas, se eu tivesse que ter uma sogra, minha primeira escolha seria Farida.

Asser e eu aproveitamos tudo o que conseguimos em sua visita de quinze dias. Na noite seguinte à visita de Farida, fomos até Londres para o fim de semana. Comemos sushi e compramos sapatos; eu o fiz andar comigo na London Eye. Nos outros dias, assistimos a uma partida no Newbury Cricket Club, jogamos badminton no quintal com meu pai e meus irmãos e fizemos longas caminhadas nos jardins botânicos. Não puxei nenhuma conversa sobre o nosso relacionamento como tinha planejado, preferindo aproveitar sua companhia sem pensar no futuro.

Mas, duas noites antes de sua volta para Lahore, fiquei muito deprimida por ele estar indo embora, e fui incapaz de conter minha tristeza e confusão. "Quando estamos juntos, esqueço todas as minhas dúvidas sobre casamento", falei. "Fico tão feliz que quero passar o resto da vida com você. Mas é só você ir embora que eu fico fritando o cérebro."

"Quero que seja fácil pra você ficar comigo", ele disse. "Detesto te ver tão pressionada quando meu objetivo é alegrar sua vida. Queria ter os recursos para tirar um ano de folga e ficar aqui com você até a gente resolver, mas não dá."

Ele pegou minha mão e disse: "Às vezes é estressante para mim também. Meu trabalho é muito puxado, o tempo todo. Preciso tentar manter minha mãe segura numa pandemia e causar uma boa impressão aos seus pais. Achar um jeito de te convencer de que vou ser um bom parceiro. Eu não faria isso com você ou comigo mesmo se não achasse que fomos feitos um para o outro".

"Você já é um bom parceiro, Asser. As coisas estão ótimas entre nós, mas ainda tenho dúvida sobre a ideia de ser esposa."

"Ou seja, o que você quer dizer é que, se eu descobrir um jeito de reverter 5 mil anos de patriarcado e de normas sociais sobre casamento, vamos poder ficar juntos?"

Revirei os olhos.

"Por você, tento qualquer coisa", ele disse.

35.

Asser não precisava abrir um debate internacional sobre casamento. Quem fez isso fui eu, sozinha.

Em janeiro de 2021, a *British Vogue* veio me perguntar se eu poderia participar de uma sessão de fotos e dar uma entrevista para a edição de julho. Eu nunca tinha saído numa capa de revista de moda e não entendia por que queriam pôr uma pessoa com um metro e meio de altura, que nem conseguia sorrir direito. Mas minha equipe achava que a entrevista era uma oportunidade de eu "me reapresentar ao mundo", o que chamou a minha atenção.

Depois que Asser foi embora em setembro, o governo britânico decretou novas ordens de lockdown. Voltei a ficar presa em casa, proibida de viajar ou de ver amigos, e me perguntando por que a vida parecia andar para trás. Aos onze anos, eu estava na TV, contando ao mundo como era a vida no regime do Talibã. Aos quinze, já exercia tanta influência que os extremistas tentaram me matar. Aos dezessete, ganhei o Nobel da Paz. Agora era uma adulta morando com os pais.

Mesmo ainda trabalhando o máximo que podia, às vezes

era como se eu estivesse me afastando do meu objetivo na vida — ajudar meninas às quais foi negado o direito à educação. No mundo inteiro, escolas foram fechadas por causa da covid, e talvez milhões de estudantes, a maioria meninas, nunca mais retornassem às salas de aula. Algumas já estariam casadas, outras teriam passado da idade escolar. Outras venderiam coisas na rua ou trabalhariam em fábricas para tentar sustentar a família.

A escola em Shangla distribuiu tablets para que todas as alunas participassem das aulas online e continuassem os estudos durante a quarentena. Isso se transformou em um grande problema para muitos dos pais, pois dar às meninas acesso à tecnologia era contra as normas sociais. Eles queriam ter controle e vigilância absolutos sobre a vida das filhas, e com a internet isso era impossível. O diretor e os administradores da escola foram firmes, argumentando que as estudantes tinham que frequentar as aulas remotas e fazer os deveres de casa durante a pandemia. Mesmo assim, não era a opção perfeita. Quase nenhuma família tinha acesso à internet, e o serviço de celular era instável demais para que elas conseguissem se conectar. Minha esperança era de que as meninas não desistissem e tentassem continuar aprendendo em casa do jeito que fosse possível.

Eu queria sair pelo mundo em defesa das mulheres jovens. De noite, ficava acordada pensando em como provar que era digna dessa vocação. Talvez a *British Vogue* não fosse o veículo perfeito para minha mensagem, mas sem dúvida tinha grande visibilidade e era um megafone a ser usado para lembrar às pessoas o que estava em jogo para milhões de garotas.

No começo de abril, viajei a Londres para a sessão de fotos e a entrevista. O primeiro dia foi de provas, para garantir que as roupas ficassem perfeitamente ajustadas ao meu corpo. Na manhã seguinte, acordei às seis em ponto para chegar a tempo no estúdio. Pelas dez horas seguintes, a equipe de produção fez minhas sobrancelhas, ondulou meu cabelo, pintou minhas unhas, me fez experimentar várias roupas, me disse onde ficar e o que fazer com as mãos enquanto a câmera do fotógrafo disparava. No meio da sessão, a maquiadora sugeriu que tentássemos um batom vermelho vivo. Era muito mais dramático do que o meu protetor labial de costume, mas eu estava com vontade de experimentar algo novo, então disse: "Vamos nessa!". De volta ao hotel naquela noite, simplesmente desabei na cama. Todos da equipe me trataram tão bem, mas era estranhamente cansativo passar o dia inteiro sendo fotografada.

Acordei de manhã, tomei o café da manhã no quarto e desci ao saguão do hotel para encontrar Sirin Kale, a jornalista que ia escrever a matéria. Como era a capa, achei que fosse encontrar uma jornalista de meia-idade, com respeitáveis fios grisalhos, usando um terninho social. Mas Sirin era só um pouco mais velha que eu; tinha piercing no nariz, cabelos escuros ondulados até a cintura e um impressionante delineado preto de gatinho.

Saímos do hotel para uma caminhada em St. James Park enquanto conversávamos à vontade sobre Oxford e minha vida de estudante. Ela quis saber da minha viagem ao Paquistão e eu contei como era respirar de novo o ar do meu país. Falamos de ativismo online e de como a indignação muitas vezes impede que haja mudanças reais.

Ela perguntou o que eu ia fazer da vida agora que tinha terminado a faculdade. Respondi que esse era um problema que tirava meu sono e meu maior medo era falhar com as meninas como eu um dia fui — garotas cheias de sonhos, mas que vivem à mercê de uma sociedade patriarcal que não as valoriza. Milhões delas veem os irmãos irem para a escola de manhã, e ficam em casa cozinhando e limpando. Falei de conhecidas minhas que casaram com homens muito mais velhos e daquelas que viviam em campos de refugiados e sentiam seus sonhos e suas esperanças desaparecerem um pouco por dia. "Dou muita importância ao meu trabalho e me preocupo com o tempo que vamos levar para atingir os objetivos que estabelecemos", declarei.

Sirin era tão cativante que acabei esquecendo que aquilo era uma entrevista para uma revista e não um encontro com uma amiga para pôr os assuntos em dia. Voltei à realidade quando ela me perguntou se eu tinha conhecido alguém, romanticamente, em Oxford. *Como é que ela sabe?*, pensei.

Essa pergunta inesperadamente pessoal me fez arregalar os olhos. Se dissesse que não, era mentira. Se dissesse que sim, ia provocar uma controvérsia. Acabei murmurando sobre minha esperança de encontrar alguém que me entendesse e me respeitasse, algo do tipo. Sirin percebeu o desconforto e, para seu grande mérito, mudou de assunto depressa. Mas passei o resto da entrevista tentando reformular a resposta na minha cabeça. Tive medo de que Asser lesse e achasse que ele não existia, que eu o excluía da minha história pessoal.

O meio de uma entrevista não é o melhor momento para mergulhar num debate existencial sobre casamento — mas foi o que fiz. Os livros que Sofia e eu líamos, a conversa com a minha mãe e as listas de prós e contras no meu diário giravam na minha cabeça enquanto eu respondia a outras perguntas. Quando ficou claro que Sirin ia encerrar a conversa, quis tentar reafirmar minhas opiniões sobre o amor. Disse que vi amigas da faculdade levarem mais a sério seus relacionamentos depois da formatura e começarem a namorar. O que eu não entendia, expliquei, era como confiar em alguém a ponto de assumir um compromisso desse tipo. Mesmo que a outra pessoa fosse maravilhosa, como ter certeza?

Com uma risada nervosa, falei sem pensar: "Ainda não entendo a necessidade das pessoas de se casar. Se você quer ter alguém na sua vida, por que precisa assinar papéis de casamento?

Por que não pode ser apenas uma parceria?". Não era para ser uma declaração sobre a instituição do casamento ou um estímulo para agir — estava apenas desabafando frustrações pessoais em uma conversa com uma simpática desconhecida. Sirin sorriu e assentiu como se soubesse exatamente o que eu queria dizer.

Enquanto tirávamos uma selfie e nos despedíamos, pensei comigo que tinha dado tudo certo. Entrei no carro para a longa viagem de volta a Birmingham, feliz por ter concordado com a reportagem de capa e aliviada por ter terminado.

Quando a edição da *British Vogue* britânica saiu e as fotos foram publicadas online, tomei um tempo para respirar antes de olhá-las. Já posei para centenas de retratos profissionais na vida e, muitas vezes, ao ver o resultado, é como se uma estranha estivesse me olhando. Ela pode estar vestindo calças de paraquedas lavanda que eu jamais usaria na vida real, escolha de um estilista excessivamente ambicioso. Ou seu rosto estaria suspeitamente impecável, com as imperfeições que vejo no espelho photoshopadas. Mas adorei a mulher diante do mundo da capa da *British Vogue*, de lenço vermelho na cabeça e batom combinando.

Em questão de minutos, meu celular começou a vibrar e não parou mais. Amigos enviaram mensagens alvoroçadas, quase incoerentes, com muitos emojis. Meus pais se juntaram em volta do iPad, meu pai lendo a entrevista enquanto minha mãe examinava as fotos. "Você ficou com as joias? Onde estão?", ela perguntou, meio decepcionada ao descobrir que tudo tinha voltado para os designers depois da sessão.

Fui para o quarto ler a entrevista em paz e vasculhei o texto em busca de alguma coisa que pudesse provocar controvérsia. A reportagem revelou que eu jogava pôquer e ia a pubs na faculdade, mas fez questão de ressaltar que não bebo nada alcoólico.

Imaginei que provavelmente ouviria sermões de paquistaneses devotos, mas nada muito grave. Sirin fez um ótimo trabalho com a matéria, e gostei muito de constatar que o meu trabalho em prol da educação de meninas fosse o coração do artigo.

Asser ligou para dizer que eu estava deslumbrante e que achou a entrevista ótima. Se ficou incomodado com meu tropeço na pergunta sobre a existência de um parceiro romântico, ele nada disse. Eu ia compartilhar um story no Instagram e vi que meu pai já havia postado uma crítica entusiástica em sua conta do Twitter. Naquela noite, li comentários elogiosos de gente do mundo inteiro que se identificava com as palavras e as fotos.

Quando acordei na manhã seguinte, porém, ninguém estava comemorando. A hashtag #ShameOnMalala, que vergonha, Malala, estava em alta no Paquistão, pois as pessoas decidiram que meus comentários sobre casamento eram "imorais", "anti-islâmicos" e um "ataque aos alicerces da sociedade". Diziam que eu estava incentivando o adultério, e se apegaram à palavra "parceria", como se a igualdade entre homens e mulheres fosse antinatural e profana. Milhares e milhares de tuítes me chamavam de ateia, prostituta, agente estrangeira empenhada em destruir o país — tudo, menos o que eu era: uma jovem de 23 anos indagando sobre amor e relacionamentos.

Os ataques iam desde a minha aparência — "feia demais para arranjar marido, de qualquer forma" — a comentários dizendo que eu deveria ser estuprada, queimada ou estrangulada. Um homem comentou que a "má pontaria" do Talibã era uma vergonha para o país inteiro. Um meme viral mostrava dois cachorros fazendo sexo, com meu nome identificando a cadela. Percorri páginas e páginas de respostas com uma única palavra: *vadia*.

Queriam que eu sentisse vergonha, mas só sentia raiva. Parecia um ataque coordenado — como se estivessem me interpretando mal com a intenção de causar escândalo. E, ao mesmo tempo que me destruíam, estavam mandando uma mensagem para cada jovem paquistanesa: casamento não é escolha, é obrigação.

Durante vários dias, a histeria parecia ter aumentado a cada vez que eu olhava o celular. Uma coalizão de escolas independentes anunciou que seus alunos usariam braçadeiras pretas no meu aniversário. Legisladores de Khyber Pakhtunkhwa, minha província natal, debateram uma resolução contra mim e exigiram uma investigação governamental sobre a entrevista. Pediram explicações a meu pai, como se eu fosse incapaz de me defender. Um clérigo fez um sermão ameaçando cometer um ataque suicida quando eu voltasse a pisar no solo do país.

Vi muitas versões da ideia "Ela deveria ser uma ativista da educação, não ficar opinando sobre casamento". Mas que sentido havia pôr as meninas na escola se não era para se tornarem mulheres capazes de decidir o próprio futuro? Essas pessoas, algumas das quais se diziam feministas ou liberais, revelavam os limites de seu compromisso com os direitos das mulheres: ir à escola, sim, mas escolher marido, não. Fazer faculdade, tudo bem, mas depois você vai ter filhos, não uma carreira. Pode usar sua voz, desde que não critique o sistema.

Meus pais foram assediados por ligações e mensagens. Nossos parentes faziam relatos alarmantes sobre os danos, o que diziam os vizinhos, cada meme bobo ou cada mensagem de WhatsApp imbecil que recebiam. "Por que Malala rejeita o casamento? Isso é contra a nossa religião!", exclamavam. Um imã de Shangla telefonou para dar um sermão nos meus pais que durou mais de uma hora.

Meu pai me pressionou a fazer uma declaração para esclarecer meus comentários. "Nossa reputação está sendo prejudicada. Você precisa fazer isso já, antes que piore", ele disse.

Tive vontade de rir. Piorar como? "Se eu ceder hoje", respondi, "o que as pessoas vão querer que eu explique amanhã? Toda vez que eu me pronunciar, vão vir com suas anotações." E ele foi o primeiro a compartilhar a entrevista, ressaltei. Estava explodindo de orgulho, até a reação negativa começar.

Durante anos, quando perguntavam a ele que criação tinha me dado, meu pai respondia: "Não perguntem o que fiz. Perguntem o que não fiz. Não cortei suas asas". Sempre falava como se eu fosse um pássaro, mas às vezes eu me sentia mais uma pipa — voando alto quando era bom para ele, puxada para baixo por uma linha quando não era.

Nesse meio-tempo, minha mãe andava pela casa aos prantos, como se tivesse sido fisicamente ferida. Quando finalmente voltou a falar comigo, foi com uma raiva que beirava o desprezo: "Como pôde fazer uma coisa dessas, Malala? Queria que você nunca tivesse aberto a boca".

Eu sabia que era melhor não responder, por isso fui para o quarto e mandei uma mensagem para Asser.

Meus pais estão recebendo ligações de parentes dizendo que sou "anti-islã".

Minha mãe não para de chorar.

Por favor, diga para ela não ficar triste.

É só a "indignação da semana" no Paquistão. De verdade, não é tão sério.

Tenho 23 anos. Por que deveria ter todas as respostas?
Deveria ter o direito de ficar confusa.

Posso falar com eles?
Ajudaria?

Você é quem sabe.

Ele ligou e eu desci as escadas com o celular no viva-voz. "É o Asser. Ele quer falar com vocês." Meus pais pareciam arrasados. "Ele está chateado?", meu pai perguntou.

"Pergunte você mesmo", respondi, estendendo o aparelho para ele.

"Não, claro que não. Não estou chateado", Asser respondeu calmamente. "Não há nada de errado com a entrevista ou com uma discussão aberta sobre casamento."

"E sua família?", minha mãe perguntou. "Sua mãe deve estar decepcionada."

"Minha família está ótima! Minha mãe adorou as fotos. O único comentário dela foi que Malala está linda. Por favor, nem pensem nisso."

Asser fez uma pausa e prosseguiu: "Acho que a reação nas redes sociais está fazendo isso parecer maior do que é, ainda mais quando se está longe. As pessoas que estão insistindo no assunto — os trolls, os políticos, os radicais — estão só aproveitando um pretexto para falar de si mesmas. Não representam todo mundo no Paquistão. Mas, mesmo que o planeta inteiro dissesse essas bobagens, Malala não está sozinha. Vou sempre apoiá-la".

Eles conversaram mais alguns minutos e vi meus pais relaxarem. Com a garantia de Asser, eles pararam de me repreender e de insistir para que eu desse uma declaração. Pude voltar a andar pela casa sem me sentir um monstro.

No começo da noite, liguei para Alice, minha amiga do ensino médio. "Vamos jantar", propus. "Preciso de uma mudança de ares e quero ir a algum lugar bem caro." Reservamos uma mesa num dos melhores restaurantes de Birmingham e pedimos tudo que nos pareceu apetitoso, sem restrições. Alice me distraiu com histórias bem malucas sobre seu trabalho de paramédica. Quando cheguei em casa, já me sentia eu mesma novamente. Mas a noite fora com minha amiga só reforçou a vontade de ir para longe, de estar com a pessoa que eu mais queria ver.

Esperei até as três da madrugada, quando já era de manhã em Lahore, para enviar a mensagem.

Vamos viajar juntos, só nós dois, e conversar sobre tudo.

É só me dizer onde e saio agora mesmo. Quando abraçar você de novo, nunca mais vou te soltar.

36.

Minha infância fez com que eu me sentisse muito mais velha do que era, obrigando-me a lidar com a violência e a dor física, a sustentar financeiramente minha família e a ficar sob os holofotes de um jeito que nunca quis. Já a faculdade me deu a sensação de que eu ainda tinha muito tempo para crescer, e que deveria aproveitar o fato de ser jovem e livre. Durante a pandemia, reaprendi que o tempo é finito. Os dias que desperdicei dormindo até tarde passaram do mesmo jeito; não havia como recuperá-los. Ficar ruminando sobre casamento nas páginas da *British Vogue* não me daria mais dois anos para saber se meus sentimentos iam mudar. Se quisesse que minha vida avançasse, precisava tomar decisões adultas, a começar pelo meu relacionamento.

Devido às restrições de viagem relacionadas à covid em julho de 2021, Asser não pôde vir ao Reino Unido, nem eu pude ir ao Paquistão. Os Estados Unidos nos permitiram visitar o país, por isso marcamos nosso encontro lá, no fim do mês. No avião partindo de Londres, anotei no meu caderno todas as dúvidas sobre relacionamento que ainda restavam. Eu disse a Asser que também pensasse em tudo que queria perguntar. Aquilo não seria mais um tutorial de filosofia que valorizava a profundidade da investigação em vez das conclusões. Eu estava decidida a voltar para casa com uma resposta sobre o nosso futuro, fosse qual fosse.

O voo de Asser de Lahore para Nova York pousou bem antes do meu. Ele passou grande parte do dia sentado perto das esteiras de retirada de bagagem, comendo donuts e observando as pessoas que reencontravam entes queridos. Sua última visita tinha sido nove meses antes e, quando o vi, minhas pernas tremeram e quase chorei. Ele me abraçou e eu apoiei a cabeça em seu peito. Não ouvi quando a esteira começou a funcionar, nem as pessoas gritando ao nosso redor, apenas o bater do seu coração, firme como um relógio.

Depois de pegarmos nosso carro, partimos para um resort em Lake Placid, Nova York. A viagem de cinco horas era a oportunidade perfeita para começar a conversa, mas tudo que eu queria era olhar para Asser e segurar sua mão. A maior parte do tempo nos entretemos tentando pronunciar nomes de cidades como "Poughkeepsie" e "Schroeppel" com terríveis sotaques nova-iorquinos.

Enfiado entre montanhas arborizadas e um lago cintilante, o resort era aconchegante e tranquilo. Parecia um bom lugar para pensar no futuro. Na recepção, Asser nos inscreveu em algumas atividades — ioga, aulas de tênis e um espetáculo de falcoaria apresentado por um especialista local em pássaros. Pegou também um mapa de trilhas. "Não se preocupe", ele disse, "se precisarmos de mais tempo para conversar, cancelamos o que você quiser. Sei que a gente está aqui por um motivo sério, mas não custa tentar ter alguma diversão também." Normalmente sou do tipo que prefere não fazer nada durante as férias, e ioga não me parecia nem um pouco "divertido". Mas, fosse porque estava quase enlouquecendo trancada na casa dos meus pais havia mais de um ano, fosse porque estava muito feliz em vê-lo, sorri e disse: "Por mim está ótimo!".

Choveu do nascer ao pôr do sol no primeiro dia. Eu devia ter visto nisso um sinal, o universo descartando nossos planos de atividades ao ar livre e fazendo com que a gente sentasse para resolver nossos problemas. Em vez disso, desafiei Asser para uma partida de pôquer e ganhei três mãos seguidas. Depois jogamos pingue-pongue numa varanda coberta. Justamente quando comecei a achar que estava pegando o jeito, Asser disse: "Vamos procurar um lugarzinho para sentar e conversar?".

"Ah, ainda não. Podemos assistir a um filme? Pode escolher", respondi.

"Como quiser."

Ele escolheu *Zoolander*, uma comédia sobre modelos masculinos involuntariamente envolvidos num complô internacional de assassinato. Nunca tinha visto esse filme nem ouvido falar nele, lançado em 2001, quando eu tinha quatro anos. Asser passou a maior parte do tempo me vendo quase cair do sofá de tanto rir. Enquanto os créditos rolavam, perguntei como sabia que eu ia adorar.

"Eu não sabia, mas esperava que gostasse. Só queria te ver rir", ele disse.

Isso era melhor do que qualquer coisa que eu possa ter sonhado quando me imaginava fugindo com ele na faculdade. Asser tinha um entusiasmo contagiante para experimentar coisas novas, e, nos dois dias seguintes, eu já acordava animada com nossa próxima aventura. Vimos o falcoeiro fazer falcões e águias voarem sobre a água e pousarem novamente no seu braço. Fizemos uma trilha nas montanhas Adirondack; eu ia atrás de Asser pelo caminho estreito, passando a mão por troncos de árvore, folhas e afloramentos rochosos, lembrando de trilhas parecidas nos arredores de Mingora. No mirante, a sensação era de estarmos dentro de um quadro, com tons de verde, azul e roxo por toda parte. No fim do dia, nos deitávamos numa manta na grama para ver o pôr do sol sobre a água e as estrelas aparecerem.

Ao acordar no quarto dia, senti o pesado fardo do tempo. Em pouco mais de 24 horas, estaríamos de volta ao aeroporto. Mas ainda precisávamos conversar, e sugeri um plano infalível. "A gente pega uma canoa e um lanche e vai remar no lago. Só voltamos para a costa quando tivermos uma resposta sobre o futuro. E, aconteça o que acontecer, continuaremos amigos." Asser concordou e foi atrás de um barco.

Depois de uma hora na água, mais ou menos, recolhemos os remos para descansar. Abri uma coca-cola e Asser desembrulhou um sanduíche. Rajadas de vento sopravam sobre o lago e ficamos à deriva enquanto comíamos.

"Pronta para conversar?", ele perguntou quando terminamos de comer.

"Asser..."

"O quê?"

"Onde está o hotel?"

Giramos em todas as direções e só víamos água e árvores — nem sinal do resort, de nadadores ou de outros barcos. A costa era um banco de imensas rochas negras. Estávamos perdidos num lago que se estendia por quilômetros sem fim.

Asser percebeu um lampejo de pânico em meus olhos. "Aguenta firme", ele disse. "A gente consegue sair dessa. Se escolhermos uma direção e remarmos, vamos acabar vendo alguma coisa, certo?"

Seguimos na direção do vento. Uns quinze minutos depois, vimos um píer desgastado que se projetava na água. Remamos com toda a força que tínhamos e nos agarramos às estacas cheias de farpas.

Assim que conseguimos recuperar o fôlego, três cães enormes avançaram pela ponte de tábuas, latindo furiosamente. Nos anos seguintes, aprendi a amar cachorros, mas, naquela época, eles me aterrorizavam. Tive que tomar uma decisão rápida: ser comida viva por eles ou morrer na água. Larguei a estaca.

"Não, Malala, não!", Asser gritou, ainda segurando a estaca enquanto a proa se afastava.

"Desculpa!", uma mulher exclamou, aparecendo correndo atrás dos cães. "Precisam de ajuda?" Explicamos o que aconteceu, e ela nos disse que o vento sempre era mais forte à tarde. "É fácil se perder. Isso acontece toda hora. Eles vão passar de lancha mais tarde e pegam a canoa." Ela conteve os cachorros, ajudou a amarrar a canoa e nos levou de volta de carro ao hotel. "Preciso de um cochilo", eu disse ao entrar.

De noite, eu estava sentada sozinha do lado de fora, vendo o pôr do sol e me perguntando se não teria sido um erro estabelecer um prazo artificial para decidir o nosso futuro. A intenção era acertada — não era bom para nenhum de nós continuar sofrendo por causa disso. Mas alguma coisa me impedia de ter a tal conversa. *Talvez seja apenas felicidade*, pensei. *Não quero quebrar o feitiço no pouco tempo que passamos juntos.*

E talvez eu já tivesse as respostas. Asser me fazia mais feliz do que qualquer outra pessoa. Se estivesse para baixo, ele me animava. Era paciente e respeitoso com meus pais. Ambicioso, mas sem se levar muito a sério. E absurdamente atraente; depois de três anos, eu ainda ficava tonta quando ele sorria para mim. Acima de tudo, eu amava seu jeito doce e gentil. Quando disse que nunca me magoaria de propósito, acreditei.

Já sobre casamento, eu não tinha opinião formada. Em algum momento, as decisões pessoais sobre nosso futuro se misturaram com a história e a prática patriarcais do matrimônio. Não era essa a questão quando pensei em passar minha vida com o Asser. Eu só queria ter certeza de que estaria segura ao seu lado.

De manhã, fizemos as malas, comemos panquecas e fomos até o lago. Pus os pés na areia e fiquei olhando a água passando por meus dedos. Asser sentou ao meu lado. Tínhamos vinte minutos até o táxi que nos levaria para o aeroporto chegar.

Respirei fundo e olhei para ele. "Ok, acho que estou pronta."

"Para conversar? Você deixou mesmo para o último minuto", ele respondeu, rindo e balançando a cabeça. "Tudo bem, vamos..."

Levantei a mão para interrompê-lo. "Asser, estou pronta para casar com você."

37.

Duas semanas depois, Asser, a irmã, Ambreena, e o cunhado dele, Atif, vieram a Birmingham para o *haan*, a visita formal em que o pai do noivo, representando o filho, pede ao pai da noiva a mão da sua filha. Eu não era muito fã dessa tradição, mas achava importante que as duas famílias soubessem que nossas intenções eram sérias. Os rituais formais servem para legitimar "casamentos por amor", ainda raros e malvistos em grande parte do Paquistão.

Suspeitei que minha mãe ia ficar chateada ou brava com o noivado, já que ela não demonstrava sinais de desistir da ideia de que eu me casasse com um pastó. Quando imaginava a situação, via meu pai tentando acalmá-la e buscando um meio-termo. "Case com o Asser, se é isso que quer", eu o imaginava dizendo. "Mas espere um ou dois anos." No entanto, eu já tinha feito minha escolha e estava pronta para seguir em frente com a minha vida. Talvez tenha sido imatura ao decidir que, com meus pais, era melhor arrancar o band-aid de vez do que prepará-los aos poucos para o que viria. Portanto, mencionei de forma casual que Asser e a irmã iam nos fazer uma visita, sem revelar o verdadeiro objetivo.

Assim que a família de Asser chegou e meu pai viu Atif, ele entendeu imediatamente do que se tratava e me olhou com os olhos arregalados. Conduziu as visitas para a sala de estar e conversou amenidades em urdu e inglês, enquanto minha mãe, sentada no sofá, parecia confusa e cada vez mais agitada, incapaz de seguir a conversa. Então Atif, fazendo as vezes do pai de Asser, se virou para o meu pai e disse: "Temos muita sorte de ter conhecido a Malala. Ela e Asser são muito felizes juntos, e gostaríamos de formalizar o nosso pedido".

Meu pai olhou para o próprio colo. Por alguns segundos frenéticos, fiquei sem saber como ele reagiria. Meu pai voltou a olhar para cima com lágrimas nos olhos e ergueu as sobrancelhas na minha direção. Eu assenti. "Fico feliz por eles", respondeu, dando um forte abraço em Atif. Ambreena me deu uma pulseira de ouro, um presente de noivado tradicional.

"O que é isto?", minha mãe perguntou rispidamente em pastó.

"Tudo bem, mãe, tudo bem", respondi, dando tapinhas no ar, o gesto universal de *calma, por favor.*

Ela se levantou e puxou meu pai pelo cotovelo. "Você acabou de entregá-la? O que você fez? Está aí chorando e os abraçando, dando parabéns para todo mundo, dizendo 'Levem! Ela é sua!'"

Asser e a família não entenderam suas palavras, mas ouviram o pânico crescente em sua voz. Envergonhada, senti a garganta fechando e a encarei com olhos suplicantes. Então meu pai pegou a mão dela e, com a voz mais suave do mundo, disse: "Toor Pekai, sou apenas o mensageiro. A própria Malala é que se entregou".

Antes de começar a planejar o casamento, eu precisava passar pela última intervenção do tratamento da paralisia facial — a cirurgia de "redução tumoral", de nome tão desagradável. A dra. Headlock faria outro corte no meu rosto e na bochecha, para remodelar o músculo e o tecido que tinha implantado dois anos antes. Isso corrigiria o inchaço no meu lado esquerdo, o que me permitiria, enfim, ver o novo nervo em ação no meu sorriso. Era um alívio concluir o trabalho de reconstrução do meu rosto; com sorte, seria meu último verão de visitas ao hospital.

Por causa das restrições da covid, eu só poderia levar um acompanhante na viagem a Boston. Meu pai era a escolha mais óbvia, já que falava inglês. Embarcamos no avião no começo de agosto, e, mesmo sem dizer em voz alta, acho que estávamos aliviados de poder escapar da ira latente da minha mãe contra o noivado.

No dia anterior à cirurgia, nós nos acomodamos num sofá no meu quarto de hotel para uma teleconferência com os parceiros do Fundo Malala no Afeganistão. Na chamada estavam advogados, jornalistas e educadores que usavam suas diferentes experiências e formações para ajudar mais meninas afegãs a terem acesso à educação. Havia especialistas em tecnologia desenvolvendo aulas digitais e distribuindo tablets para aquelas que não tinham como assistir às aulas presencialmente; pesquisadores estudando os problemas que levavam às altas taxas de evasão escolar. Outros atuavam como o equivalente afegão de assistentes sociais, defendendo a causa em níveis individual e comunitário, convencendo pais e líderes religiosos da importância da instrução para todas as crianças.

Meu pai e eu temíamos pela segurança deles. Desde que os Estados Unidos começaram a retirar seus militares do Afeganistão naquela primavera, havia tiroteios quase diários entre o Talibã e o Exército afegão. De início, os conflitos se limitavam às cidades de fronteira, mas os insurgentes pareciam ganhar força, lançando ataques em 26 das 34 províncias.

O Fundo Malala atuava em oito países, e, apesar de eu me importar com todos eles, o Afeganistão ocupava um lugar especial no meu coração. Os antepassados da minha família vieram de Kandahar, e pastós como nós são o grupo étnico predominante no país. Quando morávamos em Mingora, meu pai atravessava a fronteira, o que dava oito minutos de carro de algumas partes da nossa província, para participar de festivais de poesia. Por meio do Fundo Malala, tínhamos investido milhões de dólares em iniciativas educativas para meninas no Afeganistão. Meu medo agora era que o resultado de todo esse trabalho desaparecesse caso o Talibã tomasse o poder.

Os ativistas afegãos que participavam da conferência também estavam preocupados, mas a maioria parecia decidida a permanecer no país. Como as principais cidades — Herat, Maraz, Kandahar, Kunduz e Cabul — ainda estavam sob controle do governo, eles acreditavam no êxito do Exército afegão. Rezávamos para que isso acontecesse logo, antes que mais civis morressem. Ao nos despedirmos, meu pai pediu que não deixassem de dar notícias. "Nem precisa olhar para o relógio", acrescentou. "Se precisarem de ajuda no meio da noite, liguem."

Se nossos parceiros afegãos tivessem qualquer tipo de contato com combatentes do Talibã, o risco que corriam seria ainda maior se encontrassem provas de sua relação comigo. Ainda naquela noite, a equipe do Fundo Malala apagou seus nomes e fotos do nosso site, e eu removi qualquer referência a eles das minhas redes sociais.

Antes de ir para a cama, peguei o laptop e abri meus antigos arquivos da faculdade. Procurei nas anotações do curso de segurança internacional e conflitos uma lei, um tratado ou um botão de pânico de emergência que pudesse ser acionado para impedir a tomada de um país por extremistas violentos. Não encontrar nada disso me levou de volta à infância em Mingora, quando nossa cidade foi invadida pelo Talibã e eu me perguntava por que não aparecia ninguém para nos salvar. Imaginei os piores cenários, cada vez mais plausíveis quanto mais tempo acordada eu ficava. *Só vai piorar*, pensei. *Se o Talibã vencer, as pessoas do mundo inteiro podem até ficar chocadas, mas não têm ideia da barbárie que virá junto com essa vitória.*

Na manhã seguinte, às cinco, fomos de carro para o hospital. As enfermeiras fizeram os checklists pré-operatórios, aplicaram injeções e tentaram me acomodar da melhor maneira. A dra. Headlock entrou e riscou meu rosto com um marcador, delineando os pontos em que ia trabalhar. Mantive o celular comigo o máximo que pude, checando as últimas notícias do conflito. Enquanto recebia a anestesia, não pensava em cirurgia nenhuma; o que consumia a minha mente era a preocupação com o Afeganistão. Ao entrar na sala de cirurgia, o Talibã controlava quatro capitais de província; quando acordei na sala de recuperação, poucas horas depois, controlavam seis.

Grupos afegãos de direitos humanos informam que o Talibã abordava os imãs locais depois de assumir o controle de uma cidade ou de um vilarejo e os mandava preparar uma lista de todas as mulheres solteiras entre catorze e 45 anos. Pais começaram a arranjar casamentos às pressas para meninas de apenas dez anos, porque era melhor um primo ou amigo da família do que um membro do Talibã.

Deitada na cama do hospital, vi o vídeo de uma ativista que apoiávamos falando com um canal britânico de sua casa em Kandahar. Assim como eu, tinha 24 anos e era solteira. "O que vai fazer se baterem à sua porta?", a jornalista perguntou. "Rezar", respondeu ela. Pus o celular de lado e estremeci.

No dia seguinte, forças afegãs em Kunduz se renderam ao Talibã. Herat, Kandahar e Maraz caíram em seguida, e o caos se instalou. Combatentes do Talibã invadiram o escritório de um parceiro do Fundo Malala que treinava professores, levando laptops e listas de funcionários. Contatos nossos em províncias rurais fugiram para o Irã, o Uzbequistão e o Paquistão. Quem estava nas cidades ficou preso, pois o Talibã montou postos de controle nas principais rodovias. Nossas equipes nos Estados Unidos e no Reino Unido começaram a tomar providências para que todos fossem conduzidos a abrigos seguros e a trabalhar em planos de evacuação. Até poucos dias antes, nossos parceiros planejavam ficar no país — agora precisávamos tirá-los de lá às pressas.

Voltei para o hotel onde ficaria durante a semana seguinte até que os médicos removessem os pontos e me dessem alta para voar de volta para casa. Meu pai, com seus contatos paquistaneses em todas as cidades do mundo, já tinha abastecido a geladeira do quarto com potes de *korma* de cordeiro caseiro e sopa *dowdo*. "Meus amigos trouxeram esta comida, Malala", ele disse. "Venha comer. Vou preparar seu prato."

Eu não conseguia nem pensar em comida; só queria ficar deitada na cama lendo as últimas notícias no celular. Mas eu sempre conseguia decifrar a expressão do meu pai e sabia que ele também estava se sentindo impotente e assustado, exausto de se preocupar com a minha cirurgia e de passar a noite acordado com o celular ao lado, caso alguém ligasse do Afeganistão. "Só sopa, por favor", respondi. Ele sorriu e relaxou um pouco enquanto mexia no micro-ondas do quarto e arrumava a mesinha de chá com um guardanapo, uma colher e um copo de água.

Em resposta à ofensiva talibã, os Estados Unidos apressaram os planos de retirada, evacuando não apenas os militares, mas também funcionários da embaixada que processavam vistos para tradutores, motoristas e outros aliados afegãos — todos em risco, todos em desespero para deixar o país. O Exército afegão já estava quase sem munição e vontade de lutar. Naquela noite, fui dormir e rezei, dizendo os nomes de cada homem, mulher e criança afegãos que eu conhecia, implorando que recebessem a proteção de Deus.

No dia seguinte, o Talibã já controlava todas as passagens de entrada e saída da fronteira terrestre do país. Milhares de pessoas se amontoaram na pista do aeroporto de Cabul, implorando para serem evacuadas. Um vídeo mostrava um adolescente agarrado à asa de um avião militar americano durante a decolagem. Quando a aeronave ganhou altitude, ele não conseguiu mais se segurar e caiu para a morte. A câmera capturou a queda, de volta para a cidade de onde ele tentava fugir. Eu sofri violência na minha vida, mas nunca tinha visto ninguém morrer. Meu pai se pôs a rezar, com a voz trêmula; mas o choque me deixou muda e enjoada.

A cada dia, as rotas para retirar os parceiros afegãos do Fundo Malala se estreitavam. Precisávamos primeiro achar um país disposto a dispensar os requisitos de visto de entrada e, depois, conseguir lugares num dos raros aviões de evacuação. Com milhões de pessoas tentando sair pelo único aeroporto em operação, precisávamos de um milagre.

Solicitei ligações e enviei e-mails urgentes para presidentes e primeiros-ministros de vários países pedindo ajuda, e, enquanto aguardava respostas, passava a língua nervosamente pelos pontos dentro da bochecha. Durante anos, sorri para fotos com esses líderes, apertei a mão de cada um e me coloquei ao lado deles em palanques — mas naquele momento nenhum atendeu o telefone ou respondeu às mensagens. Para os homens que governavam o mundo, eu não passava de marketing de campanha política, não sendo merecedora nem do seu tempo nem da sua atenção, mesmo quando mais precisava.

Já as mulheres responderam imediatamente, atendendo as ligações e botando a mão na massa assim que desligávamos. A primeira-ministra norueguesa Erna Solberg, a ex-secretária de

Estado dos Estados Unidos Hillary Clinton e suas equipes ajudaram nossos parceiros afegãos a conseguir lugar nos aviões que saíam de Cabul. Lolwah Al-Khater, ministra adjunta das Relações Exteriores do Catar, permitiu que afegãos entrassem no país sem documentação, até sem passaporte em alguns casos, e providenciou alojamentos até conseguirmos resolver os planos de realocação. Lisa Cheskes e Elizabeth Snow, gerentes de reassentamento do governo canadense, nos guiaram no processo de obtenção de vistos de refugiados. Posso até não concordar pessoalmente com todas as opiniões dessas mulheres ou com decisões que tomaram como líderes — mas serei eternamente grata a elas por terem ajudado a salvar tantas vidas. Com seu apoio, o Fundo Malala ajudou 263 pessoas a saírem do Afeganistão.

Durante toda a semana, jornalistas pediram entrevistas. Recusei, pois torcia para que a situação se revertesse, não querendo conjecturar sobre o que o Talibã infligiria ao país no meio da luta. Mas, quando Cabul caiu, entendemos que estava tudo acabado. "Colapso total no Afeganistão", diziam as manchetes. Tirei a faixa cirúrgica que envolvia minha cabeça e apareci na TV direto do quarto do hotel.

Christiane Amanpour, da CNN, citou promessas do Talibã, vagas declarações garantindo que não haveria "nenhuma discriminação contra mulheres dentro da estrutura da lei islâmica". "Isso te dá alguma esperança?", ela perguntou.

Eis o que eu queria dizer: *Se parassem de subjugar mulheres e proibir meninas de irem à escola, não seriam mais o Talibã. O ódio às mulheres é parte fundamental do que eles são — e tem que ser muito tolo para acreditar que vão mudar.*

Mas o que eu disse foi: "Ainda é cedo para ter esperanças".

Era comum, com o surgimento de uma crise mundial, eu ser criticada por não ter me manifestado antes ou por não o fazer com mais frequência, e por não parecer suficientemente indignada quando me posiciono. Foi o que aconteceu na semana da minha cirurgia; choveram comentários nas redes sociais dizendo que eu não me importava com o Afeganistão, que tinha traído a causa, que não era "uma ativista de verdade".

Esses "guerreiros entrincheirados atrás de uma tela" não precisavam se preocupar com nossos parceiros afegãos escondidos em lugares seguros em Cabul e Kandahar, nem com os homens e mulheres publicamente associados ao Fundo Malala, agora presos no próprio país enquanto insurgentes percorriam as ruas prendendo e executando dissidentes. Os "guerreiros" não viviam assombrados pelo medo constante de que suas palavras pudessem colocar outros em um risco ainda maior.

Eu talvez até parecesse calma na TV, mas estava furiosa. Eu me indignava com o fato de terem usado o Afeganistão durante décadas em suas guerras por procuração, matando dezenas de milhares de civis, para agora os Estados Unidos e seus aliados deixarem milhões de mulheres e meninas à mercê do Talibã. No começo dos anos 2000, o presidente George W. Bush usou a educação de garotas como pretexto para defender a presença americana no Afeganistão. "Ao ajudar o povo afegão a reconstruir seu país, nosso foco principal é a educação", ele disse. "A educação é o caminho para o progresso, sobretudo para as mulheres." Vinte anos depois, quando o presidente Donald Trump começou a negociar com o governo afegão e o Talibã a retirada dos Estados Unidos, as mulheres — o grupo que mais tinha a perder — nem sequer tiveram permissão para entrar na sala. Sob a presidência de Joe Biden, os Estados Unidos saíam do Afeganistão sem deixar nenhuma garantia sobre os direitos das mulheres ou a educação das meninas.

O governo americano foi incapaz de prever esse desfecho? Ou não se importava o suficiente para impedi-lo? Aos meus olhos, os americanos exploraram as meninas afegãs quando precisaram de uma boa imagem pública e as abandonaram quando o custo de permanecer no país ficou alto demais.

Estava furiosa também com os políticos paquistaneses que aclamavam o Talibã como libertador, usando o conflito para fortalecer sua rivalidade unilateral com os Estados Unidos — e com os líderes afegãos que, segundo relatos, fugiam um atrás do outro do próprio país para ir morar em casas luxuosas em cidades estrangeiras, indiferentes ao massacre de civis.

Covardes, todos eles.

E estava brava comigo mesma por me sentir traída e pega de surpresa. Em todos aqueles anos em cima de palcos, sob aplausos de pessoas emocionadas, que diziam o quanto a minha história as comovia — eu supunha que jamais permitiriam que isso acontecesse com outras meninas. Acreditava que fariam alguma coisa para nos defender. Só agora, com o mundo assistindo sentado a um país inteiro ser entregue aos homens que tentaram me matar, percebi meu erro. Sempre serei grata pelo apoio que recebi depois do ataque do Talibã à minha vida, mas foi doloroso constatar que essa grande onda de empatia, apesar de possível, como ficou claro, não se estendeu para outras meninas.

Quando criança, eu achava que, se me manifestasse, as coisas melhorariam. Nossos problemas certamente seriam resolvidos por líderes mundiais assim que soubessem deles. Como adolescente e jovem adulta, aprendi que as questões eram muito mais complexas. Era preciso defender cada mudança política e aumento orçamentário, passar horas em negociações para dar um pequeno passo à frente. A mudança era lenta, mas constante.

O Afeganistão destruiu a promessa de progresso para mim. Pela primeira vez, percebi que o mundo não estava seriamente empenhado em lutar pelos direitos das mulheres e das meninas. O pior momento da minha vida não foi um ponto de virada, mas uma pausa — uma oportunidade para líderes se dizerem horrorizados pela ousadia de o Talibã atirar numa criança, dispensarem um troco para a educação das meninas e logo voltarem à tarefa de fazer a economia crescer e ganhar eleições.

No final daquela semana, voltei ao hospital. A dra. Headlock tirou os pontos e disse que eu veria melhoras na minha mobilidade facial assim que o inchaço diminuísse, em algumas semanas, no mais tardar. "Parabéns, finalmente acabou!", ela disse. Deveria ter sido motivo de comemoração — nove anos e dezenas de procedimentos para consertar meu rosto ficaram para trás. Mas aquilo parecia sem sentido naquele momento. Ok, tínhamos corrigido parte dos danos causados por uma bala do Talibã — mas o que era isso em comparação com os milhares de balas que choviam sobre o Afeganistão, com o sofrimento de meninas cujos nomes jamais saberemos, cujos gritos jamais serão atendidos?

Na minha última noite em Boston, fui para a cama e chorei pela primeira vez naquela semana. Senti um nó no peito ao pensar em meninas de dez anos descobrindo que logo se tornariam esposas. Durante o último ano, fiquei avaliando se deveria casar com um homem que amava. Mesmo agora, sabia que poderia desistir se mudasse de ideia antes ou depois do casamento. Estremeci só de pensar em menininhas mantidas em cativeiro pelos maridos.

Lembrei dos dias longos e apáticos da pandemia, quando o que eu mais queria era voltar para Oxford com meus amigos. Como isso parecia tolo diante do lockdown vitalício enfrentado pelas jovens afegãs, anos e anos confinadas em cozinhas e quartos, onde sonhos morrem em câmera lenta.

Eu tinha onze anos quando o Talibã começou a bombardear escolas em Mingora e no vale do Swat. Das 1600 escolas existentes antes de eles chegarem, umas quatrocentas foram destruídas e outras tantas danificadas; 70% eram escolas para meninas. Eles atacavam professoras com ácido no rosto ou as abatiam a tiros na rua — agora tinham um laptop com os nomes de centenas de professoras no Afeganistão. Chorei mais ainda ao me dar conta de que não havia como salvarmos todas elas.

Entre soluços, eu lutava para respirar e meus pulmões ardiam. Uma dor aguda e penetrante se espalhou pelo meu tórax. O quarto começou a girar, e vi imagens de homens barbudos armados com fuzis. *São só pensamentos*, dizia a mim mesma. *Não são reais. São apenas ondas na praia*. Mas eram reais, sim — eu os tinha visto na TV naquele dia. Meus pesadelos estavam vivos e andando pelo mundo.

Menos de um mês depois de assumir o controle de Cabul, o Talibã proibiu que meninas frequentassem a escola depois da sexta série. Hoje, as mulheres afegãs não podem estudar em universidades ou trabalhar. São banidas de parques públicos, academias e piscinas. Ao saírem de casa, devem cobrir o rosto e o corpo da cabeça aos pés e ser acompanhadas por um homem o tempo todo. Também devem ficar em silêncio, pois estão proibidas de falar ou cantar em público. O Afeganistão é um dos únicos países onde a taxa de suicídio é maior entre mulheres do que entre homens.

Durante meses após a queda do Afeganistão, pensei muito nas longas noites no hospital de Birmingham, quando ficava acordada imaginando um diálogo com o Talibã. Eu achava que, se topassem conversar comigo, tentaria convencê-los por meio de fortes argumentos a acabar com seu reinado de misoginia e violência. Mantinha uma caneta e um caderno ao lado da cama e escrevi os nomes de jornalistas que sabia que poderiam intermediar um encontro, e anotava pontos de discussão. Como o Talibã alegava que suas regras e doutrina eram o "verdadeiro islã", minha intenção era recitar todos os versículos do Corão que provam que as meninas têm direito à educação. Então, mostraria a boa muçulmana que eu era, citando de cor todos os 99 nomes de Alá. Achava que iam ficar impressionados com meus argumentos e comovidos com meu compromisso com Deus. Naquela época, não entendia que a ideologia deles nada tinha a ver com fé, mas sim com poder e controle. Não percebia que eles nunca responderiam a uma proposta de abertura e diálogo, sobretudo com uma menina de quinze anos.

Já adulta, pensar naquelas noites planejando uma reunião que jamais aconteceria fazia eu me envergonhar um pouco de mim mesma. Mas elas também revelavam meu amadurecimento — eu agora conseguia ver o Talibã pelo que era, e sabia que não os derrotaríamos com argumentos racionais ou tentando chegar a um acordo. As mulheres que arriscavam a vida para protestar nas ruas de Cabul também sabiam disso — e eu queria estar do lado delas, amplificar suas vozes, ir com elas para onde fossem.

Desde os tempos de faculdade, eu me corroía em dúvida sobre o que fazer da vida, que caminho tomar. Às vezes, esses pensamentos eram egocêntricos e obsessivos. Ficar famosa tão jovem fazia com que eu me sentisse exausta aos 24 anos, com vontade de provar que ainda era digna de atenção, ainda era capaz de dominar um ambiente. A queda do Afeganistão esclareceu tudo isso para mim. Eu tinha escolhas que milhões de jovens mulheres acabavam de perder. Ficar angustiada sobre o meu lugar no mundo era irrelevante.

Meu objetivo hoje é o mesmo de sempre — continuar a defender as meninas, a fazer tudo que estiver ao meu alcance para garantir que possam escolher o próprio futuro. Para mim, não há carreira, não há escada a subir. Só posso continuar tentando progredir na minha missão.

Quando era jovem e cheia de esperança, vivia dizendo que antes de morrer ainda ia ver todas as meninas na escola. Não sei se isso vai acontecer — na maior parte do tempo acho que não. Mas, a cada dia que Deus me der, vocês vão me encontrar trabalhando em prol desse sonho.

38.

Asser e eu não queríamos um casamento grandioso e caro; tínhamos visto esses eventos, ao que parecia, servindo mais para provar que as famílias do casal tinham dinheiro do que para celebrar a união. Resolvemos, portanto, fazer um pequeno *nikah* na casa dos meus pais em Birmingham — uma cerimônia simples em que o noivo e a noiva confirmam sua intenção de casar e assinam o contrato de casamento diante de um imã. Dura menos de cinco minutos; depois disso, a união é legal nos termos da lei islâmica. Combinamos que seria em meados de setembro, mas, no dia seguinte à chegada de Asser ao Reino Unido, o irmão mais velho da minha mãe morreu de covid. Ela comprou uma passagem só de ida para Shangla e preparou uma mala grande o suficiente para o luto de quarenta dias. O casamento teria que esperar.

Enquanto minha mãe estava em Shangla para o enterro do meu tio, Asser ficou na casa da irmã, esperando que a cerimônia fosse remarcada e tentando apaziguar seus chefes no Conselho de Críquete do Paquistão. Seu plano era que, assim que anunciássemos o casamento, ele renunciaria ao cargo e se mudaria para a Inglaterra. Para manter nosso relacionamento confidencial até lá, pediu dez dias de licença, dizendo aos supervisores que precisava ver a família no Reino Unido. Passadas três semanas, eles começaram, muito compreensivelmente, a ficar impacientes, querendo saber a razão do atraso e quando voltaria. Com uma partida importante contra a Índia se aproximando, o time precisava da ajuda dele para analisar dados e montar a melhor escalação de rebatedores contra a perigosa linha de arremessos do adversário. Ele passava muito tempo participando de reuniões por telefone e trabalhando remotamente, mas sentia a frieza dos superiores do outro lado da linha.

Passaram-se quarenta, 45, depois cinquenta dias desde que minha mãe tinha ido. Às vezes, eu me perguntava se ela continuava infeliz com meu casamento e se seu plano era ficar em Shangla até desistirmos e cancelarmos a cerimônia. Eu ainda não sabia ao certo como minha mãe se sentia de verdade em relação a Asser, nem como perguntar isso a ela. Durante o lockdown, achei que estávamos nos aproximando pela primeira vez, mas esse progresso estagnou depois de um ano. Os marcos da vida adulta, como a formatura em Oxford e o noivado, não reformularam nosso relacionamento como eu esperava. Eu só queria que ela ficasse feliz por mim.

Após 53 dias fora, recebemos boas notícias: dentro de uma semana, minha mãe estaria em casa. Asser e eu decidimos casar alguns dias depois da sua volta, e arregaçamos as mangas. Contratamos o imã, um fotógrafo e reservamos um voo de Lahore para Farida, mas eu disse à minha mãe que a esperaria para que me ajudasse a escolher o vestido. Ela respondeu que o compraria no Paquistão e o traria na mala. Eu sabia que não adiantava discutir.

Ela chegou trazendo um *shalwar kamiz* rosa opaco com bordados dourados nas mangas e no pescoço, e uma *dupatta* combinando. *Perfeito. Adorei. Obrigada, mãe.* Eu me imaginava usando alguma coisa mais moderna, um vestido de seda simples sem enfeites. Mas o que ela escolheu era bonito, e a cor combinava com meu tom de pele e de cabelo. Enquanto pendurava o vestido no armário do meu quarto, pensei comigo: *Talvez essa seja a última vez que ela escolhe roupas para mim. Talvez depois do casamento sejamos amigas, duas mulheres casadas rindo juntas.*

Um dia antes do *nikah*, Asser e eu fomos ao shopping para comprar o que faltava — um novo par de saltos altos para mim, uma gravata e um lenço de bolso para ele. Naquela noite, minha mãe insistiu em fazer um ensaio geral para inspecionar nossas roupas. Ela ajeitou meu lenço e examinou as joias — brincos pendentes e *maang tikka* combinando — presentes da minha futura sogra. Usei junto o anel personalizado que Asser me dera, uma esmeralda do vale do Swat cravejada numa simples e delicada aliança de ouro. Sempre que olhava para ela, ficava maravilhada que ele soubesse exatamente o que eu queria usar na mão pelo resto da vida.

"Você está bem", ela disse, dispensando-me e voltando sua atenção para Asser.

No tempo que tínhamos passado juntos, eu quase sempre via Asser vestido com roupas casuais. Eis que agora ele estava ali na minha frente de terno com colete azul-escuro, um homem bonito e elegante. Senti orgulho dele e orgulho de mim, por ser alguém que ele pudesse amar. Ele piscou para mim e sorri sonhadoramente de volta. De tão perdidos em nosso mundo, nem notamos minha mãe fitando os sapatos dele.

"Os sapatos dele não são novos", ela me disse em pastó.

"Você pode ir se trocar — está ótimo!", eu disse a Asser, já pressentindo o que viria e tentando poupá-lo.

"Todo mundo sabe que é preciso usar roupas novas num casamento", minha mãe continuou. "O que foi que ele comprou? Sapatos não comprou. Camisa? Terno?"

"Mãe, está tudo bem. Ele está bonito."

"O que é novo nele?", ela perguntou.

"Só a gravata, acho. Já tinha tudo de que precisava. Mas qual é a importância disso?"

"Ah, não tem importância? Por que é que ele não vai de pijama no dia mais importante da vida dele?" Segurei a língua e olhei para o chão, o que a deixou ainda mais irritada. "Será que esse homem não se importa com nada? Será que se importa com você?"

Senti as lágrimas assomarem e subi as escadas correndo, já racionalizando a reação dela antes mesmo de chegar ao segundo andar. Ela fora criada numa cultura em que o esperado era até os agricultores mais pobres gastarem o que não tinham em seus casamentos. Ela se preocupava que as pessoas criticassem nossa cerimônia discreta, estava cansada da longa viagem de volta depois do funeral. Sentia-se frustrada com a barreira da língua, que a impedia de conversar direito com Asser e sua família. E, emotiva por ter que deixar um dos filhos ir embora, sua tristeza se manifestava da maneira errada.

Disse a mim mesma que minha mãe tinha boas intenções, só queria me proteger. Ao longo dos anos, aprendi a desistir das coisas que ela proibia, a esquecer que as desejava — jeans, as festas do ensino médio em que talvez fizesse amizades, a liberdade de aparecer sorrindo numa foto sem pensar que isso poderia ser usado contra mim. Eu a amava, por isso tentava não amar coisas que causassem raiva ou medo nela. Fossem quais fossem os motivos, ela não estava feliz com o casamento — e eu precisava dar um jeito.

Troquei de roupa com as mãos trêmulas, desci as escadas e saí para o jardim, onde sabia que Asser ia me procurar.

"Tudo bem?", ele perguntou.

"Só estou curiosa para saber por que não comprou sapatos novos."

Ele inclinou a cabeça, confuso. "Estes são meus sapatos de ocasiões especiais. Comprei há alguns anos, mas só usei duas ou três vezes e estão sempre engraxados. Não faz sentido jogar fora se estão praticamente novos."

"O problema não é esse, minha mãe diz que a gente deve usar coisas novas. Ela é especialista em..."

"... sapatos de homem? Ah, Malala!"

Assim que ele riu, senti meu lábio superior se enrugar numa expressão de desgosto. "Não é só por causa dos sapatos. Devia ter comprado um terno novo também! Tudo novo! É o que as pessoas esperam na *porra de um casamento, Asser*."

Às vezes, uso palavrões em mensagens de texto para dar ênfase, mas quase nunca numa conversa. Asser pareceu atordoado. Então cavei mais fundo, cutuquei ainda mais a ferida para tentar aplacar a dor que minha mãe causara. "Acho que só estou surpresa por sua própria família não se dar ao trabalho de checar sua roupa. Será que custava tanto garantirem que você estivesse vestido do jeito certo?" Mal acabei de falar e já estava arrependida. Amava Farida e Ambreena — mas era tarde demais.

"Nem sei o que dizer. Me sinto bem com essas roupas, que me parecem boas, por isso não vi razão para comprar outras. Mas fui eu que tomei a decisão, por favor, não culpa a minha família."

"Explica isso para a minha mãe. Ela acha que você não se importa comigo."

Seus ombros se curvaram e ele abaixou a cabeça. Após alguns instantes, se recompôs e respirou fundo. "Não posso pagar por um terno novo", ele disse, soltando a respiração. "Parei de receber meu pagamento depois de não ter voltado para Lahore."

... *O quê?* Repassei mentalmente suas despesas recentes — passagens aéreas de ida e volta, testes obrigatórios de covid, jantares fora com a minha família, passagens de trem para Londres, a aliança de casamento. Minha tentativa de demonstrar compaixão mais pareceu arrogância disfarçada. "Por que não me disse? Eu compraria qualquer coisa que você precisasse."

"Acho que 'precisar' é o que estamos discutindo aqui. Eu nunca pediria a você — ou a qualquer pessoa — que comprasse nada para mim. Isso me deixa desconfortável, faz com que me lembre do meu pai e das dívidas que ele nunca pagou. Além disso, é... constrangedor. Tenho dinheiro na poupança, mas é para sustentar minha mãe e um dia comprar uma casa para ela. Não gasto com coisas desnecessárias. E é desse jeito porque me preocupo *sim* com você."

Agora quem não sabia o que dizer era eu. Queria que ele revidasse, que justificasse minha crueldade com crueldade também. Ou implorasse o meu perdão, prometesse conseguir uma roupa de casamento adequada até a manhã seguinte e nunca mais irritasse minha mãe enquanto vivesse.

"Posso fazer uma pergunta? Você liga mesmo para os sapatos? Você sorriu quando viu minha roupa pela primeira vez e disse que eu estava ótimo."

"Não ligo, mas acho que a questão não é essa. As pessoas vão perceber e comentar. Não só quem estiver no casamento, mas quem vir as fotos online."

"Se vão falar, espero que digam que parecemos muito felizes e que amo você." Ele voltou lá para dentro, se despediu da minha família e foi embora. Não levantei os olhos para vê-lo sair.

Naquela noite, fiquei horas acordada, dúvidas voando em círculos sobre minha cabeça, revezando-se para mergulhar no meu cérebro como num bombardeio. *Por que Asser não disse que estava sem dinheiro? Que outros segredos estará guardando? Será que algum dia vou fazer minha mãe feliz? É cedo para casar?*

O conselho que Evelyn me dera na faculdade, e que eu achava reconfortante e otimista, agora mais parecia maldição. *Tome a melhor decisão que puder com o que sabe na época. Não fique olhando para trás imaginando que havia opções melhores.* Em outras palavras, eu devia questionar tudo antes que fosse tarde. Enquanto o *nikah* não terminasse, a decisão de casar estava aberta — eu poderia me decidir e mudar de ideia um milhão de vezes antes de amanhecer. Poderia enfiar minha cabeça na água e me afogar num mar de incertezas.

Eu achava que o problema era com Asser ou com o próprio casamento, que a minha hesitação sinalizava perigo. Naquela noite, estava apenas começando a entender a verdade: durante minha vida inteira, me disseram quem eu era e como deveria agir. As pessoas não me deixaram crescer mais do que elas permitiam. Fui ensinada a não confiar em minhas escolhas. E agora eu travava sempre que ia tomar uma decisão.

39.

Na faculdade, eu era fascinada por ressacas e pelos diferentes estados emocionais com os quais minhas amigas acordavam no dia seguinte a uma bebedeira — confusas e irritadas, envergonhadas e autodepreciativas. As que mais me cativavam eram as que saíam da cama com um impulso frenético de redenção. Mal conseguiam ficar de pé e faxinavam o quarto loucamente, ou corriam oito quilômetros com a cabeça latejando, ou se enfurnavam na biblioteca e escreviam os ensaios da semana inteira.

Na manhã do casamento, finalmente entendi essa reação. Assim que abri os olhos, fui tomada pela vergonha e pelo desgosto de ter ido dormir duvidando do amor de Asser e da minha própria mente. Voltei a mim, e todos os meus sentidos pareciam estar aliviados de eu ter recobrado a razão. Normalmente, me afundaria na ressaca moral, ficando horas seguidas na cama, relembrando meus erros. Mas hoje tinha uma missão: estava decidida a casar, se Asser ainda quisesse.

Hesitante, peguei meu celular, rezando para não ver uma mensagem dele dizendo que tinha mudado de ideia.

Asser 7:08

Bom dia!

Asser 7:09

Estou tããããão animado!

Asser 7:32

Saudade de você! Mal posso esperar pra te ver AGORA!

Asser 7:56

Te amo, não esquece

Ler aquelas mensagens me encheu de alegria por sua preocupação comigo, mas fui tomada por uma nova onda de remorso pelo jeito que o tratei na noite anterior.

Também amo você. Desculpe pelas coisas que eu disse. Rezo a Alá para que este seja o dia mais feliz da nossa vida.

Asser 8:14

Vamos casar

Maria estava a caminho para ajudar nos preparativos e enviei uma mensagem para ela: *Pede para o pessoal do cabelo e da maquiagem subir*. Para evitar possíveis distrações e frustrações, decidi ficar trancada no quarto o máximo possível, sem saber que a casa inteira já era minha. Meus irmãos dormiam e meu pai foi dar uma volta. Minha mãe saiu para comprar os sapatos de Asser — parte proposta de paz, parte pressão.

"O que acha?", a maquiadora perguntou uma hora depois.

Dei uma olhada no espelho e disse: "Está ótimo, obrigada". Nunca quis ser vaidosa ou egocêntrica. Depois do ataque, passei tantos anos repetindo para mim mesma que a aparência não importava que era difícil admitir, até para mim, quando me sentia bonita. Naquele dia, a jovem que me encarava no espelho estava radiante, confiante, linda. E, mais importante ainda, feliz.

Ao meio-dia, fui encontrar Asser e a fotógrafa para as fotos de casamento no Winterbourne House and Gardens, um jardim botânico nas proximidades. Queríamos estar no meio da natureza na primeira vez em que o mundo nos visse como casal — com árvores e grama, e não com brilhos e ouro.

Quando nossos olhares se encontraram, soube que estava perdoada pelo que havia dito na noite anterior. Ele pegou minha mão e falou: "Você está deslumbrante, Malala". Fiquei vermelha.

Estávamos tão aliviados pelo fim da briga e tão animados com o casamento que não parávamos de rir durante a sessão de fotos. Demos risada dos sapatos novos de Asser escorregando no caminho de pedras liso, e dos seguranças que faziam as vezes de madrinhas, tentando impedir que minha *dupatta* arrastasse no chão. E rimos da fotógrafa pedindo que parássemos de rir para tirar a foto.

Tenho certeza de que alguns dos presentes na cerimônia poderiam fazer descrições bem mais minuciosas daquela tarde, mas para mim passou como um borrão. Eis o que lembro: O imã disse algumas palavras. Assinamos o contrato de casamento. Meu pai chorou. Farida sorriu radiante. Minha mãe sorriu para a foto de família. Khushal e Atal trouxeram um bolo de supermercado com a frase "Malala & Asser" escrita na cobertura. Tudo foi perfeito.

Quase no fim da tarde, a fotógrafa me chamou de lado para rever as "selecionadas", umas três dúzias das melhores fotos do dia, as que eu talvez quisesse compartilhar ao anunciar o casamento.

As fotos eram de tirar o fôlego. Lá estávamos nós, num denso bosque de vermelhos vivos e verdes suaves, como amantes de contos de fadas na última página de um livro ilustrado. Na foto seguinte, estamos de braços dados sob um arco de avelã retorcida. Tínhamos acabado de receber uma bronca para sossegar o facho, mas ainda há um resquício de risada nos nossos sorrisos. Depois, aparecemos radiantes contra um fundo de folhas de ginkgo douradas de outono. O sobrenatural das imagens de alguma forma as tornava mais reais, como se revelassem uma beleza impossível de criar sem o amor verdadeiro. A prova indiscutível que eu buscava havia tanto tempo estava ali, em alta resolução.

Sentei com o laptop, repassando as fotos até que produzissem o efeito de um filminho picotado, nós dois nos virando para encarar um ao outro, depois para encarar o mundo e um ao outro de novo. Então parei. "Esta aqui. É a de que mais gosto", falei.

Asser e meus pais se aproximaram do sofá onde eu estava sentada com a fotógrafa. Espiaram o laptop e viram a nosso foto em pé, numa faixa de gramado. Um bordo laranja brilhante aparece ao fundo, emoldurado como uma chama entre nós. Olho para Asser enquanto ele leva minha mão esquerda aos lábios e a beija.

"Não, não, não!", minha mãe exclamou. "Não pode usar esta."

Ela nunca tinha visto uma foto de casamento desse tipo. Em nossa cultura, os casamentos são segregados — os homens ficam sentados no jardim ou na maior sala da casa, comendo um banquete que suas mulheres passaram o dia preparando. As mulheres e meninas ficam amontoadas num espaço menor, com pratinhos de comida. As fotos se limitam a mostrar o noivo e seus parentes masculinos. Nas raras ocasiões em que aparecem juntos, o noivo e a noiva estão sentados lado a lado, a metros de distância um do outro, sem se tocarem ou mesmo sorrirem. Uma foto mostrando contato físico entre homem e mulher, ainda que casados, é proibida. No lugar de onde viemos, meus pais são tidos como liberais, mas ninguém nunca veria uma foto deles de mãos dadas ou se abraçando.

Eu disse que aquela foto era a minha favorita, não que tinha a intenção de publicá-la. Mas a reação da minha mãe me fez pensar se a foto não poderia, à sua maneira, anunciar meu casamento como a verdadeira parceria que era. Afinal, essas regras não foram transmitidas por Deus. Se culturas são criadas, também podem ser mudadas. Queria que minha comunidade visse que homens podem demonstrar afeto por suas mulheres, que devoção e amor são as formas mais elevadas de honra.

Minha mãe balançou a cabeça e meu pai franziu a testa. Olhei para Asser. "A decisão é sua", ele disse.

Meus pais que me desculpassem, mas compartilhei a foto com o mundo.

40.

Meu mundo hoje em nada se parece com o que eu imaginava na infância ou mesmo na faculdade, quando pensava em mim adulta como uma freira totalmente dedicada a boas obras. Nem é o que eu temia, quando me preocupava em perder minha autonomia se viesse a casar. Ainda tenho lá minhas reservas quanto ao casamento como instituição — e é provável que sempre terei. Mas minha vida com Asser é de liberdade e alegria.

Depois do casamento, Asser pediu demissão do cargo no Conselho de Críquete e começou a trabalhar como freelancer, o que permitiu que me acompanhasse em palestras e viagens de ativismo político. Em sua companhia, enquanto viajávamos juntos pelo mundo, percebi que não achava mais a rotina dos aeroportos e viver só com o que levava na mala tão desagradáveis. Onde quer que estivéssemos, Asser insistia em tirarmos um tempo para conhecer o lugar ou os restaurantes locais, o que eu raramente fazia no passado. Ele agendava aulas de um esporte qualquer que eu nunca tivesse praticado, como pickleball, esqui e arco e flecha. Para minha surpresa, descobri que sou uma boa atleta. Gostei sobretudo de golfe, e, depois de seis meses de aulas, meu marido não conseguia me vencer em nenhuma partida. Esses momentos não eram só diversão; Asser me mostrou que fazer uma pausa, comer bem, movimentar o corpo e dormir o suficiente eram essenciais para o meu autocuidado.

Por um tempo, e apesar da minha alegria por estar viajando pelo mundo com Asser, tive medo de perder o contato com minhas amigas. Eu não queria ser uma dessas mulheres que só saem com os maridos e outros casais depois de casadas. Como agora tínhamos nossa vida adulta e responsabilidades, não era fácil manter o contato. Muitas tinham se mudado para trabalhar em outros países. Então, assim que voltavam à cidade ou estavam sem endereço fixo em Londres, eu as convidava para ficar conosco em casa. Nos primeiros anos de casamento, era comum Asser retornar de uma reunião ou de um treino e me encontrar no sofá com uma das minhas amigas de Oxford, enquanto comíamos delivery de um restaurante tailandês e maratonávamos *Casamento às cegas*, rindo à toa. Imagino que às vezes ele se sentisse como um homem de 32 anos morando num dormitório de universidade, dividindo o banheiro com um grupo rotativo de amigas minhas, mas era raro ele reclamar, sempre tão paciente comigo.

Asser precisava da mesma dose de paciência para lidar com a minha família. Certa tarde, chegamos em casa depois de semanas de ausência. Nosso apartamento em Londres tem vista para o rio Tâmisa, e eu não via a hora de me acomodar no sofá com uma xícara de chá para ver o pôr do sol sobre a água. Estava conferindo a correspondência na cozinha, com a mala ainda ao meu lado, quando Asser me chamou do quarto. Atravessei o corredor e fiquei pasma com a cena: nossos lençóis de cama, em tons neutros e de bom gosto, tinham sido trocados por um conjunto de edredons azul-petróleo e dourado. Havia borlas, bordados com miçangas, franjas e até almofadas de veludo com longas e finas penas de pavão. Parecia o quarto da princesa Jasmine do *Aladdin*.

Não era a primeira vez que acontecia. Minha mãe frequentemente vinha ao nosso apartamento com um tapete ou uma luminária e tentava redecorar à força o nosso espaço. "Você precisa pedir para ela não fazer mais isso", Asser disse, soltando um suspiro. Mas ele sabia que eu nunca pediria. Tenho 28 anos no momento em que escrevo este livro e ainda não consigo dizer não à minha mãe.

De todas as aventuras dos nossos três primeiros anos de casamento, a minha favorita foi a visita a Lahore, a cidade natal de Asser. Eu tinha ido lá uma vez, aos catorze anos. Foi uma viagem rápida para fazer um discurso e receber um prêmio por enfrentar o Talibã, e não pude ver a cidade. Graças ao que me diziam os amigos da faculdade, entendi que Lahore era a capital cultural do país, com uma vibrante vida artística e gastronômica. Só que o que mais me emocionou foi ver as ruas onde Asser cresceu e imaginar o menino que ele foi.

Na casa de Farida, folheei velhos álbuns fotográficos, maravilhada com as fotos de Asser pequenino, gordo e com cara de poucos amigos. Alguns parentes dele passaram por lá para nos dar as boas-vindas. Quando ouvi pela primeira vez uma criança se referir a mim como "tia", quase caí para trás, surpresa com a ideia de que alguém pudesse me ver como eu via minhas tias. Demorou um pouco para eu entender que, para os parentes mais novos de Asser, eu era só mais uma adulta, a nova esposa do tio favorito.

Já quase no fim da visita a Lahore, estava marcado para eu discursar num evento que promoveria o Programa Oxford Paquistão, um fundo de bolsas de estudo criado por integrantes da antiga turma da Observatory Street. Eu me sentia orgulhosa dos meus amigos que tiveram essa iniciativa e feliz por dedicar meu tempo ajudando estudantes paquistaneses desfavorecidos a irem para Oxford. No dia do evento, notei, ao olhar no espelho, que meu cabelo estava uma bagunça; a franja reta que eu mesma tinha cortado durante o lockdown, dois anos antes, tinha crescido e apontava para direções estranhas. Viajávamos havia tanto tempo que eu não conseguia lembrar quando foi meu último corte de cabelo decente. *Terá sido antes da covid?*, me perguntei, surpresa.

Maria, que viajava conosco, achou uma cabeleireira que poderia vir ao nosso hotel, uma vez que os seguranças não permitiriam uma visita de última hora a um salão. Enquanto ouvia o clique baixinho da tesoura no cabelo molhado, eu não parava de sorrir para mim mesma, surpresa com a satisfação e a alegria de fazer uma coisa tão corriqueira quanto cortar o cabelo na minha terra natal.

De volta a Londres, postei fotos da viagem nas redes sociais. Além das muitas respostas gentis, veio junto a habitual onda de comentários de haters — "traidora", "vadia", teorias da conspiração, insultos sobre minhas roupas e minha aparência. Alguém escreveu: "Vá embora. Sua casa não é aqui".

Anos antes essa provocação teria me magoado e me lançado numa espiral de grandes esforços para tentar provar a mim mesma e aos outros que ainda havia lugar para mim no Paquistão. Agora, porém, eu sabia o que "casa" significava para mim, o gosto que tinha, como reconhecê-la. É o primeiro gole de *chai* na casa da Farida em Lahore, são as caminhadas pelos canais de Birmingham com a minha mãe. As montanhas de Mingora, os telhados de Oxford, os jardins de Islamabad, barcos deslizando pelo Tâmisa em Londres. É estar sentada no sofá, rindo com as amigas. É adormecer nos braços do meu marido, em qualquer lugar do mundo. E isso ninguém me tira.

41.

Sempre que vivo um período de profunda felicidade, como os meses iniciais da faculdade ou os primeiros anos de casamento, já sei que não vai durar. Não é que eu seja pessimista, mas, depois de tantas reviravoltas na vida, já não consigo mais achar que as coisas vão continuar como estão. E, quando vem a mudança, tento não ter medo e espero poder aprender com ela.

Em dezembro de 2023, fui convidada para discursar na 21ª Palestra Anual Nelson Mandela em Joanesburgo. Mandela é meu herói desde a minha infância, e eu queria honrar seu legado falando em nome das mulheres e das meninas no Afeganistão.

O Talibã baixou mais de oitenta decretos contra a população feminina nos dois anos e meio controlando o país. Mulheres e meninas, antes estudantes universitárias, ministras, dentistas e donas de lojas, foram excluídas da vida pública e confinadas em casa. As punições para quem violasse as regras eram prisão por tempo indeterminado, casamento forçado ou morte por apedrejamento.

Nos meses que precederam a minha viagem a Joanesburgo,

ativistas afegãos vinham pressionando para que o apartheid de gênero fosse incluído no novo Tratado de Crimes Contra a Humanidade das Nações Unidas. Estava longe de ser uma solução perfeita. Mesmo que tivessem êxito, o tratado não representaria o fim dos horrores diários a que as afegãs são submetidas. Mas significava que o Talibã e outros que cometem crimes contra mulheres e meninas poderiam vir a enfrentar a justiça. A África do Sul era um ator importante na ONU, e eu esperava que minha fala atraísse seus líderes para a nossa causa e fortalecessem o tratado.

O discurso correu bem. Numa recepção que se seguiu, políticos e mulheres influentes manifestaram apoio, prometendo usar todos os meios disponíveis para ajudar a acabar com o reinado do Talibã. A solidariedade deles me animou e saí de lá com a esperança de que, juntos, pudéssemos trazer algum progresso para o Afeganistão.

À noite no hotel, Asser veio sentar-se ao meu lado na cama, pesquisando coisas para fazermos na segunda metade da nossa viagem — uns dias de férias na Cidade do Cabo. Sugeriu aulas de surfe e uma visita a um santuário de vida selvagem chamado Mundo dos Pássaros. "Não dá para gente ficar tomando sol na praia, só para variar?", perguntei, rindo. "Vamos voltar para Londres daqui a quatro dias e preciso armazenar luz solar para sobreviver ao inverno."

"As coisas que estou sugerindo também são ao ar livre", ele respondeu. "Você vai tomar sol de qualquer maneira. Acho que o que você quer mesmo é curtir uma preguiça."

"Sabe de uma coisa? É isso aí. Quero *mesmo* curtir uma boa preguiça... a partir de agora." Dei um beijo nele de boa-noite, me enfiei debaixo dos lençóis e fechei os olhos.

Acordei horas depois, o corpo encharcado de suor e o coração acelerado. Quando me sentei, o quarto começou a girar. *Respira*, disse a mim mesma. *Inspira contando até sete, expira contando até onze. Repete.* Achei que o exercício de respiração me acalmou — *Estou bem, é que sentei rápido demais* — e fui usar o banheiro. Mas, assim que meus pés tocaram o chão, senti que caía, como se estivesse presa num elevador quebrado, despencando para a morte. Meus joelhos cederam, então engatinhei até a pia e tentei abrir a torneira, mas não consegui ficar de pé por tempo suficiente.

"Asser!", gritei. Ele pulou da cama e me encontrou no chão. Talvez tenha perguntado "O que foi?", mas sua voz soava distorcida, irreconhecível. Não conseguir entender a pessoa que eu mais amava me aterrorizou. Só percebi que estava chorando quando Asser pegou um lenço de papel e enxugou minhas lágrimas.

Parecia que a pressão do ar no quarto do hotel estava cada vez mais baixa, como se eu estivesse subindo uma montanha. "A sacada!", consegui dizer, quase sem ar. Asser correu até a porta e a deslizou para abri-la, depois me carregou para fora. Uma brisa cálida e densa me envolveu. Dava para ver a copa das árvores e as estrelas, na noite silenciosa e parada. *Tudo bem, você está bem.* Então, uma pressão assustadora se espalhou pelo meu peito. Imaginei que era por estar sendo segurada, por ter o corpo comprimido e dobrado nos braços de Asser. "Para dentro", implorei.

Ele me pôs na cama, e minhas pernas começaram a tremer descontroladamente. Asser tentou segurá-las, mas meus braços, por sua vez, ficaram trêmulos e sem controle. Então ele pegou o telefone e chamou os paramédicos. Enquanto falava, vi seu rosto perder toda a cor.

A equipe médica veio rápido, checou os sinais vitais e me deu água com eletrólitos. A tremedeira finalmente parou e fiquei ali, estirada na cama, cansada e autoconsciente. "Não conseguimos identificar o problema", os paramédicos disseram. Fizeram perguntas a Asser sobre uma possível intoxicação alimentar, os remédios que eu estava tomando, alergias e gravidez.

Mas eu sabia o que era. Todos os ataques de pânico que sofri depois da faculdade tiveram relação com o Afeganistão. Não se passa um dia sem que eu leia a respeito dos horrores que as mulheres e meninas vivem no país. Nunca deixo de ler, por mais doloroso que seja. Se não posso fazer mais nada, que pelo menos seja testemunha do sofrimento e da coragem delas.

Quando vejo imagens de mulheres apanhando na rua ou leio sobre meninas confinadas em casa perdendo a esperança, violentas lembranças pessoais voltam à tona, rompendo as barreiras e os muros que minha mente construiu para impedi-las de entrar na minha consciência. Era mais fácil para mim quando minha história estava situada no passado, algo que aconteceu anos atrás, uma narrativa de brutalidade incomum perpetrada por homens ruins. Às vezes, quando penso nisso acontecendo hoje com milhões de mulheres e meninas afegãs, é como se a dor e a tristeza dilacerassem meu corpo.

42.

Na primeira vez em que fiz terapia, eu achava que seria como apertar um parafuso — uma solução rápida para os pensamentos ruins que se embaralhavam na minha cabeça. Já me sentindo um pouco melhor, deixei os flashbacks e os ataques de pânico para trás; não queria ficar revivendo momentos terríveis quando havia tanta felicidade na minha vida.

Depois de Joanesburgo, porém, marquei uma consulta com Evelyn. Não poderia ficar esperando, como fiz na faculdade, que tudo se resolvesse por conta própria. Sabia que era preciso encarar a situação, antes que piorasse.

Quando entrei no consultório, me senti em paz naquele ambiente familiar. Era o mesmo sofá, a mesma mesa lateral com um copo de água à minha espera, a mesma iluminação suave. Lembrei da primeira vez que estive naquela sala — de como estava necessitada de ajuda, mas cética e nervosa quanto à terapia; do quanto aprendi.

"Malala, que bom te ver de novo", Evelyn disse. "Fico contente que tenha ligado. Em que posso ajudar?"

Falei do ataque de pânico, de como me pegou de surpresa, da intensidade da crise. Os exercícios de respiração não funcionaram e eu não entendia como era possível ter ido dormir tão contente e acordar tão aterrorizada. "É como se tivesse perdido o controle de novo", eu disse. "Sabe, estou me sentindo bem agora, mas não gosto de pensar que pode acontecer a qualquer momento."

"Lamento saber disso, mas não fico surpresa", Evelyn disse. "Saúde mental é uma jornada; há momentos fáceis e outros bem mais desafiadores, como na vida em geral. Você estava muito estressada na viagem a Joanesburgo?"

"Não, nem um pouco. Meu discurso correu bem e no dia seguinte Asser e eu íamos tirar uns dias de folga na praia. Eu estava feliz."

"Consegue pensar em outros possíveis gatilhos presentes na sua vida naquele momento?"

Meu estômago embrulhou quando percebi que teria que dizer em voz alta: "É o Afeganistão. E é o tiro. Meu tiro".

Evelyn juntou as mãos e se inclinou até mim. "Lembra de uns anos atrás, quando conversamos sobre TEPT?" Assenti. "Neste caso, precisamos tratar a fonte, não os sintomas. Fazer exercícios de respiração e aprender a reconhecer gatilhos ajudam a controlar a ansiedade e, às vezes, interromper crises de pânico. Mas são sintomas de TEPT, e não causa.

"O trauma vive no corpo, e permanece ali até que a gente consiga processá-lo", continuou ela. "O cérebro se esforça muito para nos impedir de reviver uma experiência difícil, usando dissociação e repressão para tentar nos proteger. Infelizmente, isso atrapalha a cura. Precisamos reconhecer e compreender a dor para conseguir superá-la.

"A boa notícia é que existem vários tipos de tratamento. Antes de você ir embora, vou te dar um material para ler sobre a terapia EMDR, a terapia somática e a terapia cognitivo-comportamental focada no trauma. Na próxima sessão podemos conversar sobre as opções."

"Será que algum dia vou me livrar do TEPT? Vou ficar 'curada' em algum momento?", perguntei. Senti de novo a antiga resistência à terapia. Talvez preferisse o risco de uma crise de pânico de vez em quando a gastar uma hora por semana falando do meu passado.

"Ótima pergunta, mas eu não saberia responder", Evelyn disse. "A recuperação é certamente possível, claro, mas o tempo varia de pessoa para pessoa. Algumas vão ter sintomas a vida inteira, embora o tratamento ajude a reduzi-los."

"Minha vida está tão feliz... e é difícil ficar olhando para trás."

"Processar não significa ficar remoendo lembranças dolorosas. Mas quando reconhecemos o trauma num ambiente seguro, isso ajuda a regular o sistema nervoso e as respostas ao estresse, resultando em melhor saúde física e mental. A ideia é fortalecer sua resistência e te dar liberdade para aproveitar tudo que a vida tem de maravilhoso a oferecer."

Pensei em Asser e no susto que levamos naquele quarto de hotel. Se tivesse algo a fazer para melhorar, eu sabia que precisava tentar.

Conversar com Evelyn virou parte da minha rotina semanal, não importando em que lugar do mundo eu estivesse. Nem sempre falávamos de traumas, e aprendi que terapia é mais do que uma cura para velhas feridas ou um alarme de incêndio a ser acionado numa emergência. Evelyn também me ajudava a lidar com o estresse diário que se acumulava. Graças às nossas sessões, fui ficando mais hábil em estabelecer limites à minha família, em reconhecer quando precisava de um tempo sozinha e em comunicar minhas necessidades às pessoas da minha vida.

Até alguns anos antes, eu revirava os olhos quando alguém mencionava autocuidado. Achava que era um passatempo egoísta e bobo para gente que não sabia o que era ter problemas de verdade. Mas, quanto mais tempo eu passava fazendo terapia, mais me convencia de que o bem-estar físico e emocional afetava minha saúde mental e minha capacidade de funcionar no dia a dia.

Evelyn usaria a palavra "proativa" se fosse se referir à forma como eu me cuidava; já meus amigos chamariam de nerdice. Passei a monitorar meu sono todas as noites — não só o total de horas, como a eficiência, a frequência cardíaca e a temperatura do corpo. Uma nutricionista me ajudou a equilibrar a dieta, trocando batatas fritas e *pad thai* por peixe fresco e legumes. Admito que, por um tempo, fazia manha na hora de comer, mas notei que estava ficando menos lenta e irritadiça ao longo do dia. Certa vez, diante do espelho, vi minha pele limpa e radiante, e entendi que era capaz sim de amar salmão.

Em janeiro do ano passado, estabeleci uma meta secreta de correr uma hora de esteira sem intervalo. No início, só aguentava dois ou três minutos. Mas continuei indo à academia, tentando aos poucos aumentar a resistência. Numa manhã de setembro, subi na esteira e fiz cinquenta minutos sem parar, depois estendi para uma hora, e cheguei a uma hora e cinco minutos. *Que coisa incrível!* Me perguntava até onde conseguiria ir. Antes, correr era só não desistir. Depois, eu queria ir cada vez mais longe. Ao correr, meu corpo não era mais uma coisa a temer, mas um professor que revelava todas as possibilidades e forças que havia dentro de mim.

Fui menos bem-sucedida na tentativa de aprender a nadar. Meus músculos ficavam tensos dentro da piscina e minhas mãos batiam descontroladas na água, em vez de deslizarem. Apesar de estar com a cabeça tranquila, eu não conseguia encontrar um jeito de dizer ao corpo para não lutar. Mesmo no raso, uma parte minha ainda achava que ia se afogar.

Da mesma maneira, as crises de pânico podem parecer uma traição. Depois de tudo que vivi — deslocamento, violência, dor física, solidão, ódio — por que continuar sofrendo? Por mais que eu faça terapia, por melhor que cuide de mim mesma, sei que um dia posso voltar a sentir a pressão no peito ou a pulsação nos ouvidos. Mas aprendi a ver esses episódios como um farol, um lembrete para que eu seja gentil comigo mesma, para que proteja o coração e a mente, para que resista à vontade de carregar tantos fardos sozinha. Para que tenha certeza de que vou continuar mudando e crescendo.

Na terceira aula de natação, a instrutora se aproximou de mim enquanto eu tentava flutuar. Minhas pernas estavam rígidas, os dentes cerrados, os dedos dos pés encolhidos. "Você precisa se soltar", ela disse. "Só vai conseguir flutuar quando acreditar que a água vai sustentá-la."

43.

Olhei para baixo do helicóptero sobrevoando o local de pouso, um círculo branco de giz na terra. Esse era o momento que eu imaginava havia anos, um sonho que levava sempre comigo, a prece que murmurava à noite antes de dormir: Shangla.

Finalmente ia ver a escola que construí, conhecer as alunas e professoras e conversar com as primeiras formandas — as primeiras jovens daqueles vilarejos a concluir o ensino médio. Quando Asser estendeu a mão para me ajudar a sair do helicóptero, lembrei do que disse a ele no nosso primeiro encontro: "Eu te levo lá um dia". Mal podia acreditar que esse dia tinha chegado.

A estrada de terra que levava até a escola tinha montanhas de um lado e, do outro, um penhasco que ia dar no vale. Grandes buracos podiam fazer o carro cair no rio se dirigíssemos muito rápido. Durante o ano escolar, as aulas eram suspensas várias vezes, quando ficava perigoso demais dirigir por causa de deslizamentos de terra na estação chuvosa ou da neve no inverno.

Casas de barro eram construídas na encosta da montanha, acima e abaixo na estrada, como cogumelos num tronco de árvore. Meu pai fora criado numa casa como essa, sem eletricidade nem água encanada, nove pessoas em dois quartos. Tentei imaginá-lo caminhando nesta estrada quando adolescente, indo para a escola, para o campo cuidar dos búfalos ou para a mesquita de barro rezar com o pai. À noite, ele se debruçava sobre os livros à luz de uma lamparina de querosene, decidido a entrar na faculdade. Quarenta anos depois, muitas crianças daqui faziam a mesma coisa.

Dava para enxergar ao longe os muros da escola, com seus quase quatro metros de altura encimados por arame farpado, uma triste necessidade num lugar muito familiarizado com terroristas e ladrões. Passar pelos portões de metal, no entanto, era entrar em outro mundo. Durante anos, eu tinha observado atentamente fotografias deste lugar. Senti o coração acelerar ao enfim ver com meus próprios olhos, maior e mais bonito do que eu podia ter imaginado. Era um vasto complexo de três andares, com paredes de estuque branco e um telhado de metal azul brilhante — um milagre de construção num cenário tão remoto e desafiador.

Em toda parte do campus, meninas de uniforme xadrez verde iam para as salas de aulas, gritavam com as amigas, jogavam basquete ou liam em silêncio no gramado. Depois de sete anos de funcionamento, a escola tinha setecentas alunas e quarenta professores. Quando decidi construir a escola, as pessoas me diziam que os pais da região não iam apoiar a educação das filhas. Agora o número de inscrições excedia o de carteiras disponíveis. Nunca me orgulhei tanto de alguma coisa na vida.

"Sejam bem-vindos!", a diretora disse, com um sorriso largo. Parecia tão orgulhosa da nossa visita, como se a gente estivesse fazendo um favor a ela, sendo que, na verdade, eu já tinha vivido esse dia na minha imaginação fazia muitos anos. Seguindo-a pelo pátio até a entrada principal, eu estava impaciente para entrar, mas a ansiedade dava sinais de querer aparecer. Eu tinha criado uma expectativa enorme sobre o lugar e tinha medo de que a realidade não correspondesse.

Queria que a escola fosse um lugar onde as alunas não sentissem as limitações do mundo exterior, onde sonhassem com o futuro e acreditassem em si mesmas. Queria também que as deficiências da minha própria educação, as coisas que faltavam para a maioria das garotas paquistanesas, fossem corrigidas. Nas escolas paquistanesas, as páginas sobre reprodução humana dos livros didáticos de biologia vêm coladas, para que os alunos não as possam ler. Os meninos separam as páginas com régua, mas as meninas não teriam essa ousadia. Os professores abordavam saúde reprodutiva? Falavam sobre bem-estar emocional? As estudantes eram incentivadas a praticar esportes e a ser fisicamente ativas?

Não era aceitável que esse lugar fosse equivalente às escolas locais para meninos ou "até que razoável" para uma comunidade esquecida e em grande parte analfabeta. Eu queria que fosse um palácio de aprendizado, digno dos sonhos mais ambiciosos das meninas. *Seus padrões não são realistas*, falei para mim mesma, tentando reduzir minhas esperanças e deixar minha expressão facial neutra. Mas, ao entrarmos e olharmos ao redor, meus olhos se encheram de lágrimas de surpresa e felicidade. A escola superava as minhas expectativas mais otimistas.

A diretora nos mostrou uma biblioteca ensolarada, repleta de livros, e laboratórios de ciências separados para biologia, química e física. Nos corredores, aulas eram ministradas em pastó, urdu e inglês. Passando pelo estúdio de arte, vimos meninas da quarta série, com aventais azuis combinando, aprendendo a esculpir, cobertas de argila até os cotovelos. As alunas do fundamental participavam de um torneio de xadrez; parei para jogar um pouco e não demorei a perder uma partida para uma menina de doze anos.

No meu trabalho, visito escolas no mundo inteiro. Todas parecem diferentes, mas andando pelos corredores volto a me sentir uma criança. Em Shangla, eu queria pôr óculos de proteção no laboratório de química, cantar no coral, jogar no time de basquete e fofocar com as garotas mais velhas na hora do almoço. Pensei nas minhas amigas quando éramos pequenas, na empolgação que Moniba sentiria pela aula de arte, na minha prima Nazneen, que teria pegado emprestados todos os livros de poesia da biblioteca. Algumas das minhas lágrimas eram por nós, imaginando como teríamos prosperado naqueles corredores reluzentes.

A diretora nos mostrou o jardim nos fundos, onde algumas meninas plantavam e cultivavam árvores, um programa para combater o desmatamento desenfreado na região. Depois, vimos a creche, que a escola oferecia aos filhos pequenos dos professores; isso ajudava a recrutar os melhores educadores do Paquistão, sobretudo mulheres. Visitamos o grande salão principal, onde as alunas começam o dia recebendo um café da manhã gratuito — ovos, torradas e chá com leite — para garantir um estômago cheio antes da aula.

Ao passarmos por uma sala identificada como "Sala da terapeuta", dei uma espiada no interior e vi uma mulher com rosto em formato de coração e grandes olhos castanhos. Parecia uma irmã mais velha ou uma tia simpática. Ela me disse que tinha se mudado de Lahore para vir fazer parte do corpo docente. Fiz algumas perguntas sobre os serviços de saúde mental oferecidos às alunas. "Esse é o primeiro, e até agora único, programa de aconselhamento desse tipo na província de Khyber Pakhtunkhwa", ela respondeu. Eu sabia que era verdade; na minha infância, ter um terapeuta na escola seria considerado absurdo.

A última parada da minha visita foi uma reunião com a "turma pioneira", as 25 meninas que se formariam na primavera. Sentamos em círculo do lado de fora, no gramado, e tive tempo de observar o rosto radiante e ávido de cada uma. Pedi que me dissessem do que mais gostavam e do que menos gostavam na escola, e perguntei como poderíamos torná-la ainda melhor para as meninas que viriam depois. Todas disseram amar os professores. Mais ou menos um terço achava o treinamento em saúde mental a melhor parte da educação no ensino médio. "A gente pode conversar com a terapeuta sobre qualquer assunto", Hira disse, a melhor aluna da turma. Então, com um brilho de cumplicidade nos olhos, confessou: "Às vezes, ela leva a gente para a floresta e manda a gente gritar o mais alto que puder!". Dava para imaginar o alívio que isso devia significar para meninas criadas numa sociedade que desaprova mulheres expressando suas emoções.

"Se vocês forem aceitas na faculdade ano que vem, o que querem estudar? Quais são seus sonhos para o futuro?", perguntei.

As respostas me preocuparam: médica, médica, cardiologista, médica do Exército, neurocirurgiã, programadora. Muitos dos pais paquistaneses empurram os filhos para medicina ou engenharia, incapazes de imaginar ou aceitar outras profissões. Pensei no sonho de Moniba de ser designer de moda, que ela deixara de lado para estudar medicina. Eu queria que aquelas meninas soubessem que, independentemente do que escolhessem, sua educação seria valiosa.

Uma menina chamada Eman cutucava as unhas e afastava o cabelo dos olhos. "Pra ser sincera, não sei não", respondeu. "Sou muito temperamental e vivo mudando de ideia." Segurei a risada e fiz um gesto para que continuasse. "Só quero ser uma boa pessoa, não estou muito preocupada com minha profissão."

"A faculdade é o lugar perfeito para aprender tudo o que puder e ver o que é que desperta seu interesse", eu disse. "Não precisa ter todas as respostas agora. O importante é que esteja aberta a novas experiências e ideias quando sair daqui."

Olhei para cada uma enquanto continuava: "Sei que é difícil ir contra milhares de anos de tradição e achar que a vida pode mudar. Por sua causa, outras meninas em Shangla vão descobrir o que é possível para a vida delas.

"Mas isso pode gerar muito estresse. Vocês podem até pensar: 'Meus pais me deixaram estudar, por isso meu desempenho tem que ser o melhor possível'. Mas não precisam tirar as melhores notas nem ser pessoas perfeitas só para provar que merecem esses direitos, eles são seus desde que nasceram."

A diretora veio avisar que era hora de partir, já que o dia letivo em breve acabaria, mas eu ainda não estava pronta. Havia tantas coisas que eu queria perguntar às meninas, e ainda mais que gostaria de dizer. Elas ficavam magoadas quando suas mães eram autoritárias ou rudes? *Lembrem-se de que o mundo de vocês é novo e desconhecido para elas — e que elas morrem de medo de perder vocês.* O que achavam do amor e do casamento? *Se resolverem casar, espero que encontrem alguém que lhes conte piadas quando forem dormir à noite e lave os pratos depois do jantar, um parceiro que ame vocês e apoie seus sonhos.* Será que tinham medo de perder o contato com as amigas quando fossem para a faculdade? *Mantenham suas amigas sempre por perto, pois elas vão carregar um pedaço seu e ajudá-las quando se sentirem perdidas.*

Eu queria dizer para elas que sabia que é fácil, ainda mais quando somos jovens, nos prendermos a uma ideia que fazemos de nós mesmas. Podemos herdar uma identidade e nos sentirmos obrigadas a carregá-la, mesmo que acabe com a gente. Podemos ter certeza do caminho que queremos seguir e planejar cada passo. É difícil imaginar que nossas lealdades, nossas ambições e nossos desejos possam mudar.

Mas, um dia, quando menos esperamos, o rio pode subir e nos levar para um novo lugar. Podemos lutar, nadar contra a corrente, nos agarrarmos às pedras da margem. *É mais seguro ficar aqui*, você pensa. *Me agarrar ao que sei e a quem suposta-*

mente devo ser. Eu também pensava assim, antes de entender que estamos sempre mudando, sempre crescendo rumo a um futuro incerto.

Solte, eu queria dizer. *Confie que a água vai te sustentar, confie que vai flutuar.*

Com frequência, nos últimos dez anos, as pessoas me perguntam se eu abriria mão da minha vida atual para retornar a uma época anterior ao ataque. Se eu pudesse, num passe de mágica, apagar o tiro da história, eu gostaria de ser a antiga Malala, sabendo o que sei agora? Será que trocaria a fama e a relativa riqueza, todos os meus prêmios e todas as minhas conquistas pelo anonimato da vida rural no Paquistão?

É uma dúvida tão estranha, e juro que não entendo por que as pessoas me perguntam isso. Seria um jeito de testar minha bondade e humildade? Ou querem demonstrar que sua vida de aeroportos e máquinas de lavar é tão invejável que eu até preferiria levar um tiro na cabeça só para ter o que elas têm?

Durante anos, respondi que sim, que desistiria de tudo para voltar no tempo. Para ver meus pais cercados de seus amigos mais antigos. Para terminar o ensino médio com Moniba. Para segurar a mão da minha avó enquanto ela envelhecesse. Quem sabe como teria sido minha vida nesse universo paralelo? Eu talvez tivesse um emprego e meu próprio apartamento numa cidade como Lahore, passasse os fins de semana assistindo a partidas de críquete e me reunindo com minhas amigas para um chazinho. No entanto, o mais provável é que seria uma vida difícil — uma luta incessante para apaziguar homens que se sentiam no direito de decidir meu futuro.

Enquanto Asser e eu andávamos até o carro para ir embora, eu contemplava essas fantasmagóricas linhas do tempo e o que sobra quando nosso mundo vira de cabeça para baixo. Parei por um momento para me despedir da escola com um aceno, para respirar o ar perfumado pelos pinheiros e olhar para a imponente Montanha Branca, coberta de neve o ano inteiro.

Depois de alguns minutos de estrada, avistei a trilha estreita para a casa de Abai. "Pare um pouco, por favor", disse ao motorista. Ele hesitou, ansioso para seguir em frente, antes que a estrada fosse tomada pelos ônibus que levavam as alunas de volta para suas vilas. "Só preciso de um instante", prometi.

Contornando as pedras e atravessando a floresta, a trilha ia até uma clareira ensolarada no sopé das montanhas. Quando criança, eu saltava do ônibus que trazia minha família de Mingora para Shangla e corria até ficar sem fôlego. Nesta viagem, porém, fui devagar, observando a luz que penetrava pelos galhos e ouvindo o estalo abafado das agulhas dos pinheiros sob meus pés.

Do lado direito da clareira, achei o lugar onde minha avó estava sepultada, um montículo de terra cercado de flores silvestres. Ver seu nome na lápide tornou tudo real: Abai já não estava ali. Mesmo assim, eu sentia seu espírito ao meu redor, no calor do sol no rosto e na lembrança dela dormindo sob as estrelas.

Ajoelhada ao lado do túmulo, falei com ela. "Obrigada por suas orações e por tudo que me ensinou. Não vai ser surpresa para você se souber que até hoje não aprendi a cozinhar... mas me casei, sim! Você tinha razão nisso, e acho que ia gostar dele. Hoje visitei a escola e foi incrível. Queria que tivesse ido lá comigo. As meninas fariam você rir. São muito parecidas comigo nessa idade. Por favor, cuide delas e da segurança delas. Amo você, Abai."

Fiquei sentada um tempinho, vendo as flores sendo sopradas pela brisa morna. Quando me levantei, dava para ver a escola ao longe. Meninas saíam pelos portões, cantando e rindo, andando de braços dados ou correndo juntas para pegar o ônibus. Suas vozes ecoavam pelas montanhas e pelo vale. Sorri vendo-as tão barulhentas, tão sem medo de impregnar o ar com suas canções animadas, transbordando de vivacidade e alegria.

Andando de volta pela trilha, me senti grata pelas montanhas e pelo campo de Abai, fui reconfortada pela ideia de que os lugares que eu amava na infância continuavam intactos. Mas não me sentia triste por não poder ficar em Shangla. Ouvindo o coro de meninas ao longe, alterei minha resposta à pergunta que me faziam. Não, eu não voltaria à minha vida antiga. Não trocaria esta vida de agora por nada no mundo. Independentemente do que perdi ou ganhei, o caminho que me trouxe até aqui é o meu caminho.

Agradecimentos

Eu amo ler. Às vezes, quando chego à última página de um livro, me demoro um tempo ali, em uma tentativa de evitar a sensação estranha de deixar o mundo do autor e retornar ao meu. Se você terminou de ler *No meu caminho* agora, podemos ficar mais um momento juntos? Quero agradecer pelo tempo que passou comigo e por me deixar contar minha história e te apresentar a todas as pessoas e a todos os lugares que amo. Se nos encontrarmos um dia, espero poder retribuir esse favor.

Escrever este livro foi um processo de cura por si só. Eu não poderia ter feito isso, principalmente as partes mais difíceis, sem Taylor Royle. Há muito tempo você me ajuda a escrever, e está ao meu lado nessa jornada desde meus dezessete anos. Quando decidi escrever *No meu caminho*, eu sabia que você era a única pessoa a quem eu me sentiria confortável de pedir ajuda para contar minha história. Tenho muita sorte de ser sua amiga.

Agradeço a Kate Napolitano, minha editora, que contribuiu com entusiasmo, alegria e paciência e me ajudou a dar forma a essa história. Você foi a pessoa perfeita para trazer este livro ao mundo, e eu nunca vou esquecer sua empatia e gentileza. À equipe incansável da Atria Books — Suzanne Donahue, Hannah Frankel, Alison Hinchcliffe, Karlyn Hixson, Erin Kibby, Jessica Laino, Libby McGuire, Katherine Nintzel, Morgan Pager, Annie Probert, Yaasmeen Sanzar, Lisa Sciambra, Dana Trocker —: obrigada por acreditar em mim.

A meus agentes literários, Albert Lee e Meredith Miller, que tornaram esse processo divertido e empolgante, do início ao fim. Agradeço por cada emoji e gif, pelas ligações de última hora e pelos longos almoços. Adoro trabalhar com vocês. A todos da United Talent Agency que ajudaram com este livro: Margaret Alisberg, Sophie Baker, Brittany Balbo, Melissa Chinchillo, Eddie Clemens, Edwin Garcia, Katie Harrison, Charlotte Perman, Zoe Neely, Ethan Schlatter, Sam Solomons, Isaiah Telewoda, David Zedeck e Darnell Strom, meu agente e amigo de longa data.

Sei que há livros de memórias escritos apenas a partir das lembranças, das fotografias e dos diários de seus autores, mas eu tendo a esquecer as coisas e precisei de muito apoio para tratar de detalhes. Meus amigos e minha família passaram horas revendo mensagens de textos, vídeos do Snapchat, arquivos e laptops para me ajudar a encontrar respostas. Não tenho como agradecer o suficiente pelo tempo que me dedicaram durante o processo de escrita.

Também gostaria de agradecer aos antigos e atuais colegas do Fundo Malala, da escola Shangla e da minha equipe pessoal: Lena Alfi, Amanda Cosby, Mubashir Hassan, Hannah Orenstein, Leila Seradj e Tess Thomas. Maria Qanita, poucas coisas na minha vida seriam possíveis sem você, incluindo este livro.

Meus amigos contribuíram trazendo a risada, a juventude e a sensação de lar de volta à minha vida. Eu gostaria de ter espaço suficiente para explicar o que cada um deles significa para mim, mas vou pelo menos citar seus nomes aqui: Bilal, Ellen, Gabriella, Haroon, Jess, Kia, Maahnoor, Maham, Mehroz, Minahil, Munirah, Nina, Saad, Sarah, Shazil, Talha, Vee, Zahra. Também agradeço aos adultos compreensivos que me orientaram em meu período em Oxford: sra. Coley, Margaret Coombe, Robin Harding, Natalie Quinn, Dominic Scott, Fiona Spensly, James Studd e minha terapeuta.

A Moniba e às meninas de Mingora que foram minhas primeiras amigas: vocês me conheceram antes que eu mesma me conhecesse, e carrego vocês comigo aonde quer que eu vá.

A minha mãe e meu pai: obrigada por me amar e proteger. Fico feliz em ter pais que continuam tentando me entender à medida que cresço e mudo. Aos meus irmãos: tenho orgulho dos homens que vocês estão se tornando... porém sempre posso ter mais, então continuem se esforçando!

Agradeço a meu marido Asser, que é meu maior torcedor e foi o primeiro a ler este livro. Tudo na minha vida mudou quando conheci você.

Às meninas afegãs, às meninas da Shangla e a todas as crianças no mundo que enfrentam dificuldades para ir à escola e seguir seus sonhos: vocês nunca estarão sozinhas. Pessoas que nem chegarão a conhecer acreditam em vocês, no seu direito à educação e no seu futuro. Não percam a esperança.

ESTA OBRA FOI COMPOSTA POR ACOMTE EM MINION E IMPRESSA PELA LIS GRÁFICA EM OFSETE SOBRE PAPEL PÓLEN NATURAL DA SUZANO S.A. PARA A EDITORA SCHWARCZ EM SETEMBRO DE 2025